D1482730

LA POLITIQUE COMPARÉE

paramètres ▽

MAMOUDOU GAZIBO
JANE JENSON

LA POLITIQUE COMPARÉE

Fondements, enjeux et approches théoriques

Les Presses de l'Université de Montréal

Illustrations: Alain Reno
Mise en pages: Yolande Martel

Catalogage avant publication de la Bibliothèque nationale du Canada

Gazibo, Mamoudou

    La politique comparée: fondements, enjeux et approches théoriques
(Paramètres)
Comprend des réf. bibliogr.

    ISBN 2-7606-1886-2

    1. Institutions politiques comparées.
    2. Science politique.
    3. Idées politiques.
    4. Relations internationales.
    I. Jenson, Jane, 1946- . II. Titre. III. Collection.

JF52.G39 2004 320.3 C2003-941926-6

Dépôt légal: 1ᵉʳ trimestre 2004
Bibliothèque nationale du Québec
© Les Presses de l'Université de Montréal, 2004

Les Presses de l'Université de Montréal remercient de leur soutien financier le ministère
du Patrimoine canadien, le Conseil des Arts du Canada et la Société de développement des
entreprises culturelles du Québec (SODEC).

RÉIMPRIMÉ AU CANADA EN AVRIL 2006

INTRODUCTION

La science politique est une discipline des sciences sociales qui applique des méthodes scientifiques pour analyser et comprendre les phénomènes politiques. Comme on le sait, il n'y a pas de phénomènes politiques par nature et d'autres qui ne le sont pas. Au contraire, tout phénomène peut devenir politique s'il subit un processus de politisation qui le sort de la sphère purement sociale ou privée pour en faire un objet à l'interface de la sphère sociale et d'autorités et d'institutions politiques. Ainsi, longtemps confinée à la sphère privée, la condition féminine est devenue *politique* quand les mouvements de femmes s'en sont emparés et l'ont portée sur la place publique. Les féministes ont insisté avec beaucoup de succès sur la dimension politique de la condition des femmes de sorte qu'il est impossible de traiter les rapports sociaux de sexe comme une problématique « non » politique.

Pour analyser ces objets, les politologues se regroupent en plusieurs champs : la politique comparée, les relations internationales, les politiques publiques, les comportements électoraux et les idées politiques. Parmi tous ces champs, la politique comparée est le plus transversal de la science politique car elle fournit des outils méthodologiques essentiels à la discipline, notamment la méthode comparative. Elle se présente donc comme un dénominateur commun des politologues dans la mesure où quel que soit leur champ d'appartenance, ceux-ci ne peuvent pas s'en passer. Cependant, elle est aussi un champ à part entière en science poli-tique[1]. Dans ces conditions, il n'est pas surprenant qu'il n'existe pas de consensus sur la définition de ce qu'est la politique comparée.

Dans ce chapitre d'introduction ainsi que tout au long de cet ouvrage, nous allons présenter l'éventail de ses objets et, comme son projet est une grande rigueur méthodologique, l'approfondissement des connaissances empiriques et la formulation de théories, nous allons en démontrer la finalité.

La politique comparée est issue d'une longue tradition remontant à Aristote. La comparaison a toujours été incontournable car avant de s'imposer comme méthode scientifique récurrente, elle est une habitude naturelle chez les gens ordinaires. Elle n'a commencé à s'affirmer dans la littérature en science politique qu'au xixe siècle et pourtant, elle occupe aujourd'hui une place charnière. Si B. Guy Peters considère ce champ comme la composante cruciale de la science politique[2], Bertrand Badie et Guy Hermet montrent bien ce statut particulier, en remarquant que :

> La politique comparée n'est pas qu'un *secteur* de la science politique avec ses méthodes propres, ses objets d'analyse et ses auteurs de référence. C'est égale-ment — et peut-être surtout — un mode de questionnement de l'ensemble des phénomènes politiques [...] et paradoxalement le seul capable de mettre en relief la spécificité de chacun d'eux pris en particulier. Constituant d'un côté, le domaine répertorié du « comparatiste », de la même façon que les spé-cialistes des élections, des politiques publiques, de la pensée politique ou des relations internationales ont les leurs, elle revêt par conséquent de l'autre côté, le visage moins clairement classable d'une sorte d'état d'esprit hors spécialités, caractéristique de tout chercheur préoccupé de confronter les observations qu'il rassemble sur son propre terrain à celles se rapportant à des terrains différents afin d'approfondir sa compréhension du phénomène qu'il considère[3].

La comparaison : un outil pour comprendre le monde actuel

La politique comparée procure aux chercheurs en science politique les outils nécessaires pour comprendre aussi bien les grandes questions socio-logiques que les évènements contemporains[4]. La fin du dernier siècle et le début du nouveau ont été marqués par des bouleversements qui remet-tent en cause les repères auxquels nous nous sommes habitués depuis plusieurs décennies. Ainsi, l'éclatement du système soviétique a eu pour corollaire la fin de la guerre froide et des grandes classifications sur des bases idéologiques qui semblaient pourtant appelées à s'éterniser. Les phénomènes en principe contradictoires de la mondialisation nous obligent à nous interroger sur la pertinence ou la pérennité de catégories d'analyse traditionnelles telles que l'État, le libéralisme et la démocratie et ce, même dans la vieille Europe. Les formes de protection sociale élaborées il y a 50 ans pour rendre les situations des classes et couches sociales plus égalitaires en Amérique du Nord tout comme en Europe sont remises en question. La montée de l'extrême droite dans des pays comme le Danemark, l'Autriche, ainsi que la France ne finit pas d'inquiéter. Le terrorisme, avec les attentats du 11 septembre 2001 perpétrés à New York et à Washington, D.C., soulève la question de la sécurité personnelle et internationale. Si la fin de la guerre froide en 1989 a été célébrée par certains observateurs comme le signe de la « fin de l'Histoire » et donc du triomphe de la démocratie, les années 1990 et 2000 ont vu l'irruption de l'armée sur la scène politique dans 19 pays répartis sur trois continents, sans compter les deux guerres en Iraq, l'une pour restaurer la souveraineté du Koweït en 1991 et l'autre pour renverser le régime de Saddam Hussein en 2003.

Nous avons plus que jamais besoin de comprendre les dynamiques de ces forces politiques, l'ampleur de leur impact sur nos vies, sur la façon dont nous réfléchissons à ces phénomènes et dont nous y réagissons ainsi que les voies nouvelles dans lesquelles elles nous engagent. Dans cette perspective, les démarches de la politique comparée exposées dans la troisième partie de cet ouvrage s'avèrent cruciales.

Les questions à traiter sont nombreuses. Par exemple, pourquoi les terroristes proviennent de certains pays et pourquoi ils s'en prennent aux États-Unis et non au Canada sont des questions que nous nous posons tous parce qu'elles nous affectent. La politique comparée permet d'apporter des réponses à ces questions fondamentales et il ne s'agit pas uniquement d'un problème des relations internationales. Comprendre pourquoi de nombreux décideurs européens cherchent à « moderniser la protection sociale », alors qu'ailleurs — en Afrique comme en Amérique du Nord — les leaders font plutôt la promotion du retrait de l'État du domaine social, est également une question clef qui demande une analyse comparative. Comprendre le rôle de l'État chez les « tigres de l'Asie » qui ont entrepris un développement économique impressionnant, alors que plusieurs pays du Sud traînent toujours en bas de l'échelle des indices des développements économique et social, est un casse-tête non seulement pour les organismes internationaux, telles la Banque mondiale ou l'Organisation des Nations unies, mais également pour les comparatistes. Comprendre pourquoi la quasi-majorité des Québécois est prête à voter pour la souveraineté pour prendre ses distances par rapport au Canada, tandis que la France, le premier État-nation moderne, décide progressivement de limiter sa propre souveraineté en s'engageant au sein de l'Union européenne, est une question cruciale et passionnante pour les comparatistes. Les sorties de l'autoritarisme et les transitions vers la démocratie qui affectent la vie des citoyens des pays de l'Europe de l'Est, de l'Afrique et de l'Asie, sont également des enjeux primordiaux de la politique comparée.

La comparaison : une pratique naturelle et récurrente

Si la politique comparée est un sous-champ relativement récent de la science politique, l'usage de la comparaison est aussi naturelle que récurrente. La comparaison est d'abord une pratique naturelle fondamentale dans l'histoire des sociétés humaines.

La comparaison structure les raisonnements de la vie quotidienne comme les catégories de pensée les plus ordinaires. Qui n'a jamais constaté que «ceci ne se fait pas chez nous»? Qui n'a jamais exprimé, soit par fierté, soit avec regret, que «nous ne sommes pas comme eux»? Nous avons tous tendance à distinguer nos famille, communauté, nation, région, classe, ethnie ou sexe par rapport aux autres.

Nous nous comparons sans cesse aux autres et nous comparons sans cesse les autres entre eux. Nous construisons des catégories («les» femmes, «les» Italiens, «les» immigrants, «les» travailleurs) et nous classons les personnes que nous rencontrons, que nous observons ou que nous imaginons par rapport à ces catégories : ceci nous permet de simplifier une réalité trop complexe. Dans la vie quotidienne, nous nous comportons et nous adaptons nos comportements par rapport à l'environnement dans lequel nous nous trouvons, de même que nous agissons en fonction des leçons tirées de situations antérieures. En un mot, la comparaison est à l'œuvre de façon volontaire ou implicite dans la conduite humaine de tous les jours et ceci n'a rien du nouveau[5]. Ainsi, en Grèce antique, on distinguait clairement les Grecs des Barbares. Parmi les Grecs, on faisait de plus la distinction entre les hommes libres, dits citoyens, et les esclaves, dont la raison d'être était de faciliter la vie des premiers.

Une pratique naturelle. – Pourquoi compare-t-on et pourquoi le fait-on aussi naturellement et aussi fréquemment? Indépendamment du fait que l'on ne peut pas en faire l'économie, plusieurs réponses peuvent être apportées à cette question. La comparaison permet d'abord de poser des repères. C'est en fonction de ces repères que l'action humaine peut se déployer plus aisément et poursuivre des objectifs avec une certaine clarté. Sans comparaison, nous n'aurions pas de jauge pour nous évaluer, évaluer les autres, mesurer des écarts par rapport à des objectifs ou à des normes. Ainsi, un examen auquel sont soumis des étudiants à l'université est un acte comparatif: il permet d'évaluer les connaissances des étudiants par rapport à ce qu'ils sont supposés avoir acquis à la suite des enseignements qui leur sont dispensés, tout comme il permet de les classer selon leurs performances respectives. De même, les prix affichés dans un supermarché ou une boulangerie informent certes les clients des coûts des produits, mais ils permettent surtout de comparer et d'opérer des choix.

La comparaison permet ensuite la relativisation, une pratique peut-être moins naturelle mais aussi importante. Nous nous connaissons mieux en nous comparant aux autres et nous découvrons les autres dans leurs différences. Comparer permet ainsi de sortir des certitudes toutes faites et de s'ouvrir aux interrogations et aux rapprochements qui permettent un enrichissement de la connaissance. La comparaison permet ainsi d'échapper aux préjugés.

Bien entendu, l'ouverture d'esprit ne découle pas automatiquement ou naturellement de la comparaison. Tout au long de l'histoire — comme le montre le terme «Barbare» chez les Grecs —, les gens ont souvent traité ceux qui sont différents d'inférieurs. Nous verrons dans ce livre que tout au long de l'histoire de la politique comparée, le «nous» a été souvent considéré comme la norme alors que les «autres» désignaient les «moins modernes», les «moins développés», les «moins démocratiques» et ainsi de suite. En d'autres termes, le domaine de la politique comparée n'est pas exempt de la tentation ethnocentrique, où «soi-même» devient la norme universelle au détriment de «l'Autre».

En effet, c'est seulement en relativisant qu'on apprend aussi à mettre en valeur les différences, à respecter les idées et les pratiques des autres, sur lesquelles on peut alors jeter un regard moins ethnocentrique. Plus l'on se rend compte que les manières d'aboutir aux mêmes résultats sont en fait innombrables, ou que les gens disposent d'une pluralité d'explications des phénomènes tout à fait valables, plus on est susceptible de demeurer ouvert d'esprit. Les chercheurs en politique comparée doivent donc toujours rester vigilants face au risque que représente l'ethnocentrisme.

Une pratique récurrente. – La comparaison est depuis très longtemps une pratique récurrente. Le consensus veut qu'Aristote (384-322 av. J.-C) ait été le premier comparatiste. Une référence à l'œuvre la plus connue d'Alexis de Tocqueville (1805-1859), un des pères fondateurs de la politique comparée, suffit pour montrer que la pratique comparative est récurrente parce que nous avons besoin d'« assimiler et de contraster » pour comprendre. Son livre *De la démocratie en Amérique* apparaît de prime abord comme un livre sur les États-Unis, mais plus qu'une étude de cas, c'est une œuvre entièrement comparative, menée aussi bien à partir de la dimension temporelle (l'explication par les origines) que spatiale (confrontation de la situation de la France à celle des États-Unis).

Alexis de Tocqueville pose sur l'Amérique et la démocratie un regard d'Européen, regard empreint de sa représentation et de sa connaissance d'un monde différent. Sa démarche ouvre la voie à une approche comparative particulière, qui prend un seul cas au départ, mais qui l'analyse systématiquement à la lumière d'autres expériences. Pour comprendre l'état social et les lois des Anglo-Américains, caractérisés entre autres par la démocratie politique et la paix sociale ainsi que le cours irrésistible de la marche vers l'égalité, Tocqueville est bien placé, lui qui vient d'une France secouée par d'incessantes convulsions depuis la Révolution de 1789, et cette situation lui permet de comparer l'Amérique et l'Europe. Une bonne partie de sa famille a été décimée par la Révolution. Il est né sous le règne de Napoléon 1er et a connu la restauration de 1815 et la révolution de 1830 avant d'entreprendre son périple américain qu'il décrira dans son ouvrage en 1835.

C'est avec cet héritage qu'il regarde l'Amérique :

Ainsi donc, à mesure que j'étudiais la société américaine, je voyais de plus en plus, dans l'égalité des conditions, le fait générateur dont chaque fait particulier semblait descendre [...]. Alors je reportais ma pensée vers notre hémisphère, et il me sembla que j'y distinguais quelque chose d'analogue au spectacle que m'offrait le nouveau monde[6].

C'est grâce à des études menées par des auteurs de l'envergure d'Alexis de Tocqueville que les fondements de ce que sera la politique comparée en science politique ont progressivement été posés.

La politique comparée : un champ de la science politique

La science politique s'est historiquement constituée à la croisée d'autres disciplines. Elle a ainsi emprunté à la philosophie, au droit et à l'histoire, mais aussi à l'économie et à la sociologie. La meilleure illustration de cet éclectisme est l'École libre des sciences politiques créée en France par Émile Boutmy en 1870 : si l'École libre est devenue l'Institut d'Études politiques de Paris en 1945, le projet à cette époque était moins de promouvoir une discipline que de mettre en place une institution capable d'offrir un enseignement pluridisciplinaire en vue de former des cadres administratifs polyvalents.

Si l'influence de la philosophie est chronologiquement la plus ancienne avec l'héritage des auteurs classiques grecs tels que Platon ou Aristote, c'est cependant l'emprise juridique avec l'étude des institutions et du pouvoir qui a été la plus forte, notamment dans le monde francophone. Jean Baudoin montre qu'en France, dans les années 1940, de grands juristes comme Léon Duguit ou Maurice Horiou ne voulaient pas d'une étude sociopolitique de la production du droit ou, en d'autres termes, d'une science politique[7]. Par exemple, bien qu'il ait écrit un *Traité de science politique* en 1947, Georges Burdeau, un des juristes français les plus réputés, y voyait « une méthode pour une étude fructueuse du droit constitutionnel, un angle de vision élargi où s'inscrivent les problèmes traditionnels du droit public[8] ». Nombre des auteurs précédents lui refusaient le statut de discipline et la « prétendue science politique » n'était à leurs yeux rien d'autre que du droit constitutionnel. Elle n'a donc gagné son autonomie dans le monde francophone que tardivement, dans les trois dernières décennies du xxᵉ siècle.

La situation est différente dans le monde anglophone où la science politique s'est émancipée dès le début du siècle dernier. Les auteurs pionniers de l'époque, comme Walter Bagehot, Woodrow Wilson et beaucoup d'autres, s'intéressaient surtout à la question de la démocratie et de son développement. Ils voyaient également l'importance des institutions, des constitutions et du droit pour le bon fonctionnement de la démocratie. Souvent des intellectuels engagés, ils ont proposé des constitutions pour la République de Weimar ainsi que pour les colonies britanniques qui prenaient la voie de la souveraineté. Ils s'engageaient ainsi dans une activité comparative classique. Ils essayaient de comprendre les différences entre les institutions qui fonctionnaient bien et celles qui éprouvaient des difficultés. Cette méthode était employée en vue de suggérer les meilleures institutions que pourraient adopter l'Allemagne ruinée par la guerre de 1914-1918, ou, plus tard, l'Asie et l'Afrique indépendantes des années 1950-1960.

Alors que ces études de «gouvernement comparé» remontent à très longtemps, la «politique comparée» n'est apparue aux États-Unis et au Canada qu'après 1945. À ce moment, un groupe de chercheurs rejetant l'institutionnalisme classique des premières générations pour se concentrer sur les comportements et la culture politique s'imposa dans le milieu universitaire et les agences de financement tel le Conseil de la recherche en sciences sociales (*Social Science Research Council*, SSRC). De jeunes chercheurs comme Gabriel Almond et ses disciples, David Easton, S. M. Lipset et Roy Macridis préparaient la «révolution behavioriste» au cours des années 1950[9]. Grâce aux financements du SSRC à New York, ils furent à même de mettre en œuvre leur programme pour la politique comparée, envoyant des étudiants sur le terrain en Afrique, en Asie et en Amérique latine, menant des enquêtes, mettant au jour des similitudes entre des systèmes politiques pourtant très différents.

Au moment même où Maurice Duverger[10] publiait son étude classique des partis politiques en mettant en lumière l'importance des modes de scrutin et des institutions, les Américains — et certains Canadiens — réaffirmaient leur «convictions behavioristes»[11] et leur attachement aux sciences sociales en général. Cet engagement a eu des conséquences claires sur la manière dont ils concevaient les structures politiques, notamment celles de la démocratie. Alors que par le passé, le débat consistait à savoir ce qu'était «une vraie démocratie» (ce que nous pouvons appeler aujourd'hui la démocratie substantielle), la nouvelle génération de chercheurs définit la démocratie de manière empirique, en tant que système existant dans les pays démocratiques.

LE CANON DÉMOCRATIQUE DES BEHAVIORISTES

Les behavioristes se voulaient scientifiques. Ils se sont donc éloignés de ce qu'ils voyaient comme des discussions philosophiques, telles « la république imaginaire » de Machiavel ou les visions idéalistes de l'ordre constitutionnel idéal proposé par les institutionnalistes dans l'entre-deux-guerres.

Ainsi, comme le politologue canadien H. B. Mayo l'a montré, ce groupe adopta la position selon laquelle la validité des principes démocratiques pouvait être « établie par le moyen d'enquêtes empiriques ». En d'autres termes, le chercheur ne doit pas définir au préalable ce qu'une démocratie *devrait être*, mais doit au contraire commencer par observer *ce qu'est* la démocratie.

La stratégie de recherche consistait dès lors à observer les pays communément appelés des démocraties — comme la Grande-Bretagne et les États-Unis — et à étudier comment ils fonctionnaient. Ce fonctionnement, ainsi que les valeurs des sociétés les ayant fondées, servait alors de base à la comparaison.

Cette stratégie a façonné les textes fondateurs de la politique comparée tels que *The Politics of Developing Areas* (1960) de Gabriel A. Almond et James Coleman, *The Civic Culture* (1963) de Gabriel A. Almond et Sidney Verba, *L'Homme politique* (1960) de Seymour Martin Lipset. Ils ont observé la situation politique des États-Unis et de la Grande-Bretagne, considérés comme « démocratiques » et « développés », pour tenter ensuite de rendre compte des variations par rapport à cette norme.

Source : Adapté de David M. Ricci, *The Tragedy of Political Science : Politics, Scholarship, and Democracy*, New Haven, Yale University Press, 1984, p. 150-151.

Pendant longtemps, la politique comparée a été pratiquée de manière tout à fait différente dans les milieux universitaires anglophone et francophone. Même si tous les chercheurs anglophones n'ont pas pris part à la révolution behavioriste, ils considéraient que la politique comparée consistait à produire des recherches au carrefour de la construction théorique et de l'observation empirique[12]. Quand les critiques du behaviorisme ont formé leur propre école en politique comparée, ils ont produit des analyses comparatives structuralistes et historiques. Barrington Moore Jr., Theda Skocpol, Atul Kohli, Peter Evans, Terry Lynn Karl, Peter

Katzenstein et beaucoup d'autres privilégiaient des études empiriquement fondées à partir desquelles ils cherchaient à proposer des généralisations[13].

À partir des années 1970, des pionniers français tels que Guy Hermet, Bertrand Badie, Jean-François Médard, Daniel-Louis Seiler, Yves Mény commençaient à produire des analyses comparatives similaires. Ils ont été suivis de nombreux autres chercheurs actuellement engagés dans l'enseignement et la recherche, de sorte qu'en Europe comme en Amérique, la science politique est aujourd'hui non plus une simple méthode d'étude du droit public, mais une discipline à part entière. Dans la mesure où elle réunit sa communauté scientifique distincte, ses paradigmes et ses approches appliquées à des objets privilégiés parmi les objets des sciences sociales en général, elle remplit les critères généralement retenus pour identifier une discipline, bien qu'elle ne soit pas unifiée comme nous le démontrons dans ce livre.

Spécificité et écueils en politique comparée

La politique comparée est particulière car sa méthode, la comparaison, est indispensable à la science politique. Comme le stipule Arendt Lijphart, elle se définit par une étiquette méthodologique plutôt que substantive[14]. Autrement dit, bien que la politique comparée ait ses objets privilégiés, le recours à la méthode comparative est également fréquent en relations internationales, en comportements politiques ou en administration publique. Pour certains, la science politique doit un tribut à la politique comparée. De ce point de vue, Bertrand Badie et Guy Hermet insistent sur le fait que la science politique s'est en grande partie constituée en recourant à la méthode comparative. Les deux ne se confondent pas, mais la première ne peut pas faire l'économie de la seconde[15].

La politique comparée se caractérise par un effort d'explication par la confrontation d'institutions, de structures sociales et de comportements situés dans un temps et un espace spécifiques. Elle aspire à comprendre les similitudes et les divergences existant entre les phénomènes politiques et à dégager des régularités.

De ce point de vue, la politique comparée ne se confond ni avec les perspectives épistémologiques basées sur l'irréductibilité des expériences, ni avec celles fondées sur l'hypothèse de l'universalité des comportements. Les phénomènes sociaux institutionnalisés étant en partie spécifiques mais partageant aussi des points communs, la politique comparée les aborde en cherchant la source et le pourquoi des contrastes et des similitudes par le biais de la confrontation. Ainsi, comme nous le verrons plus en profondeur dans la seconde partie, la comparaison n'est possible que si les phénomènes que nous mettons en relation convergent sur certains points, même si les phénomènes eux-mêmes sont hétérogènes. En effet, la comparaison ne se justifie que si ceux-ci présentent aussi des dissemblances qui deviennent également l'objet de l'analyse et de la recherche d'explication.

La question de la part de spécificité de la politique comparée renvoie en partie à l'objet : la politique comparée se réduit-elle à l'étude des institutions formelles comme l'État et le type de régime dans les différents pays et surtout dans les pays étrangers ? La réponse à cette question est clairement négative, même s'il n'en a pas toujours été ainsi. Actuellement, l'étude des institutions est devenue pratiquement hégémonique. Celles-ci sont l'objet le plus analysé en politique comparée, comme les trois approches contemporaines — choix rationnel, approche culturelle et approches structurelles — présentées par Mark Lichbach et Alan Zuckerman[16] le montrent clairement, et comme le fait aussi le plaidoyer d'Atul Kohli en faveur de l'étude de l'État et de la société[17]. Il ne s'agit pas là pour autant d'une « revanche » des anciennes études institutionnelles du début du xxᵉ siècle que l'on réunit sous la dénomination de « gouvernement comparé ». En effet, l'analyse comparée des institutions, que ce soit dans une perspective rationnelle, culturelle ou structurelle, fait intervenir des méthodes complexes et des controverses sur la relation entre les institutions, les structures et les individus comme nous le verrons au chapitre 6.

Une autre controverse récurrente en politique comparée trouve sa source dans la question de l'échantillon : quand peut-on parler de comparaison ? Peut-on utiliser l'étiquette *comparative* pour désigner n'importe quelle recherche sur un pays étranger ? Est-ce qu'une étude de cas peut relever de la politique comparée ? La comparaison est-elle forcément entre pays ou bien peut-on considérer qu'une étude des provinces canadiennes relève aussi de la politique comparée ? L'Union européenne, objet unique, peut-elle être analysée avec les outils des comparatistes ? La formule « dans une perspective comparative », couramment placée en sous-titre de nombre d'ouvrages, n'est pas une garantie que ces derniers soient comparatifs.

Le danger de la monographie est réel, mais on ne peut pas être trop rigide. C'est ce que prétend Giovanni Sartori lorsqu'il estime que la seule bonne étude comparative est celle qui met en relation au moins deux cas de manière explicite[18]. Comme nous allons le voir dans le chapitre 2, de nombreux comparatistes estiment qu'une étude de cas bien structurée par rapport à un positionnement théorique est une étude comparative, tout comme les comparaisons binaires et plus larges.

Même lorsqu'on a échappé à tous ces écueils, on ne peut éviter la question des facteurs pertinents pour expliquer les similarités et les différences entre les phénomènes que nous mettons en relation. Doit-on privilégier les cultures locales, les motivations des individus, l'histoire des contextes, les structures sociales, politiques et économiques ? Nous verrons plus loin dans le présent ouvrage que ce questionnement renvoie à la question des approches théoriques, c'est-à-dire aux diverses manières concurrentes utilisées par les comparatistes pour étudier les phénomènes politiques.

Politique comparée, expérimentation et généralisation

Si la comparaison est aussi cruciale, c'est parce qu'elle joue, en sciences sociales, le même rôle que joue l'expérimentation en sciences naturelles. Il y a un consensus sur l'idée que la comparaison est un substitut de l'expérimentation directe et certains auteurs vont même jusqu'à penser qu'elle lui est supérieure. Le chercheur en physique ou en chimie qui peut produire ou reproduire artificiellement les faits est en mesure de reconstituer les paramètres de son analyse à l'infini. Il recourt donc à l'expérimentation directe. Le chercheur en sciences sociales, à l'inverse, ne dispose pas de la même marge de manipulation, parce qu'il travaille sur des phénomènes humains. Les physiciens peuvent renouveler les essais nucléaires autant de fois qu'ils le veulent pour augmenter la puissance des bombes ou mieux en comprendre les mécanismes, mais le politologue ne peut pas demander une reproduction des élections de 2000 aux États-Unis ou de 2002 en France, sous le prétexte qu'il voudrait étudier les effets d'un mode de scrutin alternatif.

À défaut de disposer de cette extraordinaire possibilité qui a permis aux sciences exactes d'en arriver à la rigueur et à la précision qui les caractérisent et qui leur ont permis d'élaborer des lois, les sciences sociales utilisent la méthode comparative. Selon les mots d'Émile Durkheim : « Quand […] nous ne pouvons que les rapprocher [les faits] tels qu'ils se sont spontanément produits, la méthode que l'on emploie est celle de l'expérimentation indirecte ou méthode comparative[19]. »

En aval de cette expérimentation, il y a l'ambition généralisante. Dans l'histoire de la science politique, les années 1950 et 1960 et la révolution behavioriste figurent parmi les périodes au cours desquelles cette ambition généralisante a été la plus grande. Celle-ci apparaît dans les travaux de développementalistes comme Gabriel Almond, Lucian Pye, Sydney Verba et Samuel Huntington. Mais encore, elle est aussi manifeste chez leurs concurrents dépendantistes tels que André-Gunder Frank, Fernando Cardoso et Samir Amin. Ces écoles de pensée, notamment la première, ont voulu proposer des cadres d'analyse valables en tout lieu et en tout temps[20].

Beaucoup de points de ces analyses, sur lesquels nous reviendrons, ont été critiqués. Retenons simplement pour le moment qu'un consensus s'est dégagé pour réduire l'ambition des études comparatives. Il faut savoir cependant que généraliser est toujours difficile, même si on est plus modeste. Barrington Moore, un des fondateurs de la politique comparée de nos jours, a décrit le défi auquel le comparatiste doit faire face, en rapprochant le travail de celui-ci à la tâche de l'explorateur. Ce dernier peut établir une carte qui permettra une meilleure vue d'ensemble, mais ils se trouvera toujours un indigène qui protestera parce qu'il n'y retrouve pas son hameau[21]. C'est ce dilemme que traduit aussi la métaphore de l'arbre et de la forêt : faut-il aller en profondeur dans l'étude de l'arbre au risque d'ignorer la forêt ou faut-il s'élever en espérant que la vue globale de la forêt permette de mieux comprendre l'arbre ? On peut trouver une solution à ce dilemme en acceptant que généraliser, c'est gagner en capacité explicative ce que l'on perd en précision[22].

Cependant, l'ère des « concepts fourre-tout » et des généralisations à ambition universelle est bien révolue[23]. Les études de moyenne portée sont celles qui ont la faveur des chercheurs. Valérie Bunce a récemment proposé, dans une réflexion sur la comparabilité des expériences de démocratisation, de faire la distinction entre généralisations de portée universelle et généralisations de moyenne portée. Les premières sont des modèles d'analyse ou des concepts susceptibles de rendre compte de cas situés dans une variété d'espaces, les secondes des modèles ou des concepts plus modestes, qui ne sont exportables que dans des aires géographiques limitées[24]. Dans tous les cas, cependant, il est admis que les généralisations sont à la fois des résultats de la comparaison et les conditions de la réalisation de comparaisons ultérieures. C'est grâce aux généralisations issues des comparaisons antérieures que la réalité disparate présente devient plus ordonnée et que nous pouvons subsumer ses composantes dans nos recherches. En retour, les résultats de ces recherches sont des tests qui permettent de valider, de nuancer ou de réfuter les généralisations qui nous ont initialement guidés.

Organisation du livre

L'objectif général du présent ouvrage est de fournir un panorama de la politique comparée ainsi que de montrer les enjeux de sa pratique. Dans cette optique, nous avons choisi de nous laisser guider par trois thématiques qui ont marqué le champ depuis le xixe siècle :

- l'émergence de l'État moderne, des institutions et des processus qui s'y sont élaborés ;
- la problématique du développement et les processus de changement politique ;
- le débat sur la démocratie, le processus de la démocratisation et le rapport éventuel entre la démocratie et le développement.

En termes spécifiques, cet ouvrage vise à présenter :

- une lecture de l'histoire de la politique comparée, telle qu'elle s'est développée en Amérique du Nord et en Europe ;
- l'exigence méthodologique de construction de la comparaison ;
- les problématiques récurrentes de la politique comparée ;
- les différentes approches théoriques en politique comparée.

L'ouvrage ayant une vocation pédagogique, nous insistons particulièrement sur l'articulation entre auteurs et approches théoriques de perspectives différentes. Par exemple, il est important de savoir ce qui s'est passé entre le moment de gloire de l'ancien institutionnalisme, une des premières écoles (éclipsée depuis) en politique comparée et le néo-institutionnalisme en vogue depuis une vingtaine d'années maintenant. Pour cela, il faut situer le rôle joué par les behavioristes dans le déclin de l'ancien institutionnalisme. Comment situer dans cette histoire les théories développementalistes ou encore l'approche du choix rationnel? Sur quels points précis se fait le clivage entre les façons d'expliquer que nous retenons — telles l'approche institutionnelle, l'approche historique, l'approche culturelle, l'approche économique et l'approche stratégique —, qui semblent parfois se confondre? Ou encore, qu'est-ce qui distingue l'approche stratégique de l'approche institutionnelle, deux approches devenues influentes presque concomitamment? L'ouvrage tente d'éclairer le lecteur sur ces questions.

Le plan de l'ouvrage est conçu de la manière suivante. La première partie nous ramène aux sources de la politique comparée. Dans le premier chapitre, nous passons en revue la contribution de quelques pères fondateurs de la politique comparée en nous attardant sur les classifications auxquelles ils ont procédé, de même que sur la construction de typologies qui sont au fondement de toute démarche comparative. Le deuxième chapitre est centré sur la question de la construction de la comparaison qui est cruciale en politique comparée. La réussite de la comparaison appelle en effet un travail conceptuel rigoureux, imposé par ailleurs par l'hétérogénéité des cas ainsi que par l'extrême diversité des formes économiques, sociales et politiques soumises à l'analyse.

La seconde partie est consacrée aux objets et/ou enjeux de la politique comparée. Nous avons regroupé ces enjeux en trois catégories classiques qui sont autant de chapitres. Le chapitre 3 est consacré à la comparaison des institutions et des formes d'organisation politique, notamment l'État, les systèmes et les régimes politiques. À ce niveau, l'accent sera surtout sur les systèmes et régimes démocratiques car si les auteurs classiques grecs et leurs disciples étaient sceptiques à l'endroit des formes démocratiques, il n'en est pas de même du monde contemporain qui a fait de la démocratie la seule formule politique légitime. Le chapitre 4 est consacré à l'étude des forces et des comportements politiques. Seront étudiés, les partis politiques, les élections et modes de scrutin, les formes de participation politique. Enfin, le chapitre 5 est consacré à la comparaison des processus de transformation politique. Les thèmes retenus ici sont ceux du développement, de la démocratisation et de l'État providence.

La troisième partie nous amène à la question des approches théoriques. En effet, même si les classifications et les typologies ont constitué des modalités communes d'analyse en politique comparée, et même si elles ont été utilisées depuis des siècles, on ne peut pas s'en contenter. Elles ordonnent le contexte d'étude, simplifient la réalité pour les besoins de l'analyse en la « réduisant » à des types nettement distincts. Toutefois, non seulement les classifications imposent un travail d'observation préalable à la réduction en types, mais, si l'on veut aller plus loin que les types pour comprendre les mécanismes politiques, il est indispensable de s'investir dans une entreprise d'explication. Cette partie met en lumière les résultats de cet effort systématique de comparaison en examinant cinq approches théoriques : l'approche institutionnelle, l'approche historique, l'approche économique, l'approche culturelle et l'approche stratégique. Celles-ci seront exposées grâce à des œuvres marquantes portant sur les principaux enjeux énumérés ci-dessus. Nous aurons plus spécifiquement recours aux analyses de la modernisation, du développement politique, des transitions vers la démocratie et des politiques publiques.

NOTES

1. Bertrand Badie et Guy Hermet parlent d'une polyvalence qui « explique la place assez particulière de la politique comparée dans la discipline, tout comme d'ailleurs l'incompréhension qu'elle suscite chez beaucoup de politologues qui se demandent toujours ce qu'elle recouvre », dans B. Badie et G. Hermet, *La politique comparée*, Paris, Dalloz, 2001, p. 1.
2. B. Guy Peters, *Comparative Politics : Theory and Method*, Londres, Macmillan, 1998.
3. B. Badie et G. Hermet, 2001, p. 1.
4. Voir Mark Irving Lichbach et Alan S. Zuckerman (dir.), *Comparative Politics : Rationality, Culture, and Structure*, Cambridge, Cambridge University Press, 1997, p. 4-5.
5. Badie et Hermet insistent sur ce point dès le début de leur livre, en montrant que la comparaison permet de connaître et de se connaître, de comprendre, de relativiser et de se libérer. Voir B. Badie et G. Hermet, 2001, p. 2-3.
6. Alexis de Tocqueville, *De la démocratie en Amérique*, introduction et notes de Jean-Claude Lamberti et Françoise Mélonio, Paris, Laffont, 1986, p. 41.
7. Jean Baudoin, *Introduction à la science politique*, Paris, Dalloz, 6ᵉ édition, 2000, p. 10.
8. J. Baudoin, 2000, p. 10.
9. Pour une excellente histoire de cette époque et de l'effort scientifique, voir David M. Ricci, *The Tragedy of Political Science : Politics, Scholarship, and Democracy*, New Haven, Yale University Press, 1984, chapitre 5.
10. Maurice Duverger, *Les partis politiques*, Paris, Armand Colin, 1951.
11. Nous traduisons ainsi l'expression « behavioral persuasion », qui a été utilisée par Heinz Eulau dans le titre de son livre en 1963. Elle a été reprise par David Ricci

pour dénoncer le mouvement intellectuel de cette période. Voir David M. Ricci, 1984, chapitre 5, p. 114 et suivantes.

12. Pour un excellent bilan, voir M. I. Lichbach et A. S. Zuckerman (dir.), 1997, notamment le chapitre 1.

13. Pour une revue des questions soulevées par la construction théorique et l'analyse empirique, incluant des articles écrits par certains de ces chercheurs, voir Kohli *et al.*, « The Role of Theory in Comparative Politics : A Symposium », *World Politics*, vol. 48, n° 1, 1995, p. 1-49.

14. Cité par Giovanni Sartori, « Bien comparer, mal comparer », *Revue internationale de politique comparée*, vol. 1, n° 1, avril 1994, p. 20, note 3.

15. Ce principe est relayé par Lichbach et Zuckerman qui considèrent qu'une étude convenable du politique requiert des comparaisons systématiques. De ce fait, aucun phénomène politique, aucun niveau d'analyse et aucune époque historique ne sont hors de sa portée. Voir M. I. Lichbach et A. S. Zuckerman (dir.), 1997, p. 4-5.

16. M. I. Lichbach et A. S. Zuckerman (dir.), 1997, chapitres 2 à 4.

17. Atul Kohli, « State, Society and Development », dans Ira Katznelson et Helen V. Milner, *Political Science : State of the Discipline*, New York, Norton, Washington, American Political Science Association, 2002, p. 84-117.

18. G. Sartori, 1994, p. 30 et suivantes.

19. Émile Durkheim, *Les règles de la méthode sociologique*, Paris, Flammarion, 1988, p. 217.

20. B. Badie, *Le développement politique*, Paris, Économica, 1994.

21. Barrington Moore, *Les origines sociales de la dictature et de la démocratie*, Paris, François Maspéro, 1969, p. 9-10.

22. Michel Bergès, « Les conflits paradigmatiques de la comparaison : science politique ou sociologie historique ? », *Revue internationale de politique comparée*, vol. 1, n° 1, avril 1994, p. 120.

23. B. Badie et G. Hermet, 2001, p. 22-28.

24. Valerie Bunce, « Comparative Democratization : Big and Bounded Generalizations », *Comparative Political Studies*, août-septembre 2000, p. 703-734.

PREMIÈRE PARTIE

AUX SOURCES DE
LA POLITIQUE COMPARÉE

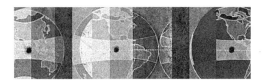

La politique comparée est certes un champ récent de la science politique, mais elle est issue d'une longue tradition d'analyse empruntant à l'antiquité grecque ou encore aux XVIIIe et XIXe siècles européens. La méthode comparative telle qu'elle est actuellement entendue est fort différente de ce qu'était la pratique de ces époques. Mais elle partage les mêmes préoccupations et tente de rendre compte, comme avant, des similitudes et des différences entre les rapports, les processus et les institutions politiques.

Dans cette première partie, nous retournons aux sources de la politique comparée afin de comprendre ces influences, mais aussi les exigences de la politique comparée contemporaine.

Dans les chapitres qui suivent, nous nous intéressons à la classification en tant qu'outil de base de la politique comparée. Cet angle nous permet d'abord de montrer comment les précurseurs comme Aristote ou les pères fondateurs comme Alexis de Tocqueville, Émile Durkheim, Max Weber et Karl Marx ont tous eu recours à l'outil de la comparaison même si les objets sur lesquels ils travaillaient n'étaient pas forcément identiques. Ensuite, partant de l'idée que la classification reste incontournable en politique comparée, nous proposons des règles de construction d'une bonne typologie et des démarches de création des typologies.

Dans un deuxième chapitre, nous abordons la question de la construction de la comparaison. Celle-ci est certes une démarche naturelle qui est présente dans toutes les catégories de raisonnement, des plus ordinaires à celles des sciences sociales en général comme nous l'avons vu en introduction. Cependant, le champ de la politique comparée a une démarche scientifique qui a ses exigences méthodologiques propres. Une importante difficulté pour celui qui s'engage dans une comparaison réside dans l'absence de consensus sur la méthode de l'analyse comparative. Néanmoins, tous les comparatistes admettent qu'au-delà de toutes les divergences, la comparaison impose un travail de construction. Dans cette entreprise, il existe trois ordres de problèmes que le comparatiste doit résoudre : le problème des concepts et de la théorie ; le problème du type de comparaison à faire ; le problème des techniques et outils de recherche.

LES FONDATIONS DE LA POLITIQUE COMPARÉE : LA CLASSIFICATION COMME OUTIL DE BASE

La politique comparée suppose un travail d'affinement et de systématisation, qui est d'assimiler et de contraster des phénomènes[1]. Nous verrons que les précurseurs de la politique comparée telle qu'elle existe aujourd'hui, qu'ils soient de la Grèce antique ou du XIXᵉ siècle, ont tous tenté d'évaluer des phénomènes les uns par rapport aux autres. Ils l'ont fait en isolant certains traits d'un phénomène X pour pouvoir le comparer à un autre phénomène Y sur la base des mêmes traits.

Ainsi, écrivant à propos des États-Unis qu'il a visités dans les années 1830, Alexis de Tocqueville se comporte en véritable comparatiste lorsqu'il dit :

> Ce que j'ai surtout cherché à mettre en relief aux États-Unis et à bien faire comprendre, c'est moins la peinture complète de cette société étrangère que ses contrastes et ses ressemblances avec la nôtre. C'est toujours soit de l'opposition, soit de l'analogie de l'une que je suis parti pour donner une idée juste et surtout intéressante de l'autre[2].

Toutefois, préalablement à toute entreprise de comparaison, il est nécessaire de conceptualiser ce qui constitue l'« identique » et ce qui constitue le « différent ». En d'autres termes, les éléments de contraste doivent être clairement identifiés. Une manière de procéder consiste à construire un schème de classification.

En général, ce schème prend la forme d'une typologie, c'est-à-dire un ensemble de catégories mutuellement exclusives permettant de ramener un grand nombre de cas à un petit nombre de types ou de clusters. Parce que les éléments et les phénomènes ne sont jamais exactement les mêmes, la construction de ce genre de taxonomie relève d'un travail de conceptualisation.

Si l'objectif poursuivi est de comparer, il est nécessaire qu'il y ait au moins deux catégories. Toutes sortes de phénomènes peuvent ainsi être classés dans une typologie : les formes d'États, les régimes politiques, les types de révolutions, les modes de production, les formes d'autorités, et ainsi de suite.

Cette première étape vers la comparaison pourrait sembler aisée. Après tout, les comparatistes n'auraient-ils pas qu'à regrouper tous les éléments semblables dans la même catégorie ? Or, ainsi que le montre ce chapitre, le travail de classification n'est jamais facile. Il est souvent difficile de tracer des frontières claires délimitant les différentes catégories et chaque élément observé (système, régime, etc.) peut paraître appartenir à plusieurs catégories ou n'appartenir à aucune d'elles.

Les comparatistes se voient souvent reprocher de mettre en relation des phénomènes de nature trop différente pour être comparables. Comment comparer ainsi l'État français et son histoire jacobine irréductible avec les États-Unis qui, en tant que pays du Nouveau Monde et ancienne colonie britannique, disposent de structures sociales et institutionnelles différentes ? Il n'y a pas que des contemporains de Tocqueville pour soutenir que ces pays sont incomparables. Pourtant, ils partagent un point commun, celui d'être tous les deux des républiques. Dans ces conditions, une classification prenant comme critère de comparaison les formes institutionnelles aboutirait à les mettre dans la même catégorie.

Ce qui rend le travail du comparatiste bien plus difficile encore est le fait que les catégories sont elles-mêmes fréquemment connotées politiquement. Classer et construire des types est rarement une opération neutre. Par exemple, comme ce livre le montrera abondamment, l'idée démocratique a un pouvoir d'attraction très fort, qui prend sa source dans l'idée que les citoyens doivent exercer un contrôle substantiel sur les décisions prises par leurs gouvernements et que la lutte pour le contrôle de l'État doit être compétitive. Néanmoins, même cette définition largement inclusive de la démocratie exclut quelques pays, dont les institutions et les pratiques ne donnent aucun pouvoir de contrôle de ce genre aux citoyens. Si la catégorie « pays démocratiques » a du sens, ces pays qui ne correspondent pas à ces exigences doivent alors être classées dans une autre catégorie dite « pays autoritaires ».

C'est ainsi que le Programme des Nations unies pour le développement (PNUD) a construit une typologie des régimes politiques qui distingue trois catégories : les régimes démocratiques, les régimes intermédiaires et les pouvoirs autoritaires[3]. Grâce à ces trois catégories, le PNUD est à même de suivre la situation politique dans le temps et de rendre compte des évolutions observées, comme le montre la figure 1.

FIGURE 1

La démocratie dans le monde, 1985 et 2000

Nombre de pays

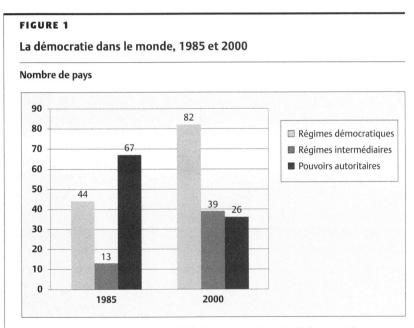

Source : Adapté de Sakiko Fukuda-Parr (dir.), *Rapport mondial sur le développement humain 2002,* PNUD, Bruxelles, De Boeck et Larcier s.a., 2002, p. 15.

Cependant, si les classifications sont la pierre angulaire de n'importe quelle analyse en politique comparée, permettant aux chercheurs de comparer les phénomènes et de les contraster entre eux, elles sont également parfois au cœur de conflits au sein des pays ou entre eux et ce, depuis des siècles. C'est pour cette raison que dans ce chapitre nous examinerons la manière dont certains des pères fondateurs de la politique comparée ont procédé.

LA CLASSIFICATION COMME PRATIQUE RÉCURRENTE :
PRÉCURSEURS ET PÈRES FONDATEURS

Dans les études classiques considérées aujourd'hui comme les fondements de la science politique, les auteurs se sont régulièrement essayés à un travail comparatif. Dans la Grèce antique déjà, on percevait clairement que les systèmes politiques différaient les uns des autres. Aristote, comme nous le verrons plus bas, a ainsi proposé une typologie permettant de les distinguer.

La construction d'une telle taxonomie est devenue nécessaire, parce que dès la première moitié du ve siècle av. J.-C., les idées et les institutions politiques de quelques cités-États grecques, et en particulier Athènes, ont été profondément remodelées. Alors que les cités-États avaient toutes été régies précédemment par une variété de règles non démocratiques — monarchiques, tyranniques ou oligarchiques —, une nouvelle forme de gouvernement, dans lequel le peuple (*demos*) est la seule source d'autorité légitime, fait son apparition à partir de 400 av. J.-C. Un nouveau mot entre ainsi dans le lexique politique : *demokratia* (démocratie).

Cette idée du gouvernement par le peuple a façonné les siècles sur le plan politique, aussi bien en matière de politique interne des États que dans la politique internationale. Depuis lors, les chercheurs en politique comparée sont constamment confrontés à cette catégorie, la « démocratie », et aux autres catégories permettant de classer les systèmes politiques. Cependant, la croyance dans le rôle positif du peuple et dans les avantages d'un système politique démocratique n'a pas toujours été aussi largement partagée. Quand les Grecs ont commencé à mettre en place des systèmes démocratiques, les débats faisaient rage sur les limites de la démocratie, voire sur ses inconvénients. C'est ainsi que Platon en était un critique virulent et s'inspirait des mots de Socrate pour exposer ses convictions antidémocratiques. Aristote était moins critique, mais préférait néanmoins une autre forme de gouvernement.

La vision négative reposait sur sa classification, dans laquelle la démocratie était vue comme le gouvernement des pauvres ou des gens peu fortunés. Pour arriver à cette description, il a développé un schème de classification qui est un des premiers efforts systématiques pour développer une typologie des systèmes politiques.

Aristote et la classification de systèmes politiques

Aristote (384-322 av. J.-C.) était un des premiers comparatistes. Son ouvrage *Politique*[4] constitue, au-delà de son apport à la science politique en général, un des travaux précurseurs de la politique comparée. Bien que la problématique qui guide l'auteur semble dépassée aujourd'hui, en raison de son adhésion aux normes non démocratiques, Aristote a innové par l'ambition comparative explicite qu'il a affichée.

Le but principal d'Aristote était, en effet, d'identifier ce que pouvait être un bon gouvernement. Si Platon a utilisé une méthode normative, fondée sur la raison pure, Aristote a suivi une démarche plus empirique. Il a comparé les constitutions existantes dans le monde antique, en opérant une classification des gouvernements selon des *critères* permettant de les distinguer. De ce fait, il a établi un schéma de classification basé sur deux critères : celui du *nombre* de gouvernants et celui des *objectifs* des gouvernants. Dans un premier découpage, il utilise le critère du nombre de gouvernants et dans un deuxième temps, il fait la distinction entre les formes qui poursuivent le « bonheur général » et les autres. Il a toutefois incorporé une évaluation normative dans sa classification, le second critère étant utilisé pour évaluer les formes justes ou corrompues de gouvernement.

En utilisant ces deux critères, Aristote forge six catégories. La catégorie de la *monarchie* représente toute forme de gouvernement dont le pouvoir est détenu par un seul gouvernant qui, de plus, tient compte des besoins de ses sujets. Lorsque le pouvoir est détenu par plus d'un gouvernant, et que le bonheur général est l'objectif principal, on parle *d'aristocratie*. On parle de *république* lorsque le pouvoir est exercé par le peuple (Aristote utilise le terme multitude) qui poursuit le même objectif d'intérêt général. Ces trois types constituent les formes justes, pour autant que les gouvernants aient pour but le bonheur général. Lorsque le pouvoir ne poursuit pas *l'utilité publique*, les formes justes indiquées ci-dessus dégénèrent. La monarchie dégénère en *tyrannie* lorsque le monarque se détourne du bien commun au profit de son intérêt personnel ; l'aristocratie en *oligarchie* lorsque seuls les intérêts du petit nombre sont protégés ; la république en *démocratie* lorsque ne sont défendus que les intérêts des pauvres.

Avec ces deux critères, Aristote produit la classification représentée dans le tableau suivant :

TABLEAU 1

Classification des régimes politiques d'après Aristote

Nombre de gouvernant(s)	Forme juste	Forme corrompue
Un	Royauté	Tyrannie
Plusieurs	Aristocratie	Oligarchie
Multitude	République	Démocratie

Aristote ne se contente pas de dégager arbitrairement des types de gouvernement. La typologie aristotélicienne est précédée d'un travail préalable de construction de critères qu'il essaie de définir le plus clairement possible pour éviter le piège des classifications mal faites ; souci étonnamment actuel en matière de comparaison. Suivons Aristote qui discute lui-même la pertinence de ses critères :

> La démocratie signifiant proprement la puissance de la multitude, l'oligarchie celle du moindre nombre, notre définition ne se trouverait-elle point fausse s'il arrivait qu'il y eût plus de riches que de pauvres et que ce fût la multitude de riches qui gouvernât ou qu'au contraire, étant supérieurs en nombre, ils fussent gouvernés par un moindre nombre de pauvres[5] ?

Aristote est à l'évidence conscient des problèmes que ces possibilités engendrent pour la pertinence de sa typologie si on opère de nouvelles combinaisons. Il poursuit donc son interrogation : « Supposons, encore, le petit nombre du côté des riches et la multitude du côté des pauvres ; s'il n'y a point d'autres espèces d'États que les six dont on a fait l'énumération, à quelle classe appartiendront les derniers qu'on vient d'imaginer […][6] ? » Ce comparatiste solutionne le problème de la multiplication possible des formes de gouvernement par différentes combinaisons en estimant que « le petit nombre et la pluralité ne doivent être regardés que comme des accidents, l'un de l'oligarchie, l'autre de la démocratie, étant ordinaire en tout lieu qu'il y ait peu de riches et beaucoup de pauvres[7] ».

Cette démarche typologique dénote l'existence du souci de la bonne définition des critères de comparaison. Ce type de préoccupations relatives au travail de classification et de comparaison est au cœur de l'entreprise des pères fondateurs de la politique comparée, qui écrivaient dans les domaines de la sociologie politique et de l'économie politique au XIXᵉ siècle et durant les premières décennies du XXᵉ siècle. Avec ces auteurs, on observe l'émergence d'une forme d'analyse et de discours scientifique consciemment orientée dans ce sens. Pour eux, il n'est plus légitime d'incorporer à la classification, comme le faisait Aristote, une évaluation personnelle des catégories. Les notions de juste et de corrompu ne sont pas employées pour porter un jugement sur les catégories de la typologie. Les étiquettes sont plus neutres, bien qu'elles puissent néanmoins être utilisées par les auteurs qui, en même temps qu'ils décrivent des processus politiques, en font aussi la promotion.

Émile Durkheim et la science des classifications

Émile Durkheim (1858-1917) compte également parmi les pères fondateurs de la politique comparée, bien que « les objets privilégiés par la sociologie durkheimienne ressortent bien davantage de la "société civile" que de l'ordre politique[8] ». Durkheim était préoccupé par l'idée d'amener les sciences sociales au même niveau de scientificité que les sciences exactes. Alors que son modèle de causalité a été clairement influencé par la physique du XIXe siècle, sa notion d'explication a été fortement modelée par la biologie et la médecine du même siècle. Par conséquent, la classification était au cœur de son travail.

Pour Durkheim, il faut considérer les faits sociaux comme des choses. Cela signifie qu'ils existent indépendamment de notre volonté individuelle, qu'ils diffèrent de la somme des volontés individuelles et que, de ce fait, ils s'imposent à nous. D'une part, Durkheim poursuit la vision positiviste d'Auguste Comte. Considérer les faits sociaux comme des *choses* implique qu'il est possible de les étudier scientifiquement, d'arriver à élaborer des lois explicatives. D'autre part, Durkheim est un des inspirateurs des perspectives structuralistes qui, en sociologie politique, accordent plus de valeur explicative au tout qu'aux parties qui composent l'ensemble.

Nous devons à Durkheim la proposition méthodologique selon laquelle les sciences sociales sont condamnées à utiliser la méthode comparative, qu'il appelle lui-même expérimentation indirecte. Il s'agit d'une méthode exposée notamment dans son plus célèbre ouvrage, *Les règles de la méthode sociologique*, écrit en 1895. Il montre le contraste entre la méthode comparative et l'expérimentation utilisée dans de nombreuses sciences exactes :

Nous n'avons qu'un moyen de démontrer qu'un phénomène est cause d'un autre, c'est de comparer les cas où ils sont simultanément présents ou absents et de chercher si les variations qu'ils présentent dans ces différentes combinaisons de circonstances témoignent que l'un dépend de l'autre. Quand ils peuvent être artificiellement produits au gré de l'observateur, la méthode est l'expérimentation proprement dite. Quand, au contraire, la production des faits n'est pas à notre disposition et que nous ne pouvons que les rapprocher tels qu'ils se sont spontanément produits, la méthode que l'on emploie est celle de l'expérimentation indirecte ou méthode comparative[9].

Poursuivant son objectif, qui consistait à faire des sciences sociales une analyse aussi scientifique que celle des sciences exactes, Durkheim a aussi construit des taxonomies. À la fin du XIXe siècle, la biologie était très influente. Nombre de biologistes, comme le naturaliste britannique Charles Darwin, parcouraient le monde à la recherche de nouvelles espèces et procédaient à leur classification. La biologie est ainsi basée sur le principe taxonomique, à savoir la description et l'identification des organismes vivants dans le but d'introduire de l'ordre dans un monde naturel extrêmement diversifié.

L'ouvrage de Durkheim intitulé *Le suicide* (1897) est un exemple de travail comparatif dans le sens où il construit une typologie des suicides selon la nature de la société. Dans la droite ligne de sa vision d'une primauté du social sur l'individuel, il cherche à démontrer comment un acte en apparence personnel est enraciné en réalité dans la société et dépend plus précisément des milieux sociaux des individus[10]. Durkheim définit d'abord chaque *type* de suicide : égoïste, altruiste et anomique.

Le suicide anomique s'oppose au suicide altruiste, mais tous les deux renvoient au degré d'individuation ou de contrôle de la société sur l'individu. Durkheim distingue alors les catégories de sa typologie :

Nous sommes donc en présence d'un type de suicide (le suicide altruiste) qui se distingue du précédent (le suicide égoïste) par des caractères tranchés. Tandis que celui-ci est dû à un excès d'individuation, celui-là a pour cause une individuation trop rudimentaire. L'un vient de ce que la société, désagrégée sur certains points, ou même dans son ensemble, laisse l'individu lui échapper ; l'autre de ce qu'elle le tient trop étroitement sous sa dépendance. Puisque nous avons appelé *égoïsme* l'état où se trouve le moi quand il vit de sa vie personnelle et n'obéit qu'à lui-même, le mot d'*altruisme* exprime assez bien l'état contraire, celui où le moi ne s'appartient pas, où il se confond avec autre chose que lui-même, où le pôle de sa conduite est situé en dehors de lui, à savoir dans un des groupes dont il fait partie. C'est pourquoi nous appellerons suicide altruiste, celui qui résulte d'un altruisme intense [...][11].

Quant au suicide anomique, il provient d'une situation où la réglementation sociale des passions individuelles se brise :

> Seulement, quand la société est troublée, que ce soit par une crise douloureuse ou par d'heureuses, mais trop soudaines transformations, elle est provisoirement incapable d'exercer cette action ; et voilà d'où viennent ces brusques ascensions de la courbe des suicides (anomiques) [...]. En effet, dans les cas de désastres économiques, il se produit comme un déclassement qui rejette brusquement certains individus dans une situation inférieure à celle qu'ils occupaient jusqu'alors [...]. Mais il n'en est pas autrement si la crise a pour origine un accroissement de puissance et de fortune [...]. L'état de dérèglement ou d'*anomie* est donc encore renforcé par ce fait que les passions sont moins disciplinées au moment même où elles auraient besoin d'une plus forte discipline[12].

Il cherche ensuite à les distribuer à l'intérieur d'une taxonomie de sociétés. Comme dans l'analyse aristotélicienne, cette analyse aboutit à un tableau qui croise une typologie (types de suicide) et une classification des types de sociétés.

TABLEAU 2 (simplifié)

Types de suicides selon quelques types de milieux sociaux

	Société religieuse	Société traditionnelle	Société moderne
Suicide égoïste	*		
Suicide altruiste		*	
Suicide anomique			*

Avec les *règles de la méthode sociologique*, Durkheim nous fournit en réalité une introduction de base à la manière de construire une typologie, dans laquelle transparaît l'influence des sciences biologiques.

Karl Marx : une taxonomie abstraite et une réalité complexe

Karl Marx (1818-1883) a fourni une des taxonomies les plus influentes et les plus connues en sciences sociales. Sa contribution illustre bien une des grandes difficultés qu'implique l'utilisation des taxonomies comme méthode pour assimiler et contraster. La classification marxiste divise l'histoire de l'humanité, jusqu'au xixe siècle, en trois configurations : le mode de production antique, le mode de production féodal et le mode de production capitaliste.

À l'aide de ces trois catégories, Marx construit une théorie de l'histoire. Dans la pensée marxiste, chacune de ces configurations suppose une organisation sociale correspondante, mais avec une constante : l'idée de rapports de pouvoir inégalitaires qui génèrent une situation dialectique par le biais de la lutte des classes. Les contradictions ou luttes entre deux classes (constituant ce que Marx appelle la thèse et l'antithèse) engendrent une situation nouvelle (synthèse) ou, en d'autres termes, un nouveau mode de production. Les modes de production changent donc, mais les rapports entre les classes sont toujours fondés sur l'asymétrie de pouvoirs et la domination d'une classe sur une autre.

Ces structures inégales de pouvoir permettent à Marx de faire la différence entre ses trois catégories. Selon lui, la lutte des classes est inhérente à chaque mode de production, car la structure économique que celle-ci traduit engendre des rapports sociaux particuliers. Chaque mode de production serait donc caractérisé par un type de conflit structurel qui fait avancer l'histoire : le conflit entre l'esclave et le maître dans le mode de production antique ; le conflit entre le serf et le seigneur dans le mode de production féodal ; le conflit entre l'ouvrier et le bourgeois dans le mode de production capitaliste.

TABLEAU 3

Les modes de production chez Marx

Mode de production antique	Caractérisé par un rapport social de production opposant maîtres exploiteurs et esclaves exploités.
Mode de production féodal	Caractérisé par un rapport social de production opposant seigneurs exploiteurs et serfs exploités.
Mode de production capitaliste	Caractérisé par un rapport social de production opposant bourgeois exploiteurs et ouvriers exploités.

En dépit de la clarté de ce schéma et de la cohérence des types, Marx (ainsi que les marxistes et autres comparatistes marxisants) a dû faire face au problème fondamental que pose l'utilisation de la typologie : les sociétés ne répondent que rarement aux seuls critères permettant de faire la distinction entre les modes de production. Par exemple, il y a de nombreux conflits, sociaux et politiques aussi bien qu'économiques, autres que ceux opposant les deux principales classes antagoniques. Il y avait des conflits entre groupes religieux dans le mode de production féodal ou entre les pollueurs et les écologistes dans les sociétés capitalistes. Il y a aussi des rapports de domination fondés sur le sexe et non uniquement sur les rapports de production. Par ailleurs, il arrive que la classe ouvrière ne s'organise pas dans une lutte contre la bourgeoisie, préférant faire cause commune avec elle pour combattre un ennemi externe, en cas de guerre, par exemple, comme l'a démontré la Première Guerre mondiale de 1914 à 1918. Même dans des sociétés capitalistes, les luttes économiques et politiques menées par la paysannerie pourraient dépasser en importance la lutte principale supposée entre le prolétariat et la bourgeoisie, ainsi que Karl Marx l'a décrit dans son ouvrage *Le 18 Brumaire de Louis Bonaparte*.

Une bonne analyse comparative, en d'autres termes, requiert beaucoup plus qu'une typologie bien construite et théoriquement bien fondée. Évidemment, Marx et beaucoup d'autres en étaient parfaitement conscients. Bien qu'elle soit utile pour faire la part entre les phénomènes, une typologie trop abstraite ne permettra pas d'observer et de comparer dans le « vrai monde ».

L'idéal-type de Max Weber

Le sociologue allemand Max Weber (1864-1920) a eu un impact direct sur la politique comparée en raison des objets auxquels il s'est intéressé — l'État moderne en particulier —, mais aussi en raison de sa méthodologie et de son utilisation de *l'idéal-type*.

Selon Max Weber, l'idéal-type représente, comme pour Karl Marx, la construction abstraite d'un objet. Weber était très explicite, bien plus que Marx, sur le fait que l'idéal-type ne se retrouve nulle part dans la réalité. C'est un type pur, obtenu à partir de l'idéalisation des traits du phénomène, dans un but analytique. Cette « exagération » permet en effet au

L'IDÉAL-TYPE SELON MAX WEBER

« La sociologie élabore des concepts de *types* et elle est en quête de règles générales du devenir [...]. Comme pour toute science généralisante, les abstractions qui lui sont propres font que ses concepts ne sauraient être que relativement *vides* en contenu par rapport à la réalité concrète d'ordre historique. En compensation, elle fournit une *univocité* accrue des concepts [...]. Le même événement historique peut par exemple avoir par un de ses aspects une structure "féodale", par un autre "patrimoniale", par d'autres "bureaucratique" et par d'autres encore "charismatique". Si l'on veut penser quelque chose d'*univoque* sous ces termes, la sociologie est obligée d'élaborer de son côté des types ("*idéaux*") "purs" de chacune de ces sortes de structures [...] qui, pour cette raison, ne se présentent peut-être pas davantage dans la réalité sous cette forme pure, absolument idéale [...]. Ce n'est que sur la base de ce pur type ("idéal") qu'une casuistique sociologique est possible. »

Source : Max Weber, *Économie et société*, t. 1, Paris, Plon, 1971, p. 48-49.

chercheur d'abord de le distinguer clairement des autres objets, et ensuite de mesurer l'écart entre la réalité et le type pur.

La méthode idéal-typique est à la base des travaux de Max Weber. La plus connue est probablement celle des formes de *domination*. Notons que M. Weber insiste sur le fait que ces types sont à but analytique, la domination étant généralement mixte, en ce sens que tout pouvoir comprend des aspects aussi bien rationnels que traditionnels et charismatiques.

Pour construire cette typologie, Max Weber a d'abord fait la distinction entre la puissance, définie comme « la chance de faire triompher au sein d'une relation sociale sa propre volonté, même contre des résistances », et domination, c'est-à-dire la « chance de trouver des personnes déterminables prêtes à obéir à un ordre[13] ».

La puissance peut reposer sur plusieurs facteurs dont le plus évident est la force, alors que la domination nécessite une forme de consentement, une docilité des dominés. C'est cela qui confère de l'autorité au dominant. Max Weber nous dit que les dominés peuvent obéir pour trois types de raisons : par habitude, en se conformant à une coutume ; selon une rationalité en finalité, en fonction de l'intérêt matériel qu'ils en reti-

TABLEAU 4

Les types de légitimité associés à des types de domination selon Max Weber

Type de domination	Type de légitimité associé à chaque forme de domination
Domination légale-rationnelle	« Repos[e] sur la croyance en la légalité des règlements arrêtés et du droit de donner des directives qu'ont ceux qui sont appelés à exercer la domination par ces moyens. » Légitimité conférée par la loi. Par exemple : le président élu dans un pays démocratique
Domination traditionnelle	« Repos[e] sur la croyance quotidienne en la sainteté de traditions valables de tout temps et en la légitimité de ceux qui sont appelés à exercer l'autorité par ces moyens. » Légitimité conférée par la tradition. Par exemple : le roi ou la reine dans une monarchie
Domination charismatique	« [Repose] sur la soumission extraordinaire au caractère sacré, à la vertu héroïque ou à la valeur exemplaire d'une personne, ou encore [émanant] d'ordres révélés ou émis par celle-ci. » Légitimité conférée par les qualités personnelles. Par exemple : un chef révolutionnaire

Source : M. Weber, *Économie et société*, Paris, Plon, 1971, p. 289.

rent ; ou selon une rationalité en valeur, en fonction d'éléments affectifs. Mais il ajoute également :

> Coutume ou intérêts ne peuvent, pas plus que des motifs d'alliance strictement affectueux ou strictement rationnels en valeur, établir les fondements sûrs d'une domination. Un facteur décisif plus large s'y ajoute normalement : la croyance en la légitimité [...]. Toutes les dominations cherchent à éveiller et à entretenir la croyance en leur « légitimité »[14].

Selon que la croyance en la légitimité repose sur les règles, la tradition ou les qualités personnelles d'un homme, M. Weber dresse trois types de dominations. La domination légale-rationnelle est celle qui correspond au fonctionnement des administrations bureaucratiques.

Ces catégories élaborées par Max Weber sont récurrentes dans la science politique et la politique comparée. Ainsi, sa conception de l'État, ses distinctions entre puissance et domination, sa typologie de l'autorité en fonction du type de légitimité sur laquelle elle est fondée ont inspiré un nombre impressionnant de travaux comparatifs. Une bonne partie des études sur l'administration et les politiques publiques se réfère à ses travaux sur la bureaucratie, que ce soit en s'en servant pour base ou en proposant de les dépasser. Ses travaux sur le patrimonialisme (qui désigne un sous-type de domination traditionnelle dans laquelle le roi considère les biens publics comme sa propriété personnelle) ont alimenté et continuent d'alimenter, en Europe comme en Amérique, de très nombreux travaux comparatifs sur l'État et le pouvoir africains à l'aide de concepts aussi divers que ceux de néopatrimonialisme (qui désigne l'existence de pratiques patrimoniales non pas dans un système traditionnel, mais dans un État qui se veut moderne), de politique du ventre ou d'État prédateur.

En fin de compte, nous voyons dans les travaux de Max Weber un des usages de la classification comme méthode d'analyse les plus influents, et qui continue encore aujourd'hui à influencer le champ de la politique comparée.

COMMENT CLASSIFIER ?

Nous avons montré que le geste comparatif structure toute notre vie, de nos raisonnements ordinaires à nos catégories scientifiques, et que les pères fondateurs ont essentiellement procédé, dans leurs travaux, à une activité de classification qui est le premier jalon de la comparaison. S'il en est ainsi, c'est que la propension à classer est ce qu'il y a de plus commun aux hommes. Ainsi, dans son livre *La pensée sauvage*, Claude Lévi-Strauss se base sur les taxonomies, c'est-à-dire l'art de construire des classifications « pour démontrer l'unicité de la pensée humaine, pour déceler la présence d'une structure universelle qu'il n'hésite pas à appeler "esprit humain"[15] ». D'après cet auteur, la recherche de cette structure universelle est rendue nécessaire par l'extrême hétérogénéité des objets, des phénomènes et des espèces qui se trouvent dans l'environnement humain et, de ce fait, par la nécessité d'y introduire de l'ordre, d'organiser et de simplifier une réalité cacophonique.

La création d'une typologie

La démarche typologique telle que nous la pratiquons en politique comparée est influencée notamment par la biologie du XIXe siècle qui, nous l'avons vu plus haut, à l'image de Charles Darwin, essayait de rassembler les différentes espèces vivantes dans un nombre limité de catégories. Mais cette démarche est si profondément ancrée dans toute l'histoire humaine que Patrick Tort n'hésite pas à parler de *raison classificatoire* en montrant que cette raison classificatoire — ou en d'autres mots la construction de typologies — a toujours existé et a suivi invariablement au cours de l'histoire la combinaison de deux schèmes[16]. Il y a d'abord le schème métaphorique, en fonction duquel les espèces sont nommées et comparées selon des critères de ressemblance. Dans certaines sociétés africaines, en application de ce schème de classification, le mot utilisé, par exemple, pour désigner l'avion est celui de « pirogue du ciel ». Il y a ensuite le schème métonymique, selon lequel le critère de distribution est la filiation ou la parenté. C'est ce dernier qui est prédominant lorsqu'on construit la catégorie des reptiles ou des mammifères, par exemple. Ces deux schèmes sont nécessairement présents dans toute classification, notamment, selon Patrick Tort, dans celles portant sur des objets appartenant à la nature ou à l'histoire. L'un peut dominer l'autre à certains moments et inversement, mais les deux sont présents sans qu'il y ait antériorité ou hiérarchie entre eux.

Dans les sciences sociales et particulièrement en politique comparée, on retrouve la même démarche. Construire des catégories implique une activité de réduction sur la base de critères précis. Ceux-ci vont au-delà aussi bien de la simple métaphore que de la simple association génétique, qui est probablement plus adaptée pour les sciences biologiques. Giovanni Sartori expose avec clarté la tâche du classificateur dans l'encadré suivant.

LA CLASSIFICATION SELON GIOVANNI SARTORI

« Classifier, c'est ordonner un univers donné en classes qui sont mutuellement exclusives et collectivement exhaustives. Les classifications permettent ainsi d'établir ce qui est le même et ce qui ne l'est pas. Le terme "même" regroupe ici tout ce qui se trouve dans une classe donnée, et est "différent" tout ce qui échoit à une autre classe. Soulignons également que les classes n'attribuent pas une "réelle identité", mais une similarité. Les objets qui appartiennent à une même classe sont plus semblables entre eux — au vu du critère de classement — qu'ils ne le sont des objets qui appartiennent à une autre classe. »

Source : G. Sartori, « Bien comparer, mal comparer », *Revue internationale de politique comparée*, vol. 1, n° 1, 1994, p. 23.

Cette manière de procéder — réduction en types selon des critères — est caractéristique de la démarche typologique en général. Sommairement, la démarche typologique consiste donc à distribuer un ensemble de phénomènes dans des types ou des classes. C'est donc une activité de réduction et de systématisation à la fois dans la mesure où elle consiste à construire quelques types (réduction) dans lesquels toute la multitude de phénomènes pourra être répartie (systématisation).

Les typologies peuvent être simples ou complexes, selon le nombre de critères (appelés encore variables ou dimensions) de comparaison. Les typologies les plus simples sont les typologies unidimensionnelles. Ici, l'opération se fait à partir d'un seul critère, comme nous l'avons vu dans la typologie des modes de production de Karl Marx (critère : les rapports sociaux). D'autres typologies sont bi ou pluridimensionnelles selon que l'on croise deux ou plusieurs variables. Dans le cas de la typologie d'Aristote qui aboutit à six catégories, deux critères sont utilisés : celui du nombre de gouvernants et celui des objectifs des gouvernants. Ces typologies deviennent de plus en plus complexes, comme dans le croisement que Durkheim opère entre types de suicides et milieux sociaux, pour créer une typologie à deux dimensions.

Il faut toujours décider, en tant que chercheur, des dimensions à incorporer. Plus les dimensions de la typologie sont nombreuses, plus les types sont nombreux, étroits et exclusifs, en ce sens qu'ils vont différer considérablement des autres types, définis eux aussi à partir de dimensions plus nombreuses. Inversement, moins les dimensions sont nombreuses, plus les types sont limités en nombre, larges en contenu et proches les uns des autres. Dans le second cas, « moins la classification comprendra de classes, plus les variations intra classes seront grandes (les classes comprendront pour ainsi dire, des "mêmes" très différents !). Inversement, plus le nombre de classes est grand, plus les variations internes sont petites[17] ».

La démarche typologique est beaucoup plus compliquée que ce que l'on pourrait penser de prime abord. Le premier danger qui guette l'apprenti classificateur est celui que Daniel-Louis Seiler appelle, à la suite du sociologue français Pierre Bourdieu, « l'illusion du savoir immédiat ». Travaillant sur les partis politiques, il prévient le chercheur du danger des classifications du « sens commun », qui consiste à ranger les partis suivant les noms, étiquettes et allégeances par lesquels ils se désignent eux-mêmes. Un tel effort pourrait donner, par exemple, les huit familles regroupées au sein du Parlement européen, énumérées dans le tableau 5. Nous voyons dans ce tableau les conséquences de l'effort politique de combiner et d'allier des partis venant de 15 systèmes différents. Ceci a pour résultat des appellations assez vagues. Il est nécessaire de se référer à chaque groupe pour pouvoir vraiment apprécier les principes et idées qui lient les députés[18].

Une typologie construite par les politologues sur la base du «sens commun» peut-elle échapper à cette difficulté? D.-L. Seiler est sceptique. On pourrait classer tous les partis des pays occidentaux dans une des catégories courantes suivantes: les communistes, les socialistes, les écologistes, les démocrates-chrétiens, les libéraux, les agrariens, les conservateurs et l'extrême droite. Pour D.-L Seiler, si tout n'est pas forcément erroné dans ce genre de typologie, il estime qu'elle ne résiste pourtant pas à l'analyse car nombre de partis ne sont communistes, agrariens ou démocrates-chrétiens que de nom.

La typologie sur cette base de «sens commun» n'est pas plus performante pour D.-L Seiler que celle du Parlement européen. Comme il le

TABLEAU 5

Les familles politiques au sein du Parlement européen
Cinquième législature – 1999-2004

Sigle	Nom au complet	Nombre de députés
PPE-DE	Groupe du Parti populaire européen (démocrates-chrétiens) et des démocrates européens	223
PSE	Groupe parlementaire du Parti socialiste européen	175
ELDR	Groupe du Parti européen des libéraux, démocrates et réformateurs	52
GUE/NGL	Groupe confédéral de la Gauche unitaire européenne et de la Gauche verte nordique	50
Verts/ALE	Groupe des Verts / Alliance libre européenne	45
UEN	Groupe pour l'Europe des Nations	22
EDD	Groupe pour l'Europe des démocraties et des différences	16
NI	Non-inscrits	32

remarque, dans la seule catégorie « conservateur », on « désigne des partis ruraux au Danemark et en Norvège, des partis urbains en Finlande et en Suède, des partis anticléricaux en Italie et au Luxembourg et des partis proches des Églises en Scandinavie, les fondateurs du *Welfare State* au Canada et ses adversaires en Belgique comme aux Pays-Bas, la droite en Australie, le centre en Allemagne et la gauche aux États-Unis[19] ».

La conclusion alors est qu'il faut aller au-delà des étiquettes et de l'illusion du sens commun pour bien définir le critère principal de classification. Par exemple, cherche-t-on à faire la distinction entre les partis du *statu quo* (les ruraux, les anti-*Welfare*, les partis proches des Églises, l'Alliance canadienne…) et les partis qui appuient les changements (comme les chrétiens-démocrates dans plusieurs pays de l'Europe ou même les progressistes-conservateurs au Canada à certaines époques) ? Il s'agit ici d'un critère plus clair que le nom ou l'allégeance à un parti. Celui-ci est donc plus à même de mener vers une typologie valide et utile.

Cela nous amène à un autre défi que pose l'élaboration de typologies. En effet, l'élaboration de types est rendue difficile par le fait que les phénomènes à classer ne sont pas séparés par des frontières claires et étanches. La qualité d'une typologie est, de ce fait, inversement proportionnelle à la porosité des types. Si chaque phénomène peut facilement se retrouver dans plusieurs catégories (ou types), alors la typologie est peu réussie. Les classes doivent être *mutuellement exclusives*.

Une typologie mal construite ne présente pas de ligne de démarcation suffisamment claire entre les différentes catégories pour permettre de placer chaque cas dans une catégorie bien précise. Un exemple de ce genre de mauvaise construction typologique est fourni dans l'encadré suivant traitant de la démocratie et de l'autoritarisme.

EXEMPLE DE TYPOLOGIE DE LA DÉMOCRATIE ET DE L'AUTORITARISME NON FONCTIONNELLE

I. **Démocratie** : fondée sur des élections (ex. : Canada, Chine, Cuba, France, Guatemala, Inde, Suède).

II. **Semi-démocratie** : fondée sur des élections, mais qui ne sont pas transparentes (ex. : Chine, Cuba, Guatemala, Iraq).

III. **Autoritarisme** : non fondé sur l'élection (Lesotho).

Dans cet encadré, on s'aperçoit clairement que même si les catégories de cette typologie semblent correspondre à la définition que le sens commun donne de la démocratie, elles ne satisfont pas aux règles de l'analyse comparée. En effet, les critères de classification ne sont pas suffisamment clairs. Plusieurs pays, comme la Chine, Cuba ou l'Iraq, peuvent être classés aussi bien dans la catégorie I que dans la catégorie II. Une bonne typologie doit donc être basée sur des critères clairs permettant de faire la part entre les pays (non démocratiques) où les élections sont purement formelles, mais non transparentes et non compétitives, et ceux (démocratiques) où les élections sont libres et concurrentielles.

Ce problème a conduit à déployer beaucoup d'efforts en vue de parvenir à affiner les typologies de la démocratie. Une de ces typologies, présentée au début de ce chapitre, comporte trois catégories : les régimes démocratiques, les régimes intermédiaires et les pouvoirs autoritaires. En élaborant cette typologie dans le *Rapport mondial sur le développement humain 2002*, le PNUD a utilisé des données développées au Centre pour le développement international et la gestion des conflits de l'Université du Maryland. Cet organisme compile chaque année des informations sur la nature des régimes de la plupart des États indépendants du monde. Le Centre définit l'autoritarisme comme un système politique ayant les caractéristiques suivantes : la participation des citoyens y est sévèrement limitée ; les détenteurs de l'autorité proviennent de l'élite politique ; les contre-pouvoirs sont en nombre limité. À l'inverse, la démocratie se définit comme un système muni de procédures institutionnalisées de compétition et de participation politiques, où les autorités sont choisies à l'issue d'une élection concurrentielle et où il existe des mécanismes de limitation des pouvoirs. Ces critères permettent de mesurer les facteurs institutionnels nécessaires pour que l'on parle de démocratie dans un pays, c'est-à-dire dans quelle mesure les lois et les institutions rendent possible une participation démocratique, et non la simple extension ponctuelle de la participation politique[20].

La distinction entre régimes démocratiques et autoritaires n'est cependant pas suffisante. Comme le montre le PNUD, 140 pays sur les près de 200 « organisent des élections pluralistes. En pratique, toutefois, seuls 82 d'entre eux, représentant 57 % de la population mondiale, sont pleinement démocratiques, au sens où ils garantissent le respect des droits de l'homme et disposent d'institutions telles qu'une presse libre et une justice indépendante. En revanche, [...] d'autres continuent de restreindre d'importantes libertés civiles et politiques[21] ». De ce fait, le PNUD introduit une troisième catégorie afin de rendre compte des régimes mixtes, c'est-à-dire les semi-démocraties, dans lesquels se tiennent des élections pluralistes sans que les libertés civiles soient pleinement respectées.

Une autre bonne typologie fréquemment utilisée en politique comparée est celle qui classe les régimes politiques démocratiques selon leur règles constitutionnelles de désignation du détenteur du pouvoir exécutif.

TYPOLOGIE DES RÉGIMES DÉMOCRATIQUES SELON LA MÉTHODE DE DÉSIGNATION DU CHEF DE L'EXÉCUTIF

I. **Régime présidentiel** : Président élu au suffrage universel (ex. : États-Unis, Brésil).

II. **Régime parlementaire** : Premier ministre désigné par la majorité parlementaire (ex. : Canada, Nouvelle-Zélande).

III. **Régime mixte** : Président élu au suffrage universel partageant le pouvoir avec un premier ministre désigné par la majorité parlementaire (ex. : France, Niger).

La classification idéal-typique

Dans la démarche idéal-typique, on procède aussi à une réduction, c'est-à-dire à une simplification des traits du phénomène étudié pour le rendre plus pur.

COMMENT CRÉER UN IDÉAL-TYPE SELON MAX WEBER

Selon Weber lui même, « on obtient un idéal-type en accentuant unilatéralement un ou plusieurs points de vue et en enchaînant une multitude de phénomènes isolés, diffus et discrets, que l'on trouve tantôt en grand nombre, par endroits pas du tout, qu'on ordonne suivant les précédents points de vue choisis unilatéralement pour former un tableau de pensée homogène ».

Source : M. Weber, *Essais sur la théorie de la science*, Paris, Plon, 1965, p. 81.

C'est donc un travail de conceptualisation et d'abstraction dans un but analytique. Il y a la conceptualisation puisqu'on subsume une réalité disparate sous des vocables scientifiques que l'on construit. Il y a aussi abstraction puisque ces concepts sont idéaux et non réels. Le phénomène idéal (ou l'idéal-type) a une cohérence et une pureté de traits supérieures à celles du phénomène réel.

Ce travail est fait dans un but analytique, dans la mesure où l'idéal-type est ensuite utilisé au même titre qu'un étalon de mesure pour étudier une réalité à laquelle elle est supérieure en perfection. On pourra alors se rendre compte à quel point les phénomènes réels sont plus ou moins proches, ou plus ou moins éloignés du type idéal.

Cette démarche peut être appliquée à une multiplicité de phénomènes. Max Weber l'a utilisée pour définir ses trois types idéaux de domination-légitimité, évoqués dans la première partie de ce chapitre. Non seulement aucun régime politique réel ne correspond trait pour trait aux types traditionnel, charismatique ou légal-rationnel tels que l'auteur les définit, mais mieux, chaque régime présente un peu des trois caractéristiques.

C'est une démarche idéal-typique que de partir, par exemple, du type de « domination traditionnelle » et d'observer ensuite les régimes politiques concrets de la Grande-Bretagne et de l'Arabie saoudite, qui sont de prime abord deux monarchies. La reine Élizabeth II est une autorité traditionnelle en vertu des règles de succession au trône fondées sur l'idée de descendance, mais il est indéniable que son règne ne tiendrait pas s'il ne reposait aussi sur un dispositif juridique et légal très institutionnalisé. En comparaison, l'Arabie saoudite est un royaume dans lequel il existe aussi des lois, mais où l'encadrement légal pèse peu par rapport à l'ampleur des pouvoirs traditionnels de la famille royale et de l'emprise que celle-ci exerce sur la société. Ce type de pouvoir, qui s'embarrasse peu de cultiver des ressources charismatiques, est plus près du type de domination traditionnel. On remarque donc que la méthode idéal-typique nous permet de comparer et de conclure que la Grande-Bretagne, bien que qualifiée de monarchie, est proche de la domination légale-rationnelle et plus éloignée de l'idéal-type de domination traditionnelle.

Il faut faire attention au danger que comporte le recours à la démarche de l'idéal-type. C'est la tentation de confondre idéal-type et type réel ou de caractériser le type idéal avec des traits qui appartiennent à un autre type. Le fait de ne pas se méfier de ce risque particulier, mais aussi la mauvaise compréhension de la démarche en termes d'idéal-type, conduit parfois les chercheurs à considérer qu'aucune comparaison n'est possible. En effet, dans la mesure où ils observent que la réalité — ou plutôt le cas particulier qu'ils connaissent le mieux — ne correspond pas à 100 % aux dimensions identifiées dans l'idéal-type, ils remettent en question la possibilité même de comparer.

Cette dernière position ne nous paraît guère fructueuse. Dans le présent ouvrage, nous démontrerons plutôt la possibilité de comparer, par exemple l'ensemble des régimes politiques, pour autant que les critères de classification soient clairs, que les catégories soient correctement construites et que les typologies et les types-idéaux soient élaborés avec soin.

NOTES

1. Giovanni Sartori note que «comparer c'est à la fois assimiler et différencier par rapport à un critère», dans «Bien comparer, mal comparer», *Revue Internationale de Politique Comparée*, vol. 1, nº 1, 1994, p. 22.
2. Alexis de Tocqueville, *De la démocratie en Amérique*, introduction et notes de Jean-Claude Lamberti et Françoise Mélonio, Paris, Laffont, 1986, p. 25.
3. Sakiko Fukuda-Parr (dir.), *Rapport mondial sur le développement humain 2002*, PNUD, Bruxelles, De Boeck et Larcier s.a., 2002, p. 15.
4. Aristote, *Politique*, texte français présenté et commenté par Marcel Prélot, Paris, PUF, 1950.
5. *Ibid.*, p. 86.
6. *Ibid.*, p. 86-87.
7. *Ibid.*, p. 87.
8. Jean Baudoin, *Introduction à la science politique*, Paris, Dalloz, 2000, p. 8.
9. Émile Durkheim, *Les règles de la méthode sociologique*, Paris, Flammarion, 1988, p. 217.
10. É. Durkheim, *Le suicide. Étude sociologique*, Paris, PUF, 1981, p. 148.
11. *Ibid.*, p. 238.
12. *Ibid.*, p. 280-281.
13. Max Weber, *Économie et société*, t. 1, Paris, Plon, 1971, p. 95.
14. *Ibid.*, p. 286.
15. Daniel-Louis Seiler, «Classifications et taxinomies : Essai de reconstruction», dans D.-L. Seiler (dir.), *La politique comparée en questions,* Bordeaux, LCF Éditions, 1994, p. 173-174.
16. Patrick Tort, *La raison classificatoire*, Paris, Éditions Aubier, 1989.
17. G. Sartori, 1994, p. 23.
18. Ces informations sont disponibles à l'adresse Web : <http://www.europarl.eu.int>, où chaque groupe tient son propre site.
19. D.-L. Seiler, *Les partis politiques*, Paris, Armand Colin, 1993, p. 35-37.
20. S. Fukuda-Parr (dir.), 2002, p. 36.
21. *Ibid.*, p. 10.

LA CONSTRUCTION
DE LA COMPARAISON

La comparaison est certes une démarche naturelle présente dans toutes les catégories de raisonnement, des plus ordinaires à celles des sciences sociales en général[1], mais la recherche en politique comparée est une démarche scientifique qui a ses exigences méthodologiques propres. Un important défi pour celui ou celle qui s'engage dans une comparaison réside dans l'absence de consensus parmi les plus grands spécialistes quant aux objectifs et méthode de l'analyse comparative, en dehors peut-être de sa vocation explicative. D'après Adam Przeworski, « il y a un consensus sur le fait que la recherche comparative ne consiste pas à comparer, mais à expliquer. L'objectif général de la comparaison transnationale est de comprendre[2] ».

Ceci dit, l'explication n'est jamais facile parce qu'il y a une pluralité de facteurs susceptibles de rendre compte des similarités et des différences observées entre les phénomènes. Comme l'a constaté Jean Blondel, qui fait partie de la première génération de comparatistes :

> [l]a difficulté principale posée par la plupart des travaux actuels proviendrait du fait que les comparatistes sont obsédés [...] par le désir de tenir compte d'une multitude de variables et qu'ils s'interdisent par là même de faire des progrès sensibles, voire même des progrès tout court en la matière. L'« éducation » du comparatiste consisterait à lui faire comprendre qu'il doit se concentrer sur un tout petit nombre de variables-clés et qu'il doit chercher constamment à

découvrir des charnières qui lui permettent d'ouvrir et de fermer un certain nombre de grandes portes[3].

Bertrand Badie et Guy Hermet relèvent un dilemme similaire, en montrant que dans le comparatisme classique, se posent deux problèmes : celui de la pertinence de l'utilisation d'une même variable pour confronter plusieurs cas, ainsi que celui de savoir si le comparatiste n'est pas passé à côté de variables plus pertinentes[4].

La comparaison impose donc un travail de construction scientifique. Dans cette entreprise, il existe deux ordres de questions auxquelles le comparatiste doit répondre : Quels concepts et quelle théorie utiliser ? Quelle est la comparaison pertinente ?

LE CHOIX DES CONCEPTS, DE LA THÉORIE ET LA COMPARABILITÉ DES CAS

L'analyse comparative a pour ambition de trouver des régularités et des exceptions en confrontant plusieurs cas entre eux. De ce fait, il est indispensable, dans la construction de la comparaison, d'encadrer la recherche par des catégories permettant de regrouper ces cas malgré leurs différences, de les analyser les uns par rapport aux autres tout en échappant à une simple juxtaposition de monographies. C'est à ce niveau qu'il faut être attentif d'une part au préalable de la comparabilité, d'autre part à la structure conceptuelle et au cadre théorique.

Le préalable de la comparabilité des cas

Le chercheur qui s'engage dans un travail comparatif doit avant tout délimiter son objet. Ce choix aura des conséquences sur l'identification des cas — habituellement, mais pas nécessairement, des pays — qui vont constituer son échantillon. Il est en effet important de savoir que tout n'est pas comparable. C'est là une précaution méthodologique de base, mais qui est aussi fondamentale dans la mesure où une comparaison tous azimuts ne mène à aucun résultat crédible.

Nous pouvons ainsi, par exemple, raisonnablement comparer la démocratisation en cours au Bénin et au Niger. Une telle comparaison semble avoir du sens, alors qu'une comparaison entre le Bénin et la Grande-

Bretagne, une des plus vieilles démocraties du monde, semble erronée. Mais qu'est-ce qui justifie la comparaison entre le Bénin et le Niger et rend plus difficile celle entre le Bénin et la Grande-Bretagne? On pourrait répondre qu'ils sont tous les deux des pays africains, alors que la Grande-Bretagne est un pays européen. Cependant, une telle réponse suppose que l'on ne peut comparer que des pays appartenant à la même aire géographique, ce qui est à l'évidence trop limitatif. La meilleure justification est que ce sont deux pays engagés dans un processus de *démocratisation* depuis 1990, alors que la Grande-Bretagne est une ancienne démocratie. Ainsi, si l'objectif est de comprendre pourquoi le même processus entrepris à une même époque peut conduire à des fortunes diverses, cette comparaison devient tout à fait raisonnable.

Pourtant, la nécessité de choisir des cas comparables n'implique pas que l'on se limite à des processus de courte durée ou ayant lieu dans une seule région. Si l'on dispose, par exemple, d'une théorie selon laquelle la situation politique existant dans certains pays au milieu du xxᵉ siècle est la conséquence des modifications intervenues dans les relations entre les classes de propriétaires terriens et la paysannerie à la fin du Moyen Âge, plusieurs possibilités de comparaisons émergent. Dans son ouvrage devenu un classique en politique comparée, Barrington Moore commence par une théorie du changement historique à long terme et construit une série de comparaisons allant de l'Angleterre médiévale à la Chine communiste post-1949[5]. Il crée une typologie des voies menant de l'ère préindustrielle au monde moderne en fonction des types de relations existant entre les propriétaires et les paysans à des moments historiques cruciaux. Ce travail, sur lequel nous reviendrons dans le chapitre 7, met en lumière trois voies — démocratique, fasciste et communiste — empruntées au cours d'une période s'étalant du xviiiᵉ au xxᵉ siècle par des pays aussi différents que, respectivement, la Grande-Bretagne, la France et les États-Unis; l'Allemagne et le Japon; la Russie et la Chine.

Il apparaît ainsi que la réponse à la question de savoir ce qui peut et doit être comparé, dépend des concepts et des théories à partir desquels le chercheur travaille. C'est notamment ce souci de la comparabilité qui rend incontournable l'appel aux concepts. Pour comparer, il faut des concepts.

Quels concepts ?

La comparaison ne peut se faire que si l'on introduit de l'ordre dans l'extrême variété des expériences et des cas en les ramenant à une taille raisonnable. Cela est possible au moyen d'un travail de conceptualisation. L'essentiel de la politique comparée, et de la science politique en général, repose sur ce travail scientifique. Ainsi que Mattéi Dogan et Dominique Pelassy le stipulent :

> [l]a sociologie politique comparative progresse à l'aide d'instruments conceptuels. Sa route est jalonnée de ces balises. Concepts de participation, de légitimité, d'autorité, d'anomie, d'aliénation, de populisme, de partitocratie [...] on n'en finirait pas de faire l'inventaire des catégories à l'aide desquelles le sociologue tente de rendre docile le réel prolifique et rebelle [...] tout ces concepts ont en commun d'être des constructions intellectuelles destinées moins à décrire le réel qu'à le disséquer[6].

Le concept est l'outil permettant de le faire et, comme le disent si bien Dogan et Pelassy, « sans abstraction et construction intellectuelle, il n'y aurait pas de "dénominateurs communs" entre plusieurs objets soumis à la comparaison. C'est parce que le concept est cette abstraction même qu'il ne peut y avoir de comparaison sans concepts[7] ».

**UN CONCEPT EN REMPLACE UN AUTRE :
L'ÉTAT MODERNE ET LE SYSTÈME POLITIQUE**

Un exemple classique de création de concept en vue de rendre possible la comparaison de nombreuses et différentes situations est venu des premières tentatives des politologues américains soucieux de développer le champ de la politique comparée. Gabriel Almond est considéré comme le fondateur du structuro-fonctionnalisme qui a dominé la politique comparée jusqu'aux années 1970.

L'objectif qu'il s'était fixé était de parvenir à comparer « l'organisation politique des Italiens à celle des Bergdama et des Bushmen », ainsi que les sociétés modernes sécularisées avec celles disposant d'institutions théocratiques et traditionnelles[8]. Le problème auquel il faisait face était qu'à cette époque, la science politique analysait essentiellement les sociétés européennes et d'origine européenne disposant d'un État correspondant à la définition classique proposée par Max Weber dans l'ouvrage *Économie et société* (1922), selon laquelle « l'État est une entreprise politique de caractère institutionnel dont la direction administrative revendique avec succès, dans l'application des règlements, le monopole de la contrainte physique légitime[9] ».

En observant le monde des années 1950, G. Almond avait de la difficulté à trouver des institutions caractéristiques de l'État wébérien au-delà des frontières de l'Europe et des États-Unis. Il proposa alors un concept de substitution plus universel, à savoir celui de système politique. « Le système politique est le système d'interactions existant dans toutes les sociétés indépendantes qui remplit les fonctions d'intégration et d'adaptation [...] par le recours ou la menace de recours à une contrainte physique plus ou moins légitime[10]. »

Il proposa alors sept concepts rendant compte, selon lui, de *l'universalité des fonctions*. Ceux-ci sont : la socialisation et le recrutement politique ; l'expression des intérêts ; l'agrégation des intérêts ; la communication politique ; l'élaboration de la règle ; l'exécution de la règle ; la fonction judiciaire.

En dépit du changement de terminologie, ces fonctions supposées universelles renvoient aux institutions et à la séparation des fonctions en Europe, telles les fonctions des pouvoirs exécutif, législatif et judiciaire, ainsi que celles des organisations comme les partis politiques, les groupes d'intérêt et les médias. Le nouveau concept proposé par Gabriel Almond, décrit comme universel, souffrait d'ethnocentrisme, car il supposait que les comportements et organisations existant dans les pays qui lui étaient familiers se retrouveraient inévitablement ailleurs.

Ainsi, il est important que, dans le travail de conceptualisation, l'on évite les pièges de l'ethnocentrisme, qui attribue une valeur universelle à des phénomènes qui sont en réalité le produit de l'histoire particulière d'un petit nombre de sociétés[11]. Ce problème a longtemps hanté la politique comparée, y compris une de ses plus longues traditions analytiques, le développementalisme, qui, entre autres, affirme que certains États sont « développés » et d'autres « en voie de développement ».

Certes, tous les efforts en vue de développer de larges concepts ne souffrent pas de ce problème, car si tel était le cas, nous n'aurions pas un champ appelé politique comparée. Le concept de « démocratie consociative », par exemple, forgé par Arend Lijphart dans les années 1970, permet ainsi de ranger dans une même catégorie des pays aussi divers que la Belgique, la Malaisie, les Pays-Bas, le Liban, la Suisse, l'Autriche ou l'Afrique du Sud. Ceux-ci ont en commun d'être composés de plusieurs communautés (ethniques, linguistiques et religieuses) non intégrées les unes aux autres, mais qui institutionnalisent la représentation de chacune d'elles dans le système politique à l'aide de mécanismes de négociation entre élites[12].

La conceptualisation va plus loin que le travail de classification, car les comparatistes visent la généralisation. Le travail de Barrington Moore mentionné plus haut en est un exemple, tout comme les travaux de nombreux comparatistes. Qu'ils cherchent à comparer de grandes structures, comme la mondialisation, ou des processus plus localisés, ils ont besoin de concepts clairement définis leur permettant de passer des phénomènes empiriques à des constructions abstraites subsumant la diversité des situations, comme le montre l'encadré suivant.

Pour comprendre les récents processus de transition vers la démocratie — qu'il est convenu d'appeler, à la suite de Samuel Huntington, la troisième vague de démocratisation[13] —, il était nécessaire de définir d'abord des concepts clés tels que ceux de libéralisation, de transition et de consolidation. Souvent, les recherches comparatives aboutissent à des améliorations conceptuelles. Par exemple, dans leur analyse comparative de la démocratisation en Afrique, Michael Bratton et Nicolas Van de Walle[14] utilisent le concept de « transition », forgé d'abord pour rendre compte de la démocratisation en Europe du Sud et en Amérique latine. Les premiers auteurs expliquaient ainsi qu'une transition s'opère généralement lorsque les élites au pouvoir se divisent en deux camps, à savoir celui des durs (*hard liners*) et celui des modérés (*soft liners*). Lorsque ce dernier camp parvient à s'allier au camp modéré de l'élite d'opposition, ils parviennent à un pacte à partir duquel la transition vers la démocratie peut s'opérer[15]. M. Bratton et N. Van de Walle ont adapté ce concept de transition à l'Afrique et, à la lumière des résultats de leur travail, ont modifié le concept sur plusieurs points. La première modification concerne la place des élites dans la transition : le concept a été élargi en montrant qu'en Afrique, la transition est moins un processus enclenché au sein des élites que le résultat d'une impulsion de la masse revendiquant le changement. Ensuite, ils montrent qu'en Afrique, la possibilité d'un

---

LES CONCEPTS DE *JIHAD* ET DE *MCWORLD*
D'APRÈS BENJAMIN BARBER

Dans son livre abondamment commenté au sujet de l'avenir de la démocratie, Benjamin Barber soutient que le conflit principal du XXIe siècle opposera le capitalisme consumériste, qualifié de *McWorld*, au fondamentalisme religieux et tribal, qu'il appelle *Jihad*.

Dans une comparaison entre époques, Barber tente d'expliquer comment cette dialectique du conflit est apparue et quelles seront ses conséquences sur la démocratie telle que nous la connaissons. Pour ce faire, il lui a fallu développer les deux concepts de *McWorld* et de *Jihad* : « Le *Jihad* est, je le reconnais, un terme fort. Dans son sens faible, il renvoie à une lutte religieuse au nom de la foi, une sorte de zèle islamique. Dans sa manifestation politique forte, il renvoie à une guerre sainte sanglante au nom d'une identité partisane définie dans un sens métaphysique et fanatique [...]. J'utilise le terme dans son sens militant pour désigner une sorte de particularisme dogmatique et violent connu des chrétiens, des musulmans, des Allemands, des Hindous tout comme des Arabes. »

Le terme *McWorld*, quant à lui, renvoie à des « forces déferlantes de type économique, technologiques et écologiques qui imposent l'intégration et l'uniformisation et qui, partout, hypnotisent les gens avec de la musique rapide, des ordinateurs rapides, de la nourriture rapide — MTV, McIntosh et Mc Donald [...] — un monde unifié par la communication, l'information, les loisirs et le commerce ».

Source : Benjamin R. Barber, *Jihad vs. McWorld: How Globalism and Tribalism are Reshaping the World*, New York, Ballantine Books, 1995, p. 9 et 4.

---

pacte est limitée. En raison de la nature corrompue des pouvoirs, il n'y a pas de fracture entre extrémistes et modérés, mais plutôt une lutte intense entre *insiders* (occupant les positions de pouvoir) et *outsiders* (voulant y accéder). Ce travail, mais d'autres encore, a donc permis d'améliorer le concept en montrant à la fois ce qu'il explique universellement et les aspects localisés dont il ne peut pas rendre compte.

Les concepts se retrouvent donc au départ de la recherche pour permettre de comparer plusieurs cas, mais aussi après la comparaison, comme des produits de la recherche. Il est de ce fait impossible de faire de comparaison sans passer par des concepts. Ceux-ci ne sont cependant pas suffisants : sans le recours à une théorie appropriée, ils ne sont rien d'autre que des schèmes de classification.

L'importance de l'adoption d'un cadre théorique

Le terme « théorie » a certes été quelque peu galvaudé. Les cadres théoriques sont des grilles d'analyse plus ou moins concrètes, plus ou moins abstraites, mais qui fournissent toujours des schémas d'explication cohérents. En s'investissant dans des comparaisons systématiques et en confrontant les données empiriques aux propositions théoriques, les comparatistes s'inscrivent dans la continuité des pères fondateurs, dont plusieurs ont été mentionnés au chapitre 1. Chacun d'eux a essayé de formuler des propositions théoriques à propos des questions cruciales de son époque et sur le monde politique. Dès le XIXᵉ siècle, une bonne partie de ces théories tentait d'expliquer le changement affectant les grandes structures et les larges processus tels que le développement du capitalisme et des sociétés capitalistes, la transition de la tradition à la modernité, le rôle de l'État et l'influence de la culture[16]. Les théories d'Adam Smith, de Karl Marx, d'Émile Durkheim, de Max Weber et de bien d'autres continuent d'influencer la manière dont nous abordons les phénomènes et processus politiques et tentons de les comprendre.

À la suite des travaux de ces pères fondateurs, il y a consensus pour reconnaître le fait qu'une bonne analyse comparative requiert un va-et-vient entre la théorie utilisée par l'analyste et ses observations empiriques. En effet, les comparatistes sont parfaitement conscients que les « faits » en eux-mêmes ne sont porteurs d'aucune intelligibilité et que pour les saisir, il faut se référer à la théorie[17]. De même, plusieurs comparatistes rejettent toute dichotomie entre théorie et méthode, la théorie orientant l'analyse empirique qui, en retour, permet des transformations théoriques[18].

En dépit de ce consensus sur la nécessité de mener des recherches empiriquement fondées, il y a peu d'accord au sujet de la théorie à utiliser. Il existe actuellement plusieurs perspectives théoriques concurrentes, sur lesquelles nous reviendrons dans la troisième partie de ce livre. Par exemple, l'approche structurelle s'inscrit dans une voie tracée entre autres par Thomas Hobbes et Adam Smith, alors que l'approche culturelle poursuit un travail fait par Max Weber ou Émile Durkheim. Les approches historique et économique sont parfois inspirées par Max Weber, mais aussi par Karl Marx, alors que l'approche institutionnelle, devenue presque hégémonique, trouve sa source chez de nombreux auteurs. Les thèmes et débats de la politique comparée contemporaine sont enracinés aussi bien dans les questions récurrentes de théorie politique et de pensée sociologique que dans les controverses politiques du XXIe siècle. C'est ce qui explique que la troisième partie de ce livre leur est consacrée.

LES TYPES DE COMPARAISONS

Il y a eu beaucoup de scepticisme au sujet des réalisations de la politique comparée et ce, depuis ses débuts. Au milieu des années 1950, Roy Macridis s'est livré à une vive critique de ce qui s'appelait alors *comparative government*. Parmi les reproches faits à ces recherches, figurent leur caractère occidentalo-centré, mais surtout le fait qu'elles consistaient à étudier des aspects isolés du procès gouvernemental, dans des pays particuliers[19]. En dépit de plus de 30 années de travail intense, d'importants fonds de recherche dépensés et d'un nombre incalculable d'heures d'enseignement sur la manière de comparer, Roy Macridis et Bernard Brown ont reproduit, en 1986, pratiquement les mêmes critiques, considérant que la plupart des études n'étaient comparatives que de nom[20].

Toutefois, la situation n'est pas aussi sombre. Depuis que ces critiques ont été formulées, certaines des insuffisances ont été comblées. L'on constate aisément que les comparatistes sont sortis depuis longtemps du seul contexte occidental pour élargir les incursions comparatives au reste du monde et avec des outils conceptuels moins ethnocentriques.

Néanmoins, chacun doit faire face à la question « Comment comparer ? ». Faut-il couvrir tous les cas possibles et faire une analyse globale ? Dans son manuel de politique comparée, Daniel-Louis Seiler qualifie ce type d'effort de moissonneuse-batteuse en raison de l'ambition exagérée qui amène les analystes à vouloir brasser un trop grand nombre de cas. À l'inverse, peut-on faire une étude de cas, c'est-à-dire analyser un seul exemple d'un phénomène ou un seul pays dans une perspective comparative ? En d'autres termes, il s'agit de savoir le nombre de cas qu'il faut avoir pour pouvoir véritablement « comparer ».

Dans ce qui est devenu un article classique sur la méthode comparative, Arend Lijphart a décrit cette méthode comme ayant trop de variables et peu de cas. C'est le problème appelé *small-n*, qui doit être résolu au préalable si l'on veut mener une bonne étude comparative. Cet article a provoqué de nombreuses controverses pendant plus de deux décennies et, encore aujourd'hui, il n'y a pas de consensus à ce sujet[21]. C'est pourquoi, plutôt que de revenir sur ce débat, nous préférons présenter deux typologies différentes qui tentent de proposer une série de stratégies comparatives alternatives. L'une a été développée par Mattéi Dogan et Dominique Pelassy et l'autre par Charles Tilly[22].

Les types de comparaisons de Dogan et Pelassy

Mattéi Dogan et Dominique Pelassy sont ceux qui sont allés le plus loin dans la tentative de dresser les différents types de comparaison. Ils proposent cinq stratégies à ceux et celles qui cherchent à monter une analyse comparative.

Le cas d'espèce dans une perspective comparative. – De prime abord, l'idée qu'une étude de cas puisse produire une analyse comparative représente une contradiction. En effet, comment l'étude d'un seul cas peut-elle être comparative? M. Dogan et D. Pelassy proposent des modalités permettant de relier une étude de cas à la politique comparée. Selon eux,

> [l]'ouverture à la comparaison (dans une étude de cas) peut être trouvée par plusieurs voies. La monographie peut s'intégrer à d'autres contributions particulières autour d'une problématique commune, comme la nature du pouvoir charismatique ou le rôle des militaires en Afrique. Souvent aussi, le comparatiste trouve intéressant d'aller lui-même à la recherche de confirmations ou d'éclairages ponctuels de ses hypothèses[23].

Si l'étude de cas reste le type le plus controversé de comparaison, elle est aussi devenue largement acceptée et peu de chercheurs nient la possibilité de l'inclure dans la catégorie des études comparatives. En effet, comme le prétendent Mark Lichbach et Alan Zuckerman:

> [l]es comparatistes revendiquent une vision intellectuelle ambitieuse en ce sens qu'ils abordent ces préoccupations substantielles avec des questions générales à l'esprit. Celui qui étudie la politique d'un pays particulier — que ce soit le Ghana, les Émirats arabes unis ou les États-Unis d'Amérique — dans le but de s'interroger sur des questions abstraites fait de la politique comparée [...].

En d'autres termes, les chercheurs en politique comparée étudient un cas dans le but de révéler ce qu'il nous apprend au sujet d'un ensemble plus large de phénomènes politiques[24].

La comparaison binaire. – La comparaison binaire est un travail portant sur deux cas. Elle peut être implicite lorsque la recherche porte sur un cas qui est sans cesse rapporté à la culture de l'observateur, comme on le voit dans l'analyse d'Alexis de Tocqueville étudiant l'Amérique. Toutefois, la comparaison binaire est habituellement explicite. Elle « concerne de préférence des pays présentant des analogies fondamentales, même si l'objectif de l'analyse est de mettre en évidence des différences dans un ou plusieurs domaines[25] ». On peut facilement justifier, par exemple, une comparaison des réformes économiques du Burkina Faso et du Mali, deux pays africains présentant de grandes ressemblances. Mais il est plus difficile de comparer le Burkina Faso et la Russie sur la même question, ces deux derniers pays présentant peu de ressemblances du point de vue de la nature de leur économie à réformer.

Il s'agit d'un bon exemple de comparaison de moyenne ampleur, à mi-chemin entre l'étude de cas et les études plus larges. Le nombre réduit de cas permet à la fois de les analyser chacun en détails et de rendre compte des dimensions plus générales. La littérature en politique comparée, toutes approches confondues, est riche en comparaison binaire. Presque tout objet se prête à cette stratégie ; par exemple, les régimes de santé canadien et américain, les transitions démocratiques au Bénin et au Niger ou encore la réforme de la protection sociale sous les gouvernements néo-libéraux aux États-Unis et en Grande-Bretagne[26].

La comparaison entre pays analogues. – Elle est proche de la comparaison binaire, mais cette dernière a un échantillon généralement plus limité puisque qu'elle porte sur deux cas. Que ce soit du point de vue spatial, de celui des arrangements institutionnels ou des trajectoires historiques, on trouve des pays qui partagent nombre de similitudes et qui peuvent pourtant être soumis à la comparaison.

> Cette comparaison entre pays « relativement analogues » se propose de neutraliser certaines différences pour mieux en analyser d'autres. Stratégie au cœur même de la méthode comparative, c'est en réduisant au maximum le nombre de variables interférant [...] qu'on se donnera le moyen d'observer avec précision, l'influence des facteurs qu'on veut étudier[27].

Ce type de comparaison pourrait s'établir entre pays industrialisés, entre pays du Tiers-Monde, entre pays à régime présidentiel et ainsi de suite. Ceci est la stratégie, par exemple, d'Antonia Maioni, qui cherche à expliquer pourquoi deux pays très semblables, en l'occurrence le Canada et les États-Unis, ont fait des choix divergents en matière de régimes de santé[28].

La comparaison entre pays contrastés. – Deux conditions doivent être remplies pour que l'on ait une comparaison contrastante[29]. Premièrement, que l'attention soit fixée sur des pays présentant un maximum de contrastes, et deuxièmement, que ces contrastes soient jugés pertinents et qu'ils éclairent l'originalité d'aires politiques définies par des traits systémiques. Mais encore, pour qu'une telle comparaison soit fructueuse, il faut que chaque pays soit représentatif d'un genre, d'une classe, d'une catégorie conceptualisée. On ne peut comparer des cas très différents qu'après un travail de conceptualisation, puisque c'est le concept qui permet de les rapprocher. C'est avec des catégories comme autoritarisme dur et autoritarisme modéré que Jean-François Médard, par exemple, contraste les modalités du pouvoir dans plusieurs pays africains, parmi lesquels se trouvent l'ex-Zaïre de Mobutu Sese Seko et la Côte d'Ivoire de Félix Houphouët-Boigny[30].

L'homogénéisation conceptuelle d'un espace hétérogène. – Cette stratégie se retrouve avant et après l'opération de comparaison. Avant de comparer, il faut forger des concepts capables de subsumer des cas différents : concepts de stabilité, de crise, de légitimité, par exemple. Après la comparaison, le chercheur peut vouloir construire une typologie. Dans ce cas, chaque type constitue une homogénéisation conceptuelle rendant intelligible des cas pourtant différents sous bien des aspects. Un exemple de cette stratégie est la comparaison asynchronique, qui consiste à comparer deux objets situés dans des temporalités différentes. Joshua Forrest l'a employée pour mettre en relation l'Afrique contemporaine et l'Europe médiévale, dans le but de rechercher la dynamique du politique dans les États faibles[31]. C'est une démarche similaire que l'on retrouve aussi chez les structuro-fonctionnalistes, comme Gabriel Almond (voir chapitre 5), qui forgent des concepts larges comme ceux de système, de structure et de fonction pour pouvoir comparer l'ensemble des pays, indépendamment de leur niveau de développement ou de la nature de leur organisation politique.

L'homogénéisation conceptuelle s'impose en raison de l'hétérogénéité de tout échantillon, composé de cas présentant inévitablement des différences. C'est à cette condition que les différents cas de l'échantillon deviennent comparables. Parce qu'il est une abstraction, le concept laisse de côté les aspects trop spécifiques qui les rendent irréductibles, pour ne garder que des traits généraux, applicables à tous les cas. En ce sens, l'homogénéisation conceptuelle est plus une nécessité méthodologique dans toute comparaison qu'un type distinct de comparaison.

Les types de comparaisons de Charles Tilly

Charles Tilly est un adepte de la sociologie historique. À ce titre, il a essentiellement travaillé sur de larges processus sociaux et politiques, dans une perspective historique. C'est le cas de ses travaux sur la sociogenèse de l'État ou du militantisme. Dans l'ouvrage *Big Structures, Large Processes, Huge Comparisons*[32], il dresse une typologie des stratégies de comparaison de ces grandes structures et processus larges. Il distingue quatre types qui parfois recoupent ceux de Mattei Dogan et Dominique Pelassy.

La comparaison individualisante. – Il s'agit d'un type de comparaison grâce auquel le chercheur met en lumière les caractéristiques spécifiques au cas étudié en le contrastant avec d'autres cas. Dans une comparaison individualisante, le cas peut être un pays, mais aussi une aire géographique ou culturelle. Les travaux de C. Tilly sur la sociogenèse de l'État entrent dans cette catégorie, puisqu'ils se concentrent sur l'émergence d'une seule forme d'État, c'est-à-dire l'État national en Europe occidentale.

La comparaison universalisante. – Dans ce type de comparaison, le chercheur tente, à l'inverse, de mettre en lumière des propriétés communes. Selon C. Tilly, il s'agit de la stratégie de comparaison qui est à l'œuvre dans l'évolutionnisme et l'organicisme du XIXe siècle, mais aussi, plus près de nous, dans toute une tradition d'analyse des processus de transformation politique selon laquelle chaque pays traverse nécessairement un certain nombre d'étapes vers la modernité. Il suffit de penser aux étapes de la croissance économique (voir le chapitre 5) chez W. W. Rostow ou aux étapes du développement chez les développementalistes en général[33]. Un exemple est, selon lui, la tentative d'uniformisation qu'opère Crane Brinton dans son ouvrage sur les révolutions en France, en Grande-Bretagne et en Russie. Bien que C. Brinton connaisse les différences entre ces cas, ce qu'il met en exergue ce sont les similarités[34]. Une pareille approche est aussi celle de Theda Skocpol, qui préfère identifier les similarités entre les révolutions française, russe et chinoise[35] (voir chapitre 7).

La comparaison par la recherche de variations. – C'est un type de comparaison qui se définit plus par son objectif que par sa forme. Il vise la généralisation par l'élaboration de catégories d'explication à même de rendre compte de variations entre plusieurs formes ou situations issues de différentes configurations d'un phénomène. Pour C. Tilly, l'ouvrage de Barrington Moore sur les origines sociales de la dictature et de la démocratie en est l'archétype. B. Moore cherchait à comprendre comment le passé de chaque pays, notamment l'évolution vers le capitalisme et les relations entre la paysannerie et l'aristocratie, explique les transitions politiques. Selon les alliances et les classes qui mènent la révolution, le processus débouche sur des résultats différents.

Une telle démarche est aussi celle de Guillermo O'Donnell et Philippe Schmitter ainsi que celle de ce dernier et Terry Lynn Karl, dans leurs comparaisons portant sur les modes de transition vers la démocratie pendant la troisième vague de démocratisation mentionnée plus haut. Ils arrivent à construire quatre modèles de transitions : les transitions par pactes, dans lesquelles il y a un accord entre les différentes parties pour définir les bases du nouveau jeu politique ; les transitions par réformes, dans lesquelles les institutions anciennes sont réformées pour s'adapter au nouveau jeu ; les transitions par la révolution qui suivent des mouvements populaires ; et les transitions imposées, dans lesquelles le pouvoir garde l'initiative du changement[36]. Nous classons également dans cette catégorie les travaux plus récents qui visent à identifier les trajectoires différentes des « variétés de capitalisme »[37].

La comparaison systémique (ou globale). – Charles Tilly remarque que les travaux faisant de la comparaison systémique (*encompassing comparison*) sont beaucoup plus rares que ceux qui s'adonnent aux types précédents. En effet, d'une part, une comparaison systémique est extrêmement ambitieuse dans la mesure où elle se propose de donner une explication totale. Cela exige du comparatiste qu'il ait une sorte de carte lui permettant de connaître le système étudié en entier, celui-ci pouvant n'être rien d'autre que le monde entier. D'autre part, ce type de comparaison risque de conduire à des explications fonctionnalistes, chaque composante du système étant alors vue en rapport à sa contribution au fonctionnement du système.

Les travaux de Stein Rokkan sont un exemple de ce type d'analyse. S. Rokkan cherchait à rendre compte à la fois du processus de formation de l'État et des formes politiques en Europe. Dans sa « carte conceptuelle de l'Europe », S. Rokkan croise deux axes qui rendent compte de ces situations : un axe économique ouest-est et un axe culturel nord-sud. Sur l'axe économique, il remarque qu'à l'ouest, les États se forment rapidement car ils tirent des surplus d'une économie monétarisée, à l'inverse des pays de l'Est. Au centre, se développent des cités-États commerçantes. Sur l'axe culturel, le nord est caractérisé par le protestantisme et une plus grande sécularisation culturelle favorisant l'émergence de l'État, alors que plus on va au sud, plus la religion catholique se pose en rivale de l'État et du processus d'intégration nationale[38]. Dans les travaux plus récents, la recherche de Samuel Huntington sur le *choc des civilisations* est un bon exemple de comparaison systémique[39].

Ces deux typologies des stratégies de recherche en politique comparée ainsi que beaucoup d'autres que nous aurions pu prendre en compte, nous enseignent une chose : le fait qu'il n'existe pas qu'une seule bonne manière de faire de la comparaison. Une analyse comparative réussie est celle qui tente de bien respecter l'esprit du geste comparatif plutôt que de chercher à mettre en exergue tous les traits particuliers de chacun des cas étudiés. Cela signifie que l'analyse comparative est par essence nomothétique plutôt qu'idéographique. En fin de compte, entreprendre une analyse comparative renvoie plus à la manière dont le chercheur pose sa question de recherche qu'à la sélection des cas qui en découle.

NOTES

1. Sur la comparaison dans diverses sciences sociales, voir les différents articles réunis dans la *Revue européenne des sciences sociales*, vol. 24, n° 72, 1986.
2. Adam Przeworski, « Methods of Cross-National Research, 1970-83 : An Overview », dans M. Dierckes *et al.* (dir.), *Comparative Policy Research. Learning from Experience*, Aldershot, Gower, 1987, p. 35. Voir aussi Mark Irving Lichbach et Alan S. Zuckerman (dir.), *Comparative Politics. Rationality, Culture, and Structure*, Cambridge, Cambridge University Press, 1997, notamment le chapitre d'introduction dans lequel les auteurs soutiennent que le but de tout comparatiste est de comprendre aussi bien les grandes questions qui lui sont contemporaines que d'expliquer les similarités et les différences.
3. Jean Blondel, « Plaidoyer pour une conception œcuménique de l'analyse comparée », *Revue internationale de politique comparée*, vol. 1, n° 1, 1994, p. 12.
4. Bertrand Badie et Guy Hermet, *Politique comparée*, Paris, PUF, 1990, p. 17-19.
5. Barrington Moore, *Les origines sociales de la dictature et de la démocratie*, Paris, François Maspero, 1969.
6. Mattéi Dogan et Dominique Pelassy, *Sociologie politique comparative : problèmes et perspectives*, Paris, Économica, 1981, p. 27-28.
7. M. Dogan et D. Pelassy, 1981, p. 27.
8. Gabriel Almond, « Le système politique face au développement », dans Pierre Birnbaum et François Chazel, *Sociologie politique*, Paris, Armand Colin, 1978, p. 36.
9. Max Weber, *Économie et société*, t. 1, Paris, Plon, 1971, p. 97.
10. G. Almond, 1978, p. 39.
11. À propos d'un avertissement ancien contre ce danger, voir Reinhard Bendix, « Tradition and Modernity Reconsidered », *Comparative Studies in Society and History*, vol. 9, avril 1967, p. 292-346. Voir aussi la critique du caractère ethnocentrique du développementalisme de B. Badie, *Le développement politique*, Paris, Économica, 1994. L'auteur présente les différentes théories développementalistes, ainsi que les critiques qui leur sont adressées.
12. Voir notamment Arend Lijphart, *Democracy in Plural Societies : A Comparative Exploration*, New Haven, Yale University Press, 1977.
13. Voir, par exemple, Michael Bratton et Nicolas Van de Walle, *Democratic Experiments in Africa : Regime Transitions in a Comparative Perspective*, New York, Cambridge University Press, 1997.
14. *Ibid.*, chapitre 2.
15. Guillermo O'Donnell et Philippe Schmitter, *Transitions From Authoritarian Rule : Tentative Conclusions About Uncertain Democracies*, Baltimore et Londres, John Hopkins University Press, 1986.
16. Charles Tilly fait une revue de ces problématiques dans *Big Structures, Large Processes, and Huge Comparisons*, New York, Russel Sage, 1984.
17. Michael Hechter, « Théorie des choix rationnels et sociologie historique », *Revue internationale des sciences sociales*, n° 133, 1992, p. 415-422.
18. Voir, par exemple, Philip McMichael, « Repenser l'analyse comparative dans un contexte post-développementaliste », *Revue internationale des sciences sociales*, n° 133, 1992, p. 396-413.

19. R. C. Macridis, *The Study of Comparative Government*, New York, Random House, 1955.

20. R. C. Macridis et B. E. Brown (dir.), *Comparative Politics: Notes and Readings*, Chicago, The Dorsey Press, 6ᵉ édition, 1986, p. 2.

21. À ce sujet, voir David Collier, « The Comparative Method », dans Ada W. Finifter (dir.), *Political Science: The State of the Discipline II*, Washington, D.C., American Political Science Association, 1993, p. 105-119.

22. Nous aurions pu prendre en considération d'autres typologies. Ainsi, dans sa présentation des approches structurelles, Ira Katznelson identifie chez les comparatistes quatre stratégies : la comparaison globale, la comparaison de cas, la comparaison de variables et la comparaison de configuration, dont un bon exemple selon lui est le travail d'Alexis de Tocqueville sur la démocratie en Amérique. Voir Ira Katznelson, « Structure and Configuration in Comparative Politics », dans M. I. Lichbach et A. S. Zuckerman (dir.), 1997, p. 87 et suivantes. Dans leur présentation classique du champ, Adam Przeworski et Henry Teune proposent aussi quatre manières différentes de comparer : la stratégie des cas les plus similaires, celle des cas les plus différents, la comparaison univariée et la comparaison multivariée. Voir *The Logic of Comparative Social Inquiry*, New York, Wiley, 1970, p. 31.

23. Une telle stratégie débouche sur des ouvrages collectifs dans lesquels les auteurs suivent une grille analytique commune, mais produisent chacun une étude portant sur un cas. Les différentes contributions sont alors rapprochées les unes des autres par le directeur de l'ouvrage dans un chapitre d'introduction ou de conclusion. Elle peut aussi être une stratégie de recherche dans laquelle un seul cas est analysé dans le détail, mais dans un cadre théorique partagé par les différents auteurs. Voir entre autres Bruno Palier, *La sécurité sociale en France*, Paris, PUF, 2003. Ce livre analyse la réforme du système de sécurité sociale en France sur la base d'un cadre théorique applicable à plusieurs autres cas.

24. M. I. Lichbach et A. S. Zuckerman (dir.), 1997, p. 4.

25. M. Dogan et D. Pelassy, 1989, p. 127-134.

26. Sur les systèmes de santé, voir Antonia Maioni, « Les politiques de santé au Canada et aux États-Unis », *Revue internationale de politique comparée*, vol. 5, nᵒ 2, 1998, p. 343-362. Sur la démocratisation, voir Mamoudou Gazibo, « La démarche comparative binaire : éléments méthodologiques à partir d'une analyse de trajectoires contrastées de démocratisation », *Revue internationale de politique comparée*, vol. 9, nᵒ 3, 2002, p. 427-449. Pour les réformes néolibérales, voir l'étude de Paul Pierson, *Dismantling the Welfare State? Reagan, Thatcher and the Politics of Retrenchment*, Cambridge, Cambridge University Press, 1994.

27. M. Dogan et D. Pelassy, 1989, p. 135.

28. A. Maioni, 1998, p. 343-362.

29. M. Dogan et D. Pelassy, 1989, p. 146-153.

30. Jean-François Médard, « Autoritarismes et démocraties en Afrique noire », *Politique africaine*, nᵒ 43, octobre 1991, p. 92-104.

31. Joshua B. Forrest, « Asynchronic Comparisons: Weak States in Post-Colonial Africa and Medieval Europe », dans Mattéi Dogan et Ali Kazancigil, *Comparing Nations: Concepts, Strategies, Substance*, Cambridge, Blackwell Publishers, 1994, p. 260-296. Voir aussi dans le même ouvrage l'application de plusieurs des autres stratégies de recherche passées en revue ici.

32. C. Tilly, 1984.

33. Pour une présentation de ces types de travaux, voir B. Badie, 1994, p. 5-6.

34. Crane Brinton, *The Anatomy of Revolution*, New York, Vintage, 1965.

35. Theda Skocpol, *États et révolutions sociales : la révolution en France, en Russie et en Chine*, Paris, Fayard, 1985.

36. Guillermo O'Donnell et Philippe Schmitter, 1986 ; Terry Lynn Karl et Philippe Schmitter, « Les modes de transition en Amérique latine, en Europe du Sud et de l'Est », *Revue internationale des sciences sociales*, n° 128, mai 1991, p. 285-301.

37. Peter A. Hall et David Soskice (dir.), *Varieties of Capitalism : The Institutional Foundations of Comparative Advantage*, Oxford, Oxford University Press, 2001. Herbert Kitschelt, Peter Lange, Gary Marks et John D. Stephens, « Convergence and Divergence in Advanced Capitalist Democracies », dans H. Kitschelt, P. Lange, G. Marks et J. D. Stephens (dir.), *Continuity and Change in Contemporary Capitalism*, Cambridge, Cambridge University Press, 1999, p. 427-460.

38. Stein Rokkan, « Dimensions of State Formation and Nation-Building : A Possible Paradigm for Research on Variations within Europe », dans Charles Tilly (dir.), *The Formation of National States in Western Europe*, Princeton, Princeton University Press, 1975, p. 562-600.

39. Samuel P. Huntington, *Le choc des civilisations*, Paris, Éditions Odile Jacob, 2000.

DEUXIÈME PARTIE

ENJEUX DE LA POLITIQUE COMPARÉE

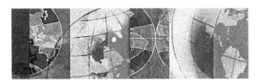

Toute discipline n'acquiert ce statut qu'à la triple condition d'avoir ses objets de recherche propres, de développer ses méthodes d'investigation et de pouvoir s'appuyer sur une infrastructure académique en ce qui concerne aussi bien la communauté de chercheurs que les lieux spécifiques d'enseignement et de publication. La politique comparée remplit la seconde condition mieux que tout autre sous-champ de la science politique, dans la mesure où elle se confond pratiquement avec sa méthodologie, à savoir la méthode comparative. Elle dispose aussi d'une infrastructure riche et diversifiée. Elle réunit des chercheurs qui s'identifient comme des comparatistes, rédigent des ouvrages et manuels, et contribuent à des revues spécialisées comme la *Revue internationale de politique comparée*, *Comparative Politics* ou *Comparative Political Studies*. Les étudiants peuvent suivre des cours de politique comparée aussi bien dans les universités européennes, que dans les universités latino-américaines ou nord-américaines.

Qu'en est-il de l'objet de la politique comparée? Sur ce point, le champ déroge partiellement à la règle. En effet, si la politique comparée est transversale en science politique, c'est non seulement parce que sa méthodologie — la comparaison — est utilisée dans les autres champs, comme on l'a vu dans l'introduction, mais aussi parce que les objets dont elle s'occupe ne lui sont pas exclusivement réservés. Toutefois, elle a ses objets privilégiés qui soit se prêtent mieux à sa méthode, soit sont plus à même de contribuer à son affermissement.

Cette deuxième partie de notre ouvrage est consacrée aux objets traditionnels de la politique comparée, à savoir les institutions politiques, les forces politiques et les processus de changements politiques, qui à leur tour soulèvent d'autres questions tels l'ordre social, le développement politique ou encore la démocratie.

3

LA COMPARAISON DES INSTITUTIONS ET DES FORMES D'ORGANISATION POLITIQUE

La comparaison des institutions politiques est un des domaines privilégiés de la politique comparée. Elle est la plus ancienne manière de faire de la comparaison, comme nous l'avons déjà remarqué dans la typologie proposée par Aristote. C'est surtout par le biais de l'étude des institutions que la politique comparée a commencé à se constituer, en tant que champ névralgique de la science politique, en Amérique du Nord au début du xxᵉ siècle, sous l'appellation de *comparative government*.

Que l'on pense aux précurseurs de l'Antiquité grecque, aux théoriciens de l'État et de l'absolutisme, comme Machiavel, Hobbes ou Bodin, aux pionniers ayant participé à l'émergence de la politique comparée en tant que sous-discipline de la science politique au xxᵉ siècle, tels que Walter Bagehot et Woodrow Wilson (avant la Première Guerre mondiale) ainsi que Carl Friedrich et Herman Finer (de l'entre-deux-guerres aux années 1950), ou encore à des contemporains comme Charles Tilly, Theda Skocpol, Yves Mény, un thème central occupe constamment les comparatistes : la question des formes de la souveraineté. Celles-ci constituent le critère central permettant de comparer les formes d'organisation territoriale et les formes de systèmes et de régimes politiques. Il y a d'abord la souveraineté nationale qui implique une réflexion autour de l'État en tant que forme d'organisation. Il y a également la souveraineté populaire qui a donné lieu à toute une réflexion sur les systèmes et régimes politiques, avec un intérêt particulier pour les formes démocratiques et le gouverne-ment légitime.

Dans ce chapitre, nous présentons l'État moderne comme une cons-truction historique qui a pris forme en Europe de l'Ouest il y a quatre siècles. Il a été historiquement précédé de plusieurs formes d'organisa-tion politique qui ne méritaient pas le qualificatif d'État. Ainsi, l'empire est une des formes d'organisation politique qui ont traversé l'histoire européenne de l'époque romaine à la chute de l'empire austro-hongrois, en 1918, et qui ont perduré dans certaines régions non occidentales jus-qu'au milieu du xxᵉ siècle. Nous présenterons dans la première section l'État moderne dans la perspective de l'idéal-type, à la manière de Max Weber. Nous comparerons ensuite l'État moderne en tant que forme d'organisation politique à des formes d'organisation non étatiques. Dans la dernière section, nous comparerons les systèmes et régimes politiques, en mettant l'accent sur les formes démocratiques.

L'IDÉAL-TYPE DE L'ÉTAT MODERNE
COMPARÉ AUX FORMES NON ÉTATIQUES

Lorsque l'on parle d'État moderne, deux définitions sont généralement utilisées. La première est dite juridique et formelle, car elle est porteuse de l'empreinte du droit, alors que la deuxième, dite sociologique, est la définition classique proposée par Max Weber. Les deux définitions relèvent en réalité de l'idéal-type. Par conséquent, les États qui existent réellement peuvent diverger sur plusieurs points de la définition. Ils en sont plus ou moins proches.

Une définition juridique de l'État moderne

La première définition s'articule autour de quatre composantes[1].

L'existence d'un territoire clairement délimité est la première condition d'existence de l'État moderne. Ce critère est important dans la mesure où il implique l'idée de frontières stables. Pour qu'il y ait un État moderne, le pouvoir politique doit reposer sur un espace circonscrit qu'il maîtrise au moyen de son administration et de ses forces armées. Cette condition n'est pas remplie, par exemple, ni dans les empires, ni dans les micro-sociétés.

LES QUATRE COMPOSANTES DE LA DÉFINITION JURIDIQUE DE L'ÉTAT MODERNE

1. Un territoire clairement délimité ;
2. Une population habitant ce territoire ;
3. Un pouvoir politique différencié par rapport aux autres rôles sociaux ;
4. Une reconnaissance internationale généralement consacrée par un siège à l'Organisation des Nations unies (ONU).

Source : Adapté de Philippe Braud, *Science politique 2. L'État*, Paris, Seuil, 1997, p. 21-28 et 37-38.

L'idée de tracer des frontières claires fait partie du processus de construction de l'État moderne. En Amérique du Nord, le XIXe siècle donne lieu à des débats autour du tracé de la frontière entre le Canada et les États-Unis, ainsi qu'entre ceux-ci et le Mexique. Par ailleurs, tous ces pays ont procédé à des déplacements forcés des populations autochtones en vue d'affirmer leur contrôle des territoires particuliers. Ce genre de confrontation perdure encore, comme le montre le cas des Kurdes qui contestent la légitimité des frontières de quatre pays où ils sont dispersés, à savoir l'Iran, l'Irak, la Syrie et la Turquie.

Le deuxième critère est celui de la population. Le territoire étatique est peuplé par des groupes humains partageant un sentiment d'appartenance qui les lie entre eux et qui les distingue des autres groupes vivant sur d'autres territoires. C'est en ce sens que dans l'Antiquité, les Grecs faisaient la différence entre eux et les autres, qualifiés de Barbares. Lorsque la population habitant le territoire de l'État partage la même identité nationale, on parle d'État-nation. Autrement, comme dans le cas du Canada, de la Belgique, de la Malaisie, ainsi que de la plupart des pays africains composés de populations d'ethnies différentes, on parle d'État national ou même multinational.

Le troisième critère définissant l'État moderne est l'existence d'un pouvoir politique différencié, donc clairement distinct des autres institutions sociales, religieuses et économiques. Ce critère introduit une différence qualitative décisive entre l'État et les simples entités infraétatiques, qu'elles soient acéphales ou dotées de pouvoirs *ad hoc* (c'est-à-dire institués de manière intermittente). Dans l'État moderne, il y a en principe une distinction entre le pouvoir politique et le pouvoir religieux, entre les institutions gouvernementales et les structures des firmes et des entreprises, entre le secteur public et le secteur privé. Dans ces conditions, le retour du religieux dans certains États (par l'adoption d'institutions politiques fondées sur la religion) pose un défi à ce critère qui constitue un pilier de la définition de l'État moderne.

LE RETOUR À LA *CHARIA* (LOI ISLAMIQUE): QUELS ENJEUX POUR LA DÉFINITION DE L'ÉTAT MODERNE?

L'émergence de l'État moderne est indissociable de l'émergence d'un espace politique autonome, clairement différencié du religieux. Pendant longtemps, en Occident, les rapports entre les princes et l'Église ont été marqués par une alternance entre le «césaropapisme» et la «théocratie pontificale», c'est-à-dire par un rapport des forces tour à tour favorable au prince ou au pape. Tant que ce dernier était prépondérant, l'État ne pouvait s'affirmer, les princes étant simplement des dépositaires d'un pouvoir confié au nom de Dieu par un pape ayant un pouvoir transfrontalier. C'est quand les princes ont finalement affirmé leur indépendance, notamment par rapport à Rome, qu'il a été possible d'instituer un pouvoir politique autonome[2].

L'État moderne est apparu en partie en résultat de cette dynamique de rupture du lien avec le pape et de territorialisation de l'autorité[3]. Quand il s'est universalisé par la suite, il a été fortement lié à l'idée de sécularisation et de laïcité. On sait que pour certains, notamment dans la tradition jacobine française, «la laïcité en particulier, est un attribut essentiel de l'État moderne, parce qu'elle donne les moyens juridiques et politiques de transcender la diversité des appartenances religieuses, de consacrer le passage dans le privé des croyances et des pratiques, de faire du domaine public le lieu, religieusement neutralisé, commun à tous les citoyens...[4]».

Le *réinvestissement* actuel de l'État par le religieux dans quelques sociétés islamiques touche donc à un fondement essentiel de la compréhension que nous avons de l'État moderne. Souvent, ce *réinvestissement* provoque des conflits profonds. Il suffit de penser aux déchirements entre populations de confessions différentes à la suite de l'instauration de la *charia* au Soudan dans les années 1980 et au Nigeria dans les années 1999-2000, pour s'en convaincre. La révolution islamique en Iran depuis 1979 et le régime des talibans renversé par l'intervention américaine en 2002 ; les tentatives de prise de pouvoir par les islamistes en Égypte depuis les années 1960 et en Algérie au début des années 1990 ; l'activisme des mouvements islamistes en Indonésie, en Inde et au Pakistan témoignent de l'ambition ouverte de groupes islamistes de prendre le pouvoir afin d'appliquer la *charia*.

Ces dynamiques remettent clairement en cause l'idée de la sécularisation religieuse qui semblait s'être universalisée. Ces mouvements appellent à une énonciation islamique du politique et donc à une altération de l'État moderne, sachant le caractère transnational du sentiment religieux et la non-distinction du politique et du religieux. S'ils réussissent à mettre en œuvre leur projet, ils peuvent provoquer des recompositions profondes de l'environnement étatique. Mais il est tout aussi possible, comme le montre l'exemple de l'Iran, que l'épreuve du pouvoir use ce projet et conforte l'universalité du fait étatique.

Ces trois composantes de l'État moderne doivent être complétées par un quatrième critère, celui de la reconnaissance internationale. Cela signifie que l'existence d'un territoire sur lequel vit une population dirigée par un pouvoir politique quelconque doit être consacrée par le droit international. En ce sens, l'État n'existe que si ses semblables le reconnaissent comme tel et ce processus se parachève généralement avec l'admission à l'ONU.

On compte actuellement 190 États reconnus et siégeant comme membres de l'ONU. Sans ce critère, n'importe quel groupe armé, n'importe quelle firme multinationale puissante pourrait se tailler un territoire et exercer une domination sur la population qui y vit. Dans cette perspective, le Somaliland, territoire qui s'est détaché de la Somalie en désagrégation en 1990, n'est pas un État, bien que son territoire soit peuplé, gouverné, voire stable. À l'inverse, du fait de la reconnaissance internationale dont elle bénéficie et en dépit de l'effondrement de toutes ses institutions, la Somalie dispose toujours de son siège aux Nations unies.

LE SOMALILAND

Situé dans la corne de l'Afrique, le Somaliland est un territoire de 3,5 millions d'habitants délimité par Djibouti, l'Éthiopie, la Somalie et le golfe d'Aden. Ce territoire est resté sous protectorat britannique de 1884 à 1960. Après l'indépendance, obtenue le 26 juin 1960, ce territoire a abandonné sa souveraineté pour fusionner la même année avec la République de Somalie, une ancienne colonie italienne.

La guerre civile des années 1980 a conduit en 1991 à l'effondrement de la Somalie, déchirée par la rivalité entre seigneurs de la guerre rivaux. Elle a mené aussi à son éclatement, le Somaliland ayant décidé de reprendre son indépendance par référendum. Ainsi, après quelques années de conflits internes, le Somaliland a retrouvé une paix relative depuis 1997.

Le pays a été doté depuis lors d'une constitution et dispose de l'ensemble des institutions caractéristiques d'un État moderne. Mais n'étant pas reconnu par la communauté internationale — qui est légaliste et attachée au principe de préservation de la souveraineté des États en place —, il ne peut être considéré comme un État moderne au sens juridique du terme.

Ces critères correspondant à la définition dite juridique de l'État ont une histoire. Ils traduisent en fait la longue tutelle exercée par le droit sur la science politique. C'est cette prépondérance du droit qui explique non seulement la tendance à considérer l'État moderne comme l'objet de la science politique et de la politique comparée, mais aussi à en donner une acception basée sur les formes et les critères juridiques.

Cependant, une observation empirique montre que ces critères ne suffisent pas à rendre compte de la réalité et surtout de la qualité de l'État. Ainsi, si le Somaliland n'est pas un État, la Somalie dont il s'est détaché l'est-elle ? En effet, ce territoire peuplé et reconnu, voire même disposant d'un gouvernement, n'est en réalité qu'un vaste terrain que se disputent des seigneurs de la guerre. Aucune des factions n'est à même de maîtriser l'ensemble du pays. Lorsqu'on observe l'écart entre le statut conféré par la reconnaissance formelle et la réalité de cet État effondré, vidé de son essence, à savoir l'unité de pouvoir et la maîtrise du territoire[5], on se rend vite compte des limites de la définition juridique de l'État moderne.

Une définition sociologique de l'État

C'est au regard de ces limites qu'un consensus s'est formé autour de la définition sociologique proposée par Max Weber.

La définition wébérienne n'exclut pas la définition juridique, mais elle implique une plus grande exigence dans l'attribution de l'étiquette « État ». En effet, en plus des critères de la définition juridique, celle de Max Weber comporte deux conséquences. La première est relative à la nature de l'organisation : l'État est une entreprise en ce sens qu'il a une activité continue en finalité, et cette entreprise est de caractère institutionnel puisqu'elle est basée sur des règlements établis rationnellement et donc sur un appareil administratif impersonnel[6]. En cela, l'État est différent des autres types d'entreprises pouvant exister sur un territoire. Mais surtout, seconde conséquence, Weber fait du monopole de la contrainte légitime, à savoir l'utilisation de la force armée, de la police, de la prison, un élément distinctif essentiel. C'est en dépossédant les autres groupes (par exemple, les seigneurs féodaux, les chefs traditionnels ou les seigneurs de la guerre) de l'usage de la violence pour en faire un attribut des détenteurs du pouvoir politique agissant au nom de l'État, que ce dernier affirme véritablement son existence[7].

Suivons Weber sur ce point : « Nous dirons d'un groupement de domination qu'il est un groupement politique lorsque et tant que son existence

---

LA DÉFINITION SOCIOLOGIQUE DE L'ÉTAT

Max Weber a proposé cette définition de l'État, afin de distinguer cette forme politique des autres : « Nous entendons par État, une "entreprise politique de caractère institutionnel" lorsque et tant que sa direction administrative revendique avec succès dans l'application des règlements le monopole de la contrainte physique légitime [...]. La violence n'est naturellement ni l'unique moyen administratif, ni même seulement le moyen normal d'un groupement politique. En effet, les dirigeants se sont au contraire servis de tous les autres moyens possibles en général pour mener à bonne fin leur entreprise. Cependant la menace et, éventuellement, l'application de la violence en est assurément le moyen spécifique et partout elle est, en cas de défaillance des autres moyens, l'ultima ratio. »

Source : Max Weber, *Économie et société*, t. 1, Paris, Plon, 1971, p. 97.

et la validité de ses règlements sont garanties de façon continue à l'intérieur d'un territoire géographique déterminable par l'application et la menace d'une contrainte physique de la part de la direction administrative[8]. » Dans cette acception, la Somalie, mais aussi l'ex-Zaïre ou le Liberia n'ont donc pas la qualité d'État. Il y a de ce fait moins d'entités méritant l'appellation « État » selon la définition de Weber que selon la définition juridique.

Ces exemples montrent qu'à l'évidence, des changements historiques de grande ampleur, des révolutions ou même des révoltes peuvent faire perdre son statut à l'État. En fait, la définition wébérienne est elle-même de plus en plus bousculée par plusieurs dynamiques qui remettent en cause la prépondérance de l'État comme acteur prédominant sur la scène internationale. Par exemple, la mondialisation amène sur la scène une pluralité d'acteurs qui mettent à mal la capacité de contrôle de l'État. Il y a aussi des dynamiques de fragmentation minant l'État de l'intérieur. Dans le premier cas, on trouve les firmes multinationales, les flux économiques transnationaux, les technologies de communication et les organisations de la société civile organisées en réseau. Les mouvements antimondialisation, qui s'appellent maintenant altermondialisation pour insister sur l'alternative qu'ils représentent par rapport au néolibéralisme, sont de véritables réseaux mobilisant des militants sur l'ensemble de la planète. Dans le second cas, on trouve les phénomènes nationalistes, les luttes ethniques ou de sécession, comme on l'a vu en Bosnie, au Rwanda ou en Côte d'Ivoire.

Cependant, ce qui est remarquable au sujet de l'idéal-type de l'État wébérien, c'est sa capacité à résister à ces pressions multiformes et à garder en dernière instance, le pouvoir ultime de la contrainte. Bien que ces groupes le bousculent, ils le font rarement plier. Comme on a pu le faire remarquer, il suffit parfois que l'État déclare l'état d'urgence pour renvoyer les groupes protestataires chez eux.

Les formes non étatiques : infra-États, extra-États, cités-États et supra-États

Si l'État est aujourd'hui la forme d'organisation territoriale dominante, il n'en a pas toujours été ainsi. Il a émergé à l'issue d'une histoire au cours de laquelle d'autres formes d'organisation l'ont précédé et auraient tout aussi bien pu s'imposer. Comme Charles Tilly et Norbert Elias nous le rappellent[9], l'hégémonie d'une seule forme est le résultat d'une histoire particulière, soit celle de l'Europe. Le politologue québécois Gérard Bergeron propose une classification de ces formes concurrentes en trois types : les cités-États, les infra-États et les extra-États[10]. Même si ces deux derniers concepts sont des néologismes, ils ont le mérite de la clarté et c'est pourquoi nous les adoptons ici. Cette typologie peut être complétée par une catégorie en émergence, notamment avec l'Union européenne dont les contours sont toujours incertains, mais qui donne malgré tout un sens à la catégorie des « supra-États ».

Trois critères permettent de caractériser et de classer les formes d'organisation non étatiques par rapport à l'État : la nature des fonctions ou du pouvoir, le type d'organisation territoriale et la détention de la contrainte.

TABLEAU 6

Les différences entre État et forme d'organisation non étatique

	État	Forme non étatique
Nature de l'autorité et des fonctions	Clairement identifiées	Diffuses ou concentrées dans quelques mains
Type d'organisation territoriale	Territoire aux frontières définies et reconnues par la communauté internationale	Unités aux frontières incertaines
Contrainte	Monopole de la contrainte par les détenteurs du pouvoir et existence d'une armée permanente	Appareils de coercition privatisés ou sous le contrôle d'autres autorités, légales ou illégales

Le critère qui est le plus susceptible de poser des problèmes est celui du type d'organisation territoriale. Il y a tentation en effet de raisonner en termes de taille, étant entendu qu'effectivement, plus la taille de la société est importante, plus sa gestion devient complexe et plus le besoin d'organisation et de spécialisation des fonctions devient impérieux. Cependant, ce critère n'est pas suffisant pour au moins deux raisons. D'abord, l'infra-État ou la cité-État, tels qu'ils ont pu exister, n'ont pas toujours eu une envergure plus réduite que celle de certains États actuels.

Ainsi, le territoire du roi Charlemagne, avant qu'il devienne empereur en 800, était plus vaste que l'actuel État de la Belgique. Ensuite, l'extra-État n'a pas toujours été plus étendu que l'État. Ainsi, même à son apogée, l'empire de Charlemagne n'a jamais égalé l'État actuel de la Russie en superficie.

En ce qui concerne la nature de l'autorité dans les infra- et extra-États, le concept de domination de type traditionnel emprunté à Max Weber est très éclairant. Les deux dimensions du pouvoir (son degré de complexité et son niveau d'arbitraire) permettent d'opérer une classification. Elles permettent en effet une décomposition de la domination traditionnelle en trois sous-types. La domination patriarcale est le premier sous-type identifié par Weber. Elle ne s'exerce que sur des clans familiaux ou groupes partageant le même patriarche, qui fait le plus souvent figure de chef en vue d'assurer la sécurité de la bande. Le second sous-type apparaît quand la domination commence à s'étaler au-delà de quelques maisonnées ayant le même patriarche pour s'étendre, par exemple, aux tribus. Elle est également caractérisée par un pouvoir arbitraire. C'est lorsque ce pouvoir repose sur l'arbitraire le plus total (étant entendu qu'il s'étale déjà au-delà du clan familial) que la domination devient « sultanique ».

Les infra-États sont des formes d'organisation dont on estime le nombre à quelques 600 000 après l'âge de la pierre polie, précisément au premier millénaire avant notre ère[11]. Ainsi, comme nous le verrons, l'État est le produit d'un processus de monopolisation territoriale. Ce processus s'est essentiellement exercé sur ces types d'unité territoriale, les infra-États, concept comprenant ici aussi bien les organisations territoriales des sociétés traditionnelles que des formes d'organisation très proches de l'État. Nous n'avons qu'à penser, par exemple, aux royaumes qui se disputaient l'espace occupé par la France actuelle avant leur unification par Charlemagne autour des années 800.

C'est donc une grande diversité de types d'organisations, allant de microsociétés peuplées de quelques dizaines de personnes à des entités de plusieurs centaines de milliers d'habitants, qui est considérée ici. On voit bien qu'il ne s'agit pas que d'une question de taille. Ce qui permet de les regrouper malgré tout, c'est qu'ils partagent les critères évoqués ci-dessus. Du point de vue du pouvoir, ces sociétés correspondent par nature à la domination de type traditionnel de Max Weber, évoquée dans le chapitre 1.

TABLEAU 7

Les différences entre État et infra-État

	État	Infra-État
Nature de l'autorité et des fonctions	Clairement identifiées	Inexistantes, diffuses ou concentrées dans quelques mains
Type d'organisation territoriale	Territoires aux frontières définies et reconnues par la communauté internationale	Unités de type patriarcal, frontières peu sûres et faible organisation
Contrainte	Monopole de la contrainte par les détenteurs du pouvoir et existence d'une armée permanente	Appareils de coercition inexistants ou arbitraires

L'expression « extra-État », toujours empruntée à G. Bergeron, exprime chez l'auteur un *débordement d'État*. G. Bergeron pense plus précisément aux empires despotiques de l'Antiquité. En effet, le phénomène impérial a existé à travers les temps jusqu'au milieu du xxe siècle sous au moins quatre formes : les civilisations comme la Chine ou l'Égypte pharaonique ; les empires antiques comme l'Empire romain ; les empires coloniaux, fruits de conquêtes militaires entreprises par un État national sur plusieurs continents comme les empires coloniaux belge, britannique ou français ; les empires-États comme l'Empire ottoman aux frontières reconnues, mais débordant de ce que l'on appellerait les limites de l'État national.

Le concept d'extra-État s'applique aux empires traditionnels (premier type) qui contrastent le plus avec l'État, aussi bien du point de vue de la nature de l'autorité, du type d'organisation territoriale que de la maîtrise de la contrainte.

Par rapport à l'État, l'extra-État a souvent une forme de domination traditionnelle, l'autorité provenant de la religion ou des rapports de parenté. Les empires sont très souvent dirigés par des dynasties et le pouvoir se transmet selon un ordre de succession au sein de la famille impériale. L'empire est souvent présenté comme « l'empire des autres », car il se construit par l'action d'un centre conquérant assujettissant des peuples différents. À l'inverse des infra-États, notamment les microsociétés qui peuvent avoir une domination patriarcale, les empires sont des

TABLEAU 8

Les différences entre État et extra-État

	État	Extra-État
Nature de l'autorité et des fonctions	Clairement identifiées	Diffuses, liens souvent de type féodal ou colonial
Type d'organisation territoriale	Territoires aux frontières définies et reconnues par la communauté internationale	Grands ensembles humainement hétérogènes, délimités par un *limes*
Contrainte	Monopole de la contrainte par les détenteurs du pouvoiret existence d'une arméepermanente	Appareils de coercition existants et souvent arbitraires

macrosociétés qui ne peuvent avoir qu'une domination de type patrimonial ou « sultanique », mais plus encore, leurs ressources sont une véritable cagnotte à la disposition de l'empereur. Il y a une certaine différentiation des fonctions, mais pas de principe de hiérarchie des fonctions. Les rapports ne sont pas non plus basés sur une unité de règles puisque l'empire regroupe par la force des peuples aux langues et aux pratiques différentes.

Le caractère de macrosociété est aussi une des différences existant par rapport à l'État, dans le sens où l'empire n'a pas de frontières, mais un *limes*, d'où l'expression « aux confins de l'empire ». Ainsi, alors que l'existence de frontières claires est un des critères d'existence de l'État, l'empire s'étale jusque-là où la puissance lui permet de pousser sa domination. La tendance impérialiste naturelle des puissants, que montrait déjà Thucydide pour expliquer les agressions athéniennes contre ses voisins[12], est le propre des empires. En effet, comme le dit Paul Kennedy[13], l'empire est condamné à s'étendre sous peine de reculer. Il n'a pas de frontière mais une sorte de limite virtuelle (*limes*), susceptible de se déplacer à tout moment au gré des conquêtes ou des défaites. Du fait que l'empire est fondé sur la force, il fait continuellement face à des problèmes d'autorité et le territoire de l'empire varie selon qu'il fasse de nouvelles conquêtes ou qu'il perde du terrain face à une autre puissance ou à un ex-vassal.

Enfin, les extra-États diffèrent des infra-États, mais aussi de l'État, du point de vue du monopole de la contrainte. L'extra-État est doté de moyens de contraintes qui sont plus organisés par rapport à la plupart des infra-États, mais moins par rapport à l'État. Cependant, il faut distinguer à ce niveau les anciens empires et les empires coloniaux du XIXe siècle. Contrairement à l'État, les anciens empires n'ont généralement pas disposé d'armées professionnelles et permanentes, mais là aussi des exceptions existent, comme l'Empire romain dont la force reposait sur la discipline et la hiérarchie au sein de l'armée. Dans de nombreux anciens empires africains précoloniaux, par exemple, la domination est exercée le plus souvent par le biais d'un rapport de type féodal qui peut exister aussi dans les gros infra-États. Ici l'empereur laisse une certaine autonomie de gestion à des seigneurs locaux, voire à des fonctionnaires, qui en retour drainent les tributs en sa faveur et lèvent des troupes à l'occasion des guerres. En général, les communications entre le centre et la périphérie de l'empire sont difficiles et les liens d'autorité, par conséquent, peu institutionnalisés. Dans les empires coloniaux comme l'Empire britannique, par contre, l'armée est bien organisée et de ce point de vue, la différence par rapport à l'État est mince pour la simple raison que nous avons affaire à des États qui ont conquis un empire.

Les cités-États semblent bien insolites dans l'univers des organisations territoriales. À bien des égards, ces « villes-pays » ressemblent aux infra-États des microsociétés, notamment sous l'angle de leur extension territoriale relativement limitée. Mais elles s'en distinguent en raison d'une organisation politique plus poussée. De ce point de vue ainsi que de celui de la délimitation du territoire, elles se rapprochent de l'État. Gérard Bergeron présente ainsi la comparaison :

> Par contraste avec les macrosociétés impériales et les microsociétés primitives, les cités-États présentent cette particularité de contenir des populations de moyenne grandeur à l'intérieur d'un territoire restreint et nettement circonscrit. Elles constituent des formations politiques évoluant en deçà de l'État, mais sans y tendre, ce qu'indique bien la composition du nom double : une cité qualifiée par l'État ou un État ayant la taille ou le statut d'une cité[14].

L'interprétation des types d'organisation qui méritent le qualificatif de cité-État varie selon les auteurs. D'après C. Tilly, qui s'en tient toutefois à une définition organisationnelle, les cités sont apparues entre 8000 et 7500 avant notre ère, Jéricho en étant un exemple[15]. Manifestement, les cités auxquelles C. Tilly fait référence sont de simples villes. En effet, si

TABLEAU 9

Les différences entre État et cité-État

	État	Cité-État
Nature de l'autorité et des fonctions	Clairement identifiées	Collégiales
Type d'organisation territoriale	Territoire aux frontières définies et reconnues par la communauté internationale	Territoire aux frontières reconnues
Contrainte	Monopole de la contrainte par les détenteurs du pouvoir et existence d'une armée permanente	Appareils de coercition existants ou *ad hoc*

l'on s'intéresse à l'acception proposée par G. Bergeron, on apprend à l'inverse que :

> Les premières cités-États ont fait leur apparition à partir de l'an 1500 avant J.-C., en trois points du littoral méditerranéen. D'abord, les cités-États de Sidon, de Tyr et d'autres moins influentes, furent fondés en Phénicie, pays correspondant aux rives du Liban et de la Syrie d'aujourd'hui. Puis, avant que ne se termine le IIe millénaire, parurent sur les côtes de la Palestine, les cités-États philistines [...]. Enfin, d'une autre civilisation également d'origine orientale, les Étrusques constituèrent vers l'an 1000 une chaîne de cités-États dans cette partie de l'Italie ancienne correspondant à la Toscane et à l'Ombrie actuelles[16].

Deux générations de cités-États se sont particulièrement illustrées : d'une part, les cités grecques comme Athènes, Spartes et Thèbes entre le ve et le iie siècles avant notre ère ; ainsi que la petite cité de Rome qui finira par devenir l'empire Romain (du début du règne d'Auguste en 27 avant J.-C. à la chute de l'empire au ve siècle de notre ère)[17]. D'autre part, les cités-États formant une sorte de colonne vertébrale dans l'Europe et qui se constituent entre la fin du moyen-âge et la Renaissance. Ces puissantes villes comme Florence, qui s'étalaient dans un espace délimité en gros au nord par l'axe Calais-Gdansk et au sud par l'axe Dubrovnik-Barcelone, étaient capables de résister (souvent en constituant leur propre armée ou en payant des mercenaires) aux types d'entreprises de centralisation que les seigneurs ont réussi dans la partie occidentale du

L'UNION EUROPÉENNE

L'Union européenne n'est ni un État ni une organisation internationale. Pour de nombreux auteurs, il s'agit d'une entité *sui generis* en ce sens que c'est une tentative de création d'une toute nouvelle forme d'organisation politique. En s'associant sur une base volontaire, 15 États membres (en 2003) acceptent de renoncer à leur souveraineté dans certains domaines et donc de limiter leur liberté d'action. C'est ainsi que la Cour de justice européenne est chargée de faire appliquer les traités européens auxquels les lois nationales doivent se conformer. De même, l'Union monétaire européenne ne conduit pas seulement à l'acceptation d'une monnaie commune, l'euro, elle implique aussi la soumission des pays à l'autorité de la Banque centrale européenne et un accord sur les politiques fiscales dans le cadre de l'eurosystème. Certains pays membres de l'Union (comme la Suède et le Royaume-Uni), qui trouvaient ces conditions trop drastiques, ont décidé (là aussi par consensus) de ne pas adopter l'eurosystème. Par ailleurs, l'Union européenne a adopté un ensemble de règles de citoyenneté certes limitées, mais partagées[19].

L'Union européenne se caractérise donc par une expansion soutenue de son autorité et une extension de ses compétences à des domaines et à des aires géographiques de plus en plus variés. En 1951, la Communauté européenne du charbon et de l'acier (CECA) ne regroupait que six pays (la Belgique, la France, l'Allemagne, l'Italie, le Luxembourg et les Pays-Bas). En 1957, ces six pays signent à Rome les « traités de Rome », qui instituent la Communauté économique européenne (CEE) et la Communauté européenne de l'énergie atomique (Euratom). En 2002, les 15 États membres acceptent l'entrée de 10 autres pays d'Europe centrale et d'Europe de l'Est dans l'Union.

En 2003, 105 représentants (et 105 suppléants) des 15 États membres et des 10 États candidats ont siégé au sein d'une convention constitutionnelle afin d'élaborer un document constitutionnel qui régisse leurs institutions, étende leurs pratiques démocratiques et préside à leurs interactions pour les prochaines décennies. Le président de la *Convention européenne*, Valéry Giscard d'Estaing, la compare constamment à la convention constitutionnelle de Philadelphie qui a produit la constitution américaine en 1789.

Source : <http://europa.eu.int/futurum/comm/documents/brochure_fr.pdf>.

vieux continent[18]. Du fait de la puissance des villes, cette région de l'Europe n'a jamais été à même de générer un État *sui generis* (c'est-à-dire original), même si le processus d'étatisation finira par les avaler.

Les supra-États ne sont pas des États, mais ils en sont plus près que les autres formes. Par définition, le supra-État est une association d'États qui se réunissent pour agir de concert dans certains domaines comme la politique monétaire ou la politique de défense. Le supra-État diffère de l'extra-État de ce point de vue, mais il diffère aussi de la fédération comme de la confédération, car contrairement au premier, il n'a pas à proprement parler de gouvernement fédéral et contrairement au second, les institutions communes sont plus développées et les décisions n'y sont pas prises forcément à l'unanimité. Le phénomène supraétatique prend la forme de grands ensembles régionaux, voire continentaux. On pense ainsi à l'Union africaine, mais l'expérience la plus avancée est évidemment celle de l'Union européenne.

LES DIFFÉRENTS TYPES D'ORGANISATION ÉTATIQUES

Bien des spécialistes continuent de considérer que l'État est l'objet principal de la science politique[20] et de la politique comparée[21]. C'est pourtant une forme d'organisation récente, qui date tout au plus de cinq siècles seulement[22] et qui a émergé en Europe. Notre objet n'est pas ici de retracer cette histoire. Néanmoins, pour comprendre comment la forme d'organisation territoriale basée sur l'État s'est imposée, et comment différentes formes d'États se sont ensuite formées, un bref rappel historique s'impose. De ce point de vue, le traité de Westphalie, signé en 1648 après la guerre de Trente Ans (1618-1648) qui a déchiré l'Europe sur fond de rivalités dynastiques et religieuses, est un moment clé. Il traduit une rupture avec le système féodal et consacre l'ère des États souverains, notamment en instituant des frontières reconnues et en limitant l'influence de l'Église romaine sur les affaires des États. Avant 1848, la souveraineté se rapportait aux rois et non à l'entité territoriale sur laquelle ils régnaient, puisque celle-ci changeait de souverain au gré des mariages et autres alliances matrimoniales entre familles royales. Bien entendu, de nombreux réaménagements ont altéré la carte des États européens établie à Westphalie, notamment après les guerres napoléoniennes, le congrès de Vienne de 1815 et les deux grandes guerres de 1914 et de 1939. Mais l'esprit du traité de Westphalie prévaut encore aujourd'hui. Il inspire encore la définition juridique de l'État et la forme d'organisation basée sur l'État s'est universalisée.

Néanmoins, l'universalisation de cette forme ne signifie pas une uniformité des modalités d'aménagement du territoire étatique. Les États actuels sont très différents les uns des autres sur le plan de l'aménagement interne.

De ce point de vue — ce que Dominique Chagnollaud appelle la distribution territoriale du pouvoir —, on distingue deux grandes formes d'État : l'État unitaire et l'État fédéral. Pourquoi un objet en apparence aussi formel et peu intéressant que l'organisation des institutions étatiques intéresse-t-il la politique comparée ? La réponse est d'ordre politique et scientifique.

D'un point de vue politique, la question des organisations institutionnelles est au cœur des programmes et des luttes politiques. Les Canadiens ont une grande habitude des débats sur le fédéralisme et le partage des compétences entre les deux ordres de gouvernement, fédéral et provincial. Il s'agit essentiellement de savoir si le gouvernement fédéral peut adéquatement représenter les différentes nations qui vivent en son sein. Mais le Canada n'est pas le seul pays où ces questions constitutionnelles, en particulier le rôle du gouvernement central, sont une source de conflits politiques. La Belgique, l'Indonésie et l'Afrique du Sud sont quelques exemples de pays qui ont procédé à des réaménagements institutionnels profonds au cours des dernières années. Les débats au sein de l'Union européenne se déroulent également entre « fédéralistes », qui veulent plus de pouvoirs pour l'Union, et « nationalistes » qui tiennent à la souveraineté des États membres. L'on ne peut pas oublier non plus les guerres sanglantes et les actes de terrorisme qui sont survenus lorsqu'un État fédéral a semblé incapable de répondre aux différentes aspirations des groupes qui le composaient : la guerre de sécession du Biafra qui a ensanglanté le Nigeria de 1967 à 1970, la guerre en ex-Yougoslavie dans les années 1990 ainsi que les actions des nationalistes basques durant les trois dernières décennies illustrent en quoi résulte l'incapacité du gouvernement fédéral.

D'un point de vue scientifique, il y a intérêt à étudier les différentes formes étatiques parce que les arrangements institutionnels déterminent grandement les résultats de la lutte politique. Par exemple, dans un État fédéral, les politiques sociales peuvent varier selon les provinces ou les

États fédérés (cas des garderies à 5 $ qui existent au Québec, mais pas en Ontario), ce qui implique des résultats différents pour les populations vivant pourtant dans la même fédération. De même, un État unitaire peuplé d'ethnies différentes peut avoir des difficultés à maintenir le sentiment d'appartenance de ses citoyens et à légitimer ses décisions. En d'autres termes, les formes d'expression, voire la vie quotidienne des citoyens, peuvent varier énormément selon la forme de l'organisation étatique. C'est pour cela que pour beaucoup de comparatistes (voir chapitre 6), « les institutions comptent ».

L'État unitaire

Le processus de formation de l'État est indissociable du processus de construction d'un « centre ». Par cette notion du centre, il faut entendre un gouvernement installé dans la capitale et dont le commandement s'exerce sur les régions. C'est dans l'État unitaire que ce principe de l'unité du pouvoir est le mieux réalisé ; il est aussi le type d'État le plus répandu. Sur le plan institutionnel, il n'y a qu'un ordre de gouvernement et les institutions centrales détiennent le monopole du pouvoir étatique. Elles disposent de l'ensemble des compétences législatives, financières et policières, et administrent directement l'ensemble du pays en vertu de ce monopole. Il existe cependant plusieurs sous-types d'États unitaires : l'*État unitaire centralisé*, l'*État unitaire décentralisé* et l'*État régionalisé*.

L'État unitaire centralisé est une forme d'organisation dans laquelle ce principe de monopole du pouvoir est le plus strict. L'ensemble des décisions politiques sont prises et mises en œuvre de manière hiérarchique ou, en d'autres termes, du sommet de l'État vers les entités locales. Ces décisions sont relayées au plan local par des représentants nommés par le pouvoir central et agissant en son nom. S'ils ont des pouvoirs, ceux-ci se limitent à ceux qui leur sont délégués et qui peuvent leur être retirés. C'est le principe de la déconcentration administrative. La France a été, jusqu'en 1982, un exemple parfait d'État unitaire centralisé avec une tendance à l'uniformisation des différences régionales et culturelles. Depuis la loi de la décentralisation de 1982, la France se classe dans le second sous-type, l'État unitaire décentralisé, dont l'objectif est d'atténuer la centralisation et de rapprocher le pouvoir des citoyens.

L'État unitaire décentralisé est une forme d'organisation dans laquelle, tout en restant prépondérant, le pouvoir central accepte un certain partage du pouvoir en vue de laisser aux entités locales la gestion de certaines questions. Le pouvoir central est toujours représenté (dans les régions, départements, juridictions, etc.) à travers le principe de la décon-centration, mais en vertu du principe de la décentralisation, les entités locales changent de statut pour devenir des collectivités territoriales. Leurs organes dirigeants sont élus au suffrage universel, ce qui leur confère une légitimité populaire. En termes juridiques, cela signifie aussi que ces entités constituent une personne morale (capacité d'ester en justice, de s'opposer à l'État sur certains points) et qu'elles disposent d'une certaine autonomie financière (budget propre, domaines d'interventions non contrôlés par l'État central). Par contre, ces entités locales n'ont pas de pouvoirs législatifs car l'élaboration des lois relève de la compétence du parlement national.

On parle d'État régionalisé[23] lorsque la décentralisation est très poussée au plan de l'autonomie des entités. Celles-ci sont généralement plus grandes que des entités décentralisées dans la mesure où elles doivent répondre à une forme d'homogénéité. Cette configuration se présente généralement dans des États unitaires, mais qui, du fait de certaines disparités régionales (économiques, mais aussi culturelles), essayent de trouver un partage des compétences permettant à chacune des communautés de se gouverner et de gérer ses propres affaires. Il en est ainsi des régions de l'Italie et de l'Espagne qui ont une autonomie plus grande qu'une entité décentralisée, mais moins importante qu'un État fédéré. Celles-ci ont des parlements « disposant d'un véritable pouvoir législatif régional dans certains domaines en concurrence avec le parlement national[24] ». Le mode d'aménagement des pouvoirs confine alors presque au fédéralisme. La frontière entre l'État régional et l'État fédéral n'est pas très claire, comme le cas du Royaume-Uni le démontre.

LA « DÉVOLUTION » DES POUVOIRS DU ROYAUME-UNI

En 1997, le gouvernement travailliste dirigé par Tony Blair a procédé à une dévolution de pouvoirs aux trois ensembles nationaux (Écosse, Pays de Galles et Irlande du Nord) qui, avec l'Angleterre, constituent le Royaume-Uni sous sa forme actuelle depuis l'indépendance de l'Eire (République d'Irlande) en 1922. Ce processus, mis en œuvre par voie législative, n'avait pas pour objet de créer un État fédéral. Toutefois, l'ampleur des pouvoirs conférés aux trois ensembles rapproche le Royaume-Uni, pourtant un État unitaire, du modèle fédéral. Par exemple, le gouvernement actuel s'est engagé à ne pas légiférer sur certaines questions relatives à l'Écosse sans l'accord du parlement de celle-ci.

Ce processus a affecté les trois ensembles de manière différenciée. Nous n'examinons ici que le cas de l'Écosse où existait, tout comme en Irlande, un important courant nationaliste avant la mise en œuvre de la réforme. La liste des compétences et la précision des dispositions juridiques nous rappelle que la mise en œuvre d'aménagements constitutionnels implique d'identifier une variété de domaines de compétences et de déterminer « qui fait quoi » et cela, selon des procédures qui échappent à l'observateur étranger.

Le parlement écossais a compétence dans tous les domaines non spécifiquement réservés au parlement de Londres (Westminster). Il s'agit d'une liste de « domaines réservés » qui pourraient toutefois lui être dévolus dans l'avenir. Le parlement écossais a aussi le pouvoir de lever des impôts sur le revenu différents du taux de base fixé à Londres, mais dans une limite de plus ou moins 3 %. Il gère un budget annuel d'environ 36 milliards de dollars US et s'est engagé à ne pas utiliser sa marge de manœuvre de 3 %. Il peut en outre augmenter ses revenus en imposant des frais sur certains services publics.

TABLEAU 10

La répartition des pouvoirs entre les parlements écossais et de Westminster

Pouvoirs réservés au parlement de Westminster	Principaux pouvoirs dévolus par Westminster au parlement écossais
La Couronne ; Les relations internationales et le commerce international ; L'Union européenne et la Convention européenne des Droits de la personne ; La défense et la sécurité, la trahison et la surveillance du terrorisme ; La politique fiscale et monétaire, et l'impression de la monnaie ; L'immigration, la nationalité et l'extradition ; La loi criminelle en matière de drogues et d'armes à feu ; Les élections (sauf locales) ; Les secrets officiels ; La loi sur les compagnies, la propriété intellectuelle, la réglementation des institutions financières et des services financiers, la compétition, les monopoles et les fusions ; La loi sur le travail ; La protection des consommateurs ; La poste et le télégraphe ; Les questions énergétiques ; Les trains et le transport ; La sécurité sociale ; La réglementation de certaines professions (domaine de la santé, vétérinaires, architectes, agents immobiliers, syndic de faillite, intermédiaires dans le milieu de l'assurance) ; La sécurité routière et la réglementation ; Les conseils de recherches ; La sécurité nucléaire, le contrôle et la sécurité des médicaments, la réciprocité des accords en matière de santé ; La radiodiffusion, la classification des films, l'octroi des licences pour les théâtres et les cinémas, les jeux de hasard, la loterie ; Les poids et mesures, les fuseaux horaires ; L'avortement, les méthodes de reproduction, les technologies génétiques ; La législation en matière d'équité ; La réglementation des activités spatiales.	La santé ; L'éducation ; Le gouvernement local, le travail social, l'habitation et la planification ; Le développement économique et du transport, l'administration du Fonds structurel européen ; La majorité du droit civil et criminel, la police et les prisons ; L'environnement ; L'agriculture, les pêcheries et les forêts ; Les sports ; Les arts ; La recherche et les statistiques concernant les pouvoirs dévolus.

L'État fédéral

Dans sa version moderne, le fédéralisme provient de la Constitution des États-Unis d'Amérique, mais ses formes sont très diverses selon les pays[25]. Très souvent proposé comme forme d'État pour les pays multinationaux, le fédéralisme repose sur une notion plus normative que descriptive. Comme le dit Ronald Watts, le mot fédéralisme « désigne la promotion d'un gouvernement à plusieurs niveaux regroupant des éléments de partage des pouvoirs et de l'autonomie régionale. Il se fonde sur l'utilité et la validité présumées d'allier l'unité et de concilier, protéger et promouvoir des identités distinctes au sein d'une union politique plus grande[26]. » Très souvent donc, on peut entendre des hymnes à la gloire du fédéralisme comme étant « le système de gouvernement qui allie le mieux l'unité, facteur de puissance, à la diversité, source de richesse[27] ».

Au-delà des différences entre pays, le fédéralisme est indissociable de trois principes qui le distinguent nettement de l'État unitaire : la superposition de deux ordres juridiques, le principe du partage des compétences et l'existence d'une autorité tranchant en cas de conflit entre ordres de pouvoir[28].

En vertu du premier principe, on distingue, au Canada par exemple, deux ordres de gouvernement et de législation : le fédéral et le provincial. Il existe des relations d'autonomie mais aussi de complémentarité entre les deux ordres. Il y a autonomie en ce sens que les provinces ont presque toutes les caractéristiques d'un État avec leur ordre juridique propre et non subordonné à celui du fédéral, un territoire défini, un gouvernement, un parlement, une administration. Mais il y a des relations de complémentarité, car l'ordre fédéral dispose de certains attributs juridiques dont sont privées les provinces et qui leurs sont appliqués. Les citoyens d'un État fédéral vivent donc dans une situation de double ordre juridique et politique.

Un des principes clés du fédéralisme réside dans l'idée d'autonomie et donc de non-subordination d'un ordre de gouvernement à un autre. Les arrangements institutionnels visant à gérer cette autonomie varient et les choix opérés dans chaque situation génèrent des différences entre les États fédéraux. Néanmoins, indépendamment de ces choix, il y a toujours, dans un État fédéral, deux ordres de gouvernement qui allient des éléments de partage de pouvoirs par le truchement d'institutions communes et d'autonomie régionale pour les gouvernements des collectivités qui les composent. Cette catégorie regroupe une gamme d'institutions non unitaires, allant des « quasi-fédérations » et des fédérations aux confédérations et aux autres formes.

Dans la dizaine de régimes fédéraux possibles, identifiés par Ronald L. Watts, nous retenons dans l'encadré suivant les caractéristiques structurelles communes des fédérations[29].

LES CARACTÉRISTIQUES STRUCTURELLES COMMUNES DES FÉDÉRATIONS EN TANT QUE FORME D'ÉTAT

Les caractéristiques structurelles communes des fédérations en tant que forme précise de système politique sont généralement les suivantes :
- Deux ordres de gouvernement, chacun en rapport direct avec leurs citoyens ;
- Une répartition constitutionnelle officielle des pouvoirs législatifs et exécutifs et un partage des sources de revenu entre les deux ordres de gouvernement assurant à chacun certains secteurs d'autonomie réelle ;
- La représentation désignée d'opinions régionales distinctes au sein des institutions de décision fédérales, habituellement assurée par la forme particulière de la seconde Chambre fédérale ;
- Une Constitution écrite, suprême, non modifiable unilatéralement et exigeant le consentement d'une proportion importante des membres de la fédération ;
- Un mécanisme d'arbitrage (sous la forme de tribunaux ou de référendums) pour régler les différends entre gouvernements ;
- Des processus et des institutions destinés à faciliter la collaboration intergouvernementale dans les domaines de partage ou de chevauchement inévitable des responsabilités.

Source : Ronald L. Watts, *Comparaison des régimes fédéraux*, Montréal/Kingston, Presses universitaires McGill-Queen's, 2e édition, 2002, p. 8.

Bien qu'il soit possible de distinguer un État fédéral sur la base de ces six principes, il faut laisser dans n'importe quelle typologie une place à une catégorie que l'on peut appeler les cas « hybrides ». Parmi les 24 fédérations qu'il identifie (voir le tableau 11), R. Watts qualifie 5 d'entre elles d'hybrides ou de quasi-fédérations.

TABLEAU 11

Fédérations actuelles (incluant les fédérations hybrides ou quasi-fédérations)

Pays	Composition
Afrique du Sud	9 provinces
Belgique	3 régions + 3 communautés culturelles
Brésil	26 États + 1 district de la capitale fédérale
Canada	10 provinces + 3 territoires + organisations autochtones
Commonwealth d'Australie	6 États + 1 territoire + 1 territoire de la capitale + 7 territoires administrés
Confédération helvétique	26 cantons
Émirats arabes unis	7 émirats
Espagne	17 régions autonomes
États fédérés de Micronésie	4 États
États-Unis d'Amérique	50 États + 2 associations de type fédéral + 3 États associés + 3 territoires dotés de l'autonomie locale + 3 territoires non enregistrés + 130 nations intérieures dépendantes d'autochtones américains
États-Unis du Mexique	31 États + 1 district fédéral
Éthiopie	9 provinces + 1 région métropolitaine
Fédération de Russie	89 républiques et diverses catégories de régions
Malaisie	13 États
République argentine	22 provinces + 1 territoire national + 1 district fédéral
République de l'Inde	25 États + 7 territoires de l'Union
République du Venezuela	20 États + 2 territoires + 1 district fédéral + 2 dépendances fédérales + 72 îles
République fédérale d'Allemagne	16 Länder (ou régions)
République fédérale d'Autriche	9 Länder (ou régions)
République fédérale de Yougoslavie	2 républiques
République fédérale du Nigeria	36 États + 1 territoire de la capitale fédérale
République fédérale islamique des Comores	4 îles
République islamique du Pakistan	4 provinces + 6 régions tribales + 1 capitale fédérale
Saint-Kitts-et-Nevis	2 îles

Source : Ce tableau est créé à partir de R. L. Watts, *Comparaison des régimes fédéraux*, Montréal/Kingston, Presses universitaires McGill-Queen's, 2ᵉ édition, 2002, p. 11.

Ceux qui s'apparentent principalement à des fédérations de par leur constitution et leur fonctionnement mais qui attribuent certains pouvoirs dérogatoires au gouvernement fédéral, davantage caractéristique d'un régime unitaire, peuvent être décrits comme étant des «quasi-fédérations». Ainsi, à l'origine (1867), le Canada était essentiellement une fédération qui comportait certains éléments d'un régime quasi unitaire mais qui sont tombés en désuétude dans la deuxième partie du vingtième siècle. L'Inde, le Pakistan et la Malaisie sont avant tout des fédérations, mais leur constitution prévoit certains pouvoirs dérogatoires pour le gouvernement central dans des situations d'urgence. Parmi les exemples plus récents figurent l'Afrique du Sud (1996) qui présente la plupart des caractéristiques d'une fédération, mais qui en conserve certaines quasi unitaires. L'Allemagne, par contre, quoique principalement une fédération, comporte un élément confédéral dans le Bundesrat, sa seconde chambre fédérale, qui est composé de représentants des gouvernements des Länder[30].

En ce qui a trait au mode de constitution des fédérations, il y a deux voies[31]. La fédération par association est la première. Elle survient dans le cas d'États auparavant indépendants qui décident de se départir d'une partie de leur souveraineté pour constituer un État fédéral. Cela survient en général pour des impératifs économiques ou de puissance militaire. Dans ce cas où les États fédérés sont antérieurs à l'État fédéral, les premiers ont de larges pouvoirs. C'est le cas des États-Unis d'Amérique ou de la Tanzanie (regroupant le Tanganyika et le Zanzibar). Il arrive qu'un État auparavant unitaire décide d'aller vers le fédéralisme. On parle alors de fédération par dissociation, qui est le second mode de constitution des fédérations. Ce processus a lieu dans des pays multinationaux qui essaient ainsi de répondre au besoin d'autogouvernement des différents groupes. C'est le cas de la Belgique, qui est passé d'un État unitaire à un État régionalisé et, depuis des modifications constitutionnelles de 1993, à un État fédéral. L'article premier de la constitution dispose que «la Belgique est un État fédéral composé des communautés et des régions». C'est donc un découpage à deux niveaux: le niveau communautaire — les communautés flamande, francophone et germanophone — et le niveau régional — les régions de Flandres, de Wallonie et de Bruxelles-Capitale[32]. Les régions sont dotées de statuts dignes d'États fédérés[33]. La fédération par dissociation est aussi le cas du Nigeria, qui est passé d'une fédération de trois ensembles, correspondant à des réalités culturelles, à un État fédéral, composé de 36 États. Chacune de ces expériences traduit l'idée que la meilleure manière de résoudre les conflits naissant de la diversité culturelle et des risques de fragmentation est de se tourner vers une organisation fédérale[34].

LES SYSTÈMES POLITIQUES ET LEURS RÉGIMES POLITIQUES RESPECTIFS

Comme nous l'avons noté au chapitre 1, la réussite d'une typologie dépend beaucoup de la clarté des distinctions entre ses différentes catégories. Or, les comparatistes confondent souvent deux concepts clés de la politique comparée, à savoir ceux de système et de régime politiques. Pour éviter ce piège, nous faisons la différence suivante entre les deux concepts.

Alors que le régime est entendu comme l'aménagement constitutionnel du pouvoir et des rapports entre les institutions, la notion de système est plus large. Le système renvoie en effet non seulement à l'ordre constitutionnel et aux formes de gouvernement (donc au régime), mais aussi à l'environnement, c'est-à-dire qu'il inclut les interactions avec les autres composantes de la communauté politique, les formes économiques et les traits culturels[35]. En ce sens, le régime devient une composante du système.

Cette distinction est généralement celle retenue par les juristes et nous la gardons, car elle a le mérite de faciliter la classification entre systèmes d'une part et entre régimes d'autre part. Dans cette optique, on pourrait traiter du système féodal, du système monarchique, du système totalitaire, du système autoritaire ou du système démocratique. Nous ne traitons ici que les trois derniers. Totalitarisme et autoritarisme s'opposent entre eux, mais encore plus au système démocratique sur un point essentiel : la question de *la souveraineté populaire*. Nous allons présenter les caractéristiques de chaque système ainsi que leurs types de régimes. Ces derniers sont considérés comme différents modes d'aménagement du pouvoir au sein de chaque système[36]. Nous accordons une attention particulière au système démocratique et à ses différents types de régimes car ce sont eux qui constituent les modalités les plus actuelles depuis que le principe de la souveraineté populaire est devenu hégémonique.

Les systèmes et les régimes totalitaires

L'étude comparée des systèmes totalitaires s'est développée avant tout pour rendre compte, au-delà des différences de formes, des similitudes existant dans la nature des régimes hitlérien et stalinien, mais aussi des différences qu'ils présentaient par rapport aux régimes occidentaux. Les interprétations sont diverses, selon l'angle d'analyse du phénomène, mais on peut les ramener à deux types : l'approche formelle et l'approche substantielle.

Dans une analyse formelle mettant l'accent, d'une part, sur la question institutionnelle de l'accès au pouvoir et de son exercice, et d'autre part, sur une comparaison fonctionnelle (mode de fonctionnement) avec les régimes pluralistes, on définit le totalitarisme à partir du phénomène monopoliste qui amène le régime agissant dans le système totalitaire à confisquer le pouvoir par le biais d'un parti-État, à bannir toute opposition et à vouloir exercer un contrôle total de la société[37].

L'interprétation substantielle regroupe en réalité des perspectives fort variées, allant de la démarche philosophique de Hannah Arendt ou de Claude Lefort[38], à la démarche sociologique de Carl Friedrich et de Zbigniew Brzezinski[39]. Elles s'intéressent à la « substance » du système en insistant sur le caractère fantasmatique du totalitarisme. Cette « substance » conduit aux pires excès, comme l'utilisation de la violence, aussi bien pour des fins idéologiques, de propagande que de coercition. Mais elle va aussi de la négation de l'individu à la volonté de dissoudre la société dans l'État en supprimant toute marge d'action en dehors des mots d'ordre venant de l'État.

Claude Lefort, par exemple, explique que le totalitarisme tente de créer une nouvelle transcendance à une époque de perte des référents externes et de points d'attache de la totalité organique. D'où sa dimension oppressante, totalisante et son refus de la dissidence ; d'où aussi l'exaltation de l'État comme substitut de la perte de sens et d'unité dans la société. Le totalitarisme conduit à ce que l'on a si justement appelé « l'innocence totalitaire », qui se manifeste, comme dans le cas des Khmers rouges au Cambodge dans les années 1970, par d'immenses purges et des campagnes d'éliminations physiques motivées par la conviction inébranlable d'agir pour le bien des autres.

L'application du concept de système totalitaire est devenue parfois trop large. Si l'on adopte cette perspective, on pourrait alors considérer, sur le plan de l'aménagement du pouvoir, plusieurs régimes comme des composantes d'un même système totalitaire : tous les régimes communistes confondus, le régime nazi en Allemagne, les régimes de Mussolini en Italie ou de Saddam Hussein en Iraq, ou même les régimes islamistes en Iran ou en Afghanistan sous les talibans. Il faut se rappeler cependant, comme le fait Jean Baudouin, que H. Arendt réservait la dimension totalitaire à des périodes particulièrement intenses du régime communiste, soit entre 1947 et 1953 sous Staline, et du régime hitlérien de 1937 à 1945[40]. Si l'on est d'accord avec H. Arendt, le concept d'autoritarisme est plus pertinent pour rendre compte des autres catégories.

Les systèmes et les régimes autoritaires

La différence entre le système autoritaire et le système totalitaire relève d'une différence de ressort. Les deux systèmes sont généralement très enclins à recourir à la force, mais le système totalitaire utilise aussi des moyens plus subtils. C'est qu'en verrouillant la société, en la soumettant à un contrôle réel ou virtuel par sa police politique, en agissant sur l'esprit des individus, le totalitarisme en arrive parfois à discipliner les gens au point de se passer de l'utilisation de la violence physique. Le système autoritaire est par essence arbitraire, mais non totalisant. En ce sens, des pans entiers de la société peuvent rester en dehors de l'intrusion du pouvoir autoritaire tant qu'ils n'ont pas d'activité politique que celui-ci perçoit comme menaçante.

Guy Hermet ramène la différence entre les deux systèmes à deux facteurs discriminants. D'une part, il existe une autonomie de la société par rapport à l'État au sein de l'autoritarisme alors que cette autonomie n'existe pas dans le totalitarisme. D'autre part, il y a la mobilisation idéologique qui, « velléité inachevable pour l'autoritarisme », constitue la vocation du totalitarisme avec sa « visée unificatrice réalisée sur la base d'un encadrement monopolistique du peuple et de la culture[41] ».

En ce qui a trait à la classification des régimes œuvrant au sein du système autoritaire, les typologies sont nombreuses selon que l'on privilégie la forme institutionnelle ou l'essence du régime. La classification la plus simple consiste à classer les régimes selon leur nature. Elle a l'inconvénient du nominalisme plat, mais le mérite de la clarté. On distinguerait ainsi les régimes militaires (le Chili sous Augusto Pinochet entre 1973 et 1990), les dictatures civiles (l'Angola de José Eduardo Dos Santos au pouvoir depuis 1979), les dictatures personnelles (le Zaïre sous Mobutu Sese Seko de 1960 à 1997), les régimes de parti unique ou plébiscitaires (la plupart des pays africains avant les années 1990) et les oligarchies raciales (l'Afrique du Sud sous l'apartheid jusqu'en 1994).

Dans une seconde perspective, qui a l'avantage de dresser un nombre limité de types permettant de rendre compte de la diversité des régimes au sein du système autoritaire, Dominique Chagnollaud a distingué cinq types : les régimes patrimoniaux, les oligarchies clientélistes, les régimes bonapartistes, les régimes populistes et les bureaucraties autoritaires[42]. Pour sa part, Jean-François Médard a proposé de distinguer deux grandes catégories de régimes autoritaires en Afrique, avec comme critère le degré d'usage de la violence. Il distingue alors les régimes autoritaires durs, basés sur le recours presque exclusif à la force, et les régimes autoritaires modérés, plus parcimonieux sur ce point[43].

Si le système totalitariste et ses variantes de régimes sont des catégories résiduelles de nos jours, il n'en est pas de même du système autoritaire et de ses régimes. Or, comme nous l'avons vu à la figure 1 du chapitre 1, malgré « la vague démocratique » des années 1990, presque un pays sur cinq dans le monde est toujours gouverné par un régime autoritaire. Cependant, le nombre de pays classés démocratiques a presque doublé de 1985 à 2002. Le système et les régimes démocratiques sont donc en progression et méritent une attention particulière.

Les systèmes et les régimes démocratiques

Autant avec la naissance de l'État, on arrive à la consécration de l'idée d'une souveraineté nationale, autant avec la démocratie, se matérialise le principe de la souveraineté populaire. Celle-ci véhicule l'idée que c'est au peuple de décider pour lui-même. Cela implique notamment la nécessité sinon qu'il se gouverne lui-même, du moins que l'accès au pouvoir soit subordonné à son consentement. Il y a ainsi non seulement un contraste entre le système démocratique et les systèmes précédents, mais également une différence qualitative avec l'idée qu'elle a une valeur supérieure[44], puisque la démocratie est devenue aujourd'hui la référence universelle.

L'actualité de la question démocratique, aussi bien en politique comparée que dans la vie politique, explique pourquoi dans ce chapitre, nous nous attardons plus sur le système et surtout sur les régimes démocratiques.

Le système démocratique. – La notion de démocratie est liée à la Grèce antique et au Moyen Âge européen, notamment à l'histoire anglaise et française. L'histoire de l'Angleterre, pays où le système démocratique tel que nous le connaissons aujourd'hui a émergé, montre qu'il est le fruit d'un long processus. Celui-ci remonte à 1215, quand les seigneurs ont arraché à Jean sans Terre, frère du roi Richard Cœur de Lion, une charte qui limite les prérogatives royales en imposant le principe du consentement à l'impôt par l'intermédiaire d'un parlement. Cette charte inaugure un processus d'érosion en dents de scie du pouvoir royal, qui ne finira qu'avec le transfert du pouvoir au parlement, tel que nous l'observons actuellement. Ce mouvement sera accéléré au XVIIIe siècle avec les écrits des penseurs des Lumières et les idéaux de la Révolution française.

Parallèlement, le pouvoir s'est sécularisé en se détachant de la religion et, la révolution industrielle aidant, l'économie est devenue capitaliste et marchande. C'est cette évolution que Claude Lefort a à l'esprit quand il parle de perte des transcendances externes comme préalable à l'émergence de la démocratie[45]. Le système ainsi constitué, au prix de nombreux retournements de situation selon que le roi ou le parlement se retrouvent en position de force ou de faiblesse et inversement, a fini par se cristalliser autour d'une série de droits civils et politiques : droits de la personne, liberté d'association, liberté de presse, pluralité de partis et compétition pour la conquête du pouvoir politique.

Le système démocratique est cependant aussi un système complexe et cette complexité explique la différence des acceptions de la démocratie. Dans l'acception substantielle, dite aussi maximaliste, la démocratie est vue comme un système dans lequel l'ensemble des droits politiques, économiques et sociaux sont respectés. À l'inverse, la définition minimaliste se concentre sur les formes et la dimension politique et ramène la démocratie au respect des procédures d'accès et d'exercice du pouvoir. Joseph Schumpeter a été dans les années 1940 un des promoteurs de cette acception. Selon lui, «la méthode démocratique est le système institutionnel aboutissant à des décisions politiques dans lequel des individus acquièrent le pouvoir de statuer sur ces décisions à l'issue d'une lutte concurrentielle portant sur les votes de peuple[46] ». Cette définition dite procédurale est privilégiée par plusieurs chercheurs, car elle est plus facile à opérationnaliser lorsqu'il s'agit de faire des études comparatives.

Cependant, la définition minimaliste est très limitée. La simple tenue d'élections ne garantit pas l'existence d'une véritable démocratie. Ainsi, en dépit de la vague de démocratisation qui a commencé au milieu des années 1970 et qui s'est poursuivie dans les années 1980 et 1990, le PNUD s'inquiète des possibles retours à l'autoritarisme, en partie parce que la mise en place d'institutions démocratiques n'a pas nécessairement conduit au développement, qu'il soit économique ou politique.

Comme tous les systèmes politiques, le système démocratique englobe une diversité de régimes.

**LE PROGRAMME DES NATIONS UNIES POUR LE DÉVELOPPEMENT :
L'ÉTAT DE LA DÉMOCRATIE DANS LE MONDE EN 2002**

En théorie, note ce rapport, le monde est aujourd'hui plus démocratique que jamais. Ainsi, 140 pays sur près de 200 que compte la planète organisent des élections pluralistes. En pratique, toutefois, seuls 82 d'entre eux, représentant 57 % de la population mondiale, sont pleinement démocratiques, au sens où ils garantissent le respect des droits de l'homme et disposent d'institutions telles qu'une presse libre et une justice indépendante. En revanche, 106 autres continuent de restreindre d'importantes libertés civiles et politiques.

Le rapport note que seuls 47 des 81 pays qui se sont convertis à la démocratie à la fin du XXe siècle sont effectivement devenus des démocraties pleinement opérationnelles. Plusieurs sont au contraire revenus à un gouvernement autoritaire, qui peut être soit militaire, comme au Pakistan ou au Myanmar, ou pseudodémocratique, comme ces dernières années au Zimbabwe. Depuis 1989, l'armée est intervenue, à un degré ou à un autre, dans les affaires intérieures de 13 pays d'Afrique subsaharienne, soit près d'un quart des pays de cette région. Toutefois, bien d'autres pays sont bloqués quelque part entre démocratie et autoritarisme.

Source : Sakiko Fukuda-Parr (dir.), *Rapport mondial sur le développement humain 2002*, Bruxelles, De Boeck et Larcier s.a., 2002.

Les régimes démocratiques. – Pour Philippe Braud, un régime [démocratique] se définit comme «un mode d'aménagement des institutions étatiques sur la base de règles constitutionnelles définissant les modalités de leur occupation, leurs attributions et leurs rapports réciproques». Il s'ensuit — et Montesquieu l'a vu des siècles auparavant — que les régimes démocratiques sont fondés sur le principe de la séparation des pouvoirs. Trois questions permettent de comparer et de distinguer les régimes : 1) qui détient les pouvoirs exécutif et législatif? ; 2) le pouvoir exécutif est-il monocéphale ou bicéphale? ; et 3) existe-t-il des moyens d'interférence réciproque entre les pouvoirs exécutif et législatif en matière de nomination, de droit de dissolution et de droit de censure[47]? Ces critères sont explicités dans une constitution, le plus souvent écrite.

Trois types de régimes se dégagent en tant que modalités à l'intérieur du système démocratique : le régime parlementaire, le régime présidentiel et le régime mixte. Chacun de ces types, idéalement incarnés respectivement par la Grande-Bretagne, les États-Unis et la France, a été copié sous des variantes diverses par la plupart des autres pays démocratiques. Néanmoins, les régimes d'une même famille sont suffisamment semblables entre eux et différents des autres, ce qui rend leur comparaison possible sur la base de certains critères.

POURQUOI LES RÉGIMES SONT IMPORTANTS EN SYSTÈME DÉMOCRATIQUE?

Depuis les années 1970, et surtout après 1989, l'étude des transitions démocratiques a occupé de nombreux comparatistes. Les auteurs réunis autour de la « transitologie » et de la « consolidologie » ont cherché à identifier les variables permettant de réussir la transition vers la démocratie et surtout de consolider les institutions nouvelles afin d'éviter le retour à l'autoritarisme. Un des points discutés concerne l'impact du type de régime sur la durabilité de la démocratie. Le débat n'est pas tranché, mais de nombreux auteurs, comme Valérie Bunce[48], considèrent que le succès de la démocratie est plus probable si l'on opte pour un régime parlementaire que si l'on opte pour un régime présidentiel ou semi-présidentiel.

Le régime parlementaire est étroitement lié à l'histoire politique tumultueuse de la Grande-Bretagne. Au moins quatre grandes étapes ont jalonné le passage de la monarchie féodale du Moyen Âge au régime que nous connaissons actuellement. Comme nous l'avons vu, tout a commencé avec la Grande Charte de 1215 qui a instaurée une monarchie limitée, puisque le roi avait désormais besoin du consentement des seigneurs pour lever l'impôt. De 1603 à 1688 règne la monarchie dualiste. C'est à ce moment qu'apparaissent le principe de la responsabilité ministérielle, ainsi que des partis politiques. À partir de 1688 et avec l'adoption du *Bill of Rights*, on passe au parlementarisme dualiste quand des rapports de forces imposent au roi d'accepter le principe d'un gouvernement dirigé par un premier ministre responsable devant lui-même et le parlement. En 1780, la Grande-Bretagne entre en plein régime parlementaire : le roi Georges III ayant perdu la raison, c'est le parlement qui gouverne véritablement. Ce régime a évolué vers un régime dit de cabinet en 1911, avec l'affaiblissement de la chambre des Lords et les pleins pouvoirs au cabinet du premier ministre, qui n'est autre que le chef de la majorité à la Chambre des communes[49].

Le régime parlementaire, défini par Philippe Braud comme « celui où le gouvernement qui exerce le pouvoir au nom d'un chef d'État irresponsable est responsable devant une assemblée légiférante susceptible d'être dissoute[50] », est aussi qualifié de régime de séparation souple des pouvoirs en raison de l'aménagement de possibilités d'interférences entre les pouvoirs exécutif et législatif. Les régimes parlementaires partagent trois traits principaux : 1) le parlement (monocaméral ou bicaméral) élu au suffrage universel exerce le pouvoir législatif et budgétaire et désigne le premier ministre ; 2) l'exécutif toujours bicéphale est formé d'un chef d'État protocolaire (monarque ou président non élu au suffrage universel) et d'un chef de gouvernement responsable devant l'assemblée ; et 3) des pouvoirs d'interférences réciproques existent : le parlement peut censurer (ou renvoyer) le gouvernement et ce dernier peut dissoudre le parlement. Malgré leurs différences, c'est « de ce lignage anglais », selon Daniel-Louis Seiler, que dérivent non seulement la plupart des régimes parlementaires, qu'ils soient du *Commonwealth* ou non, mais aussi le régime présidentiel[51]. Bien qu'il soit considéré par beaucoup comme plus propice à la stabilité politique en raison de sa souplesse, ce régime a eu beaucoup de difficultés à fonctionner en Afrique. En effet, il a vite succombé au Ghana, au Nigeria et au Zimbabwe, au profit de régimes présidentiels et autoritaires.

Le régime présidentiel a été inventé par les Américains avec la Constitution de 1786 et la création de la fédération en 1789. Il constitue, selon certains auteurs, une adaptation, 100 ans après, de la monarchie dualiste anglaise, à un moment où les Américains ne connaissaient pas bien l'évolution anglaise vers le régime parlementaire. La figure du président des États-Unis, à la tête d'un exécutif puissant, apparaît dans cette vision comme la « républicanisation » du principe monarchique. Les Américains, qui connaissaient les troubles et les excès auxquels mène le pouvoir absolu en Europe, voulaient un texte constitutionnel écrit. Comme le dit Philippe Parini :

> Le dessein des pères fondateurs est simple : pour lutter contre l'absolutisme, il faut répartir le pouvoir de sorte que personne ne puisse le concentrer à son profit. L'équilibre sera donc assuré par la répartition de la souveraineté entre différents pouvoirs, qui en détiennent chacun une parcelle. Chaque pouvoir disposera dans son domaine de compétences d'une autorité absolue, mais ne pourra pas empiéter sur la parcelle de pouvoir détenue par une autre autorité[52].

C'est pour cela que le régime présidentiel est qualifié de régime de séparation rigide des pouvoirs, avec trois caractéristiques que l'on pourrait synthétiser ainsi avec Braud, Parini et Pactet : 1) le parlement (monocaméral ou bicaméral) exerce le pouvoir législatif et budgétaire ; 2) l'exécutif à caractère monocéphale est dirigé par un chef d'État, chef du gouvernement élu au suffrage universel au même titre que les membres du parlement ; et 3) les pouvoirs législatif et exécutif ont peu d'influences réciproques : le parlement ne peut pas censurer le gouvernement et ce dernier ne peut dissoudre le parlement.

Ce régime, que beaucoup d'auteurs considèrent comme périlleux en raison de sa rigidité[53], a inspiré de nombreux pays en Amérique latine et en Afrique dans des cadres constitutionnels pluralistes ou de parti monopolistique. Il a conduit à accorder des pouvoirs exorbitants au chef d'État au détriment des autres pouvoirs. Ce déséquilibre a conduit à qualifier les variantes africaines du régime présidentiel de « régimes présidentialistes ».

Le régime mixte est appelé aussi régime semi-présidentiel ou semi-parlementaire. Ce régime mixte emprunte certains de ses traits à l'un ou l'autre des types purs. Il est lié à l'histoire de la Vᵉ République française, née en 1958 de la volonté du général De Gaulle de « rationaliser le régime parlementaire ». Ceci a conduit la France à de nombreuses crises institutionnelles sous la IVᵉ République[54]. Selon la formule de Pierre Pactet :

> Le fonctionnement du régime obéit à deux modalités distinctes et alternatives : si le président de la République est en convergence d'orientation avec la majorité parlementaire, il est, selon la formule de Michel Debré, la « clef de voûte » du régime et l'élément moteur du système ; en revanche, s'il est en divergence profonde d'orientation avec la majorité [on parle alors de cohabitation], il reste titulaire de compétences très importantes, et le « garant des institutions » mais le pouvoir politique réel appartient au Premier ministre[55].

Les traits principaux du régime mixte peuvent être ainsi résumés à la suite de Braud, Parini et Pactet : 1) le parlement (monocaméral ou bicaméral) élu au suffrage universel exerce le pouvoir législatif et budgétaire et désigne le premier ministre (aspect parlementaire) ; 2) l'exécutif toujours bicéphale est formé d'un chef d'État élu au suffrage universel et d'un chef de gouvernement issu de la majorité au parlement (coexistence d'aspects présidentiel et parlementaire) ; 3) le président peut dissoudre le parlement et ce dernier peut censurer le gouvernement ; et enfin 4) en cas de cohabitation, le premier ministre est le vrai détenteur du pouvoir exécutif. Dans ce cas, l'un des rares domaines dans lesquels le président garde son pouvoir est la politique étrangère, considérée comme son « domaine réservé ».

Cette éventualité de la cohabitation est l'élément distinctif propre à ce régime. Elle ne va pas sans problèmes de conflits de compétences, comme on l'a vu entre le président de gauche, François Mitterrand, et les premiers ministres de droite, à savoir Jacques Chirac et Édouard Balladur (1986-1988 et 1993-1995). Il en est de même entre le président de droite Jacques Chirac et le premier ministre socialiste Lionel Jospin (1997-2002). En effet, le président peut déstabiliser les institutions, surtout dans les jeunes démocraties inspirées du régime français. L'idée de devoir cohabiter conduit parfois à des manœuvres politiques de toutes sortes en vue d'éviter une telle instabilité, comme au Togo en 1993. Les querelles politiques qu'elle entraîne peuvent être fatales comme au Niger, où un putsch militaire a mis un terme à une cohabitation conflictuelle en 1996.

TABLEAU 12

Tableau comparatif des caractéristiques des régimes

	Régime parlementaire	Régime présidentiel	Régime mixte
Chef d'État	Monarque ou président protocolaire.	Élu au suffrage universel. Sans pouvoir de dissolution.	Élu au suffrage universel. Peut dissoudre le parlement.
Premier ministre	Chef du gouvernement, chef de la majorité parlementaire.	Peut exister, mais n'est que la « création » du président.	Responsable devant le parlement qui le soutient et peut le renverser.
Parlement	Accorde sa confiance au premier ministre, choisit le président (sauf dans les monarchies).	Ne peut pas renverser le gouvernement, ne peut être dissous.	Peut renverser le gouvernement. Peut être dissous.

Il est à retenir que dans un même pays fonctionnant sur la base du système démocratique, ces types d'aménagement peuvent alterner au gré des nécessités politiques. La France est un exemple de ce point de vue, car son régime mixte actuel, adopté en 1958, est venu remplacer le régime parlementaire. Ces changements sont encore plus fréquents dans les jeunes démocraties africaines. Par exemple, le Niger est passé d'un régime présidentiel à un régime mixte en 1993, puis à un régime présidentiel en 1996, pour finalement revenir au régime mixte en 1999.

Les institutions politiques peuvent être considérées comme les cadres institutionnels au sein desquels les interactions politiques et la formulation des politiques ont lieu. Mais ni les formes d'organisation territoriales, ni les systèmes et les régimes ne peuvent être compris sans un regard sur ce qui les anime. Pour saisir ce phénomène, il faut aller au-delà des institutions politiques.

NOTES

1. Pierre Pactet, *Institutions politiques, droit constitutionnel*, Paris, Armand Colin, 1998, p. 42.
2. Bertrand Badie, *Les deux États : pouvoir et société en Occident et en terre d'Islam*, Paris, Fayard, 1986, p. 19-23.

3. *Ibid.*, p. 25-26.
4. Dominique Schnapper, « Le lien social : De l'État libéral à l'État démocratique », dans Noëlle Burgi (dir.), *Fractures de l'État-nation*, Paris, Éditions Kimé, 1994, p. 215.
5. William Zartman (dir.), *Collapsed States : The Disintegration and Restoration of Legitimate Authority*, Boulder, Lynne Rienner Publishers, 1995.
6. Max Weber, *Économie et société*, t. 1, Paris, Plon, 1971, p. 94.
7. Dominique Chagnollaud, *Science politique*, Paris, Dalloz, 2000, p. 41.
8. M. Weber, 1971, p. 96-97.
9. Voir Charles Tilly, *Contrainte et capital dans la formation de l'Europe : 990-1990*, Paris, Aubier, 1992 et Norbert Elias, *La dynamique de l'Occident*, Paris, Calman-Lévy, 1975.
10. Gérard Bergeron, *Petit traité de l'État*, Paris, PUF, 1990.
11. *Ibid.*, p. 22.
12. Thucydide, *Histoire de la guerre du Péloponnèse*, Paris, Librairie Garnier Frères, 1950.
13. Paul Kennedy, *The Rise and Fall of Great Nations. Economic Change and Military Conflict from 1500 to 2000*, Londres, Fontana, 1988.
14. G. Bergeron, 1990, p. 49.
15. C. Tilly, 1992, p. 18.
16. G. Bergeron, 1990, p. 51-52.
17. *Ibid.*, p. 53-56.
18. Stein Rokkan, « Cities, States, and Nations : A Dimensional Model for the Study of Contrasts in Development », dans Samuel Eisenstadt et Stein Rokkan, *Building States and Nations*, Beverly Hills, Sage Publications, 1973, vol. 1, p. 73-97.
19. Paul Magnette, *La citoyenneté européenne : droits, politiques, institutions*, Bruxelles, Éditions de l'Université de Bruxelles, 1999.
20. Jean Baudouin, *Introduction à la science politique*, Paris, Dalloz, 2000, p. 40.
21. Daniel-Louis Seiler (dir.), *La politique comparée en question*, Bordeaux, LCF Éditions, 1994, p. 61.
22. G. Bergeron, 1990, p. 10.
23. Rusen Ergec, « Les aspects juridiques du fédéralisme », dans André Alen *et al.* (dir.), *Le fédéralisme, approche politique, économique et juridique*, Bruxelles, De Boeck, 1994, p. 39.
24. D. Chagnollaud, 2000, p. 74.
25. Voir deux études récentes sur le fédéralisme dans différents pays : Annie Allain *et al.* (dir.), *Les fédéralismes*, Lille, Presses universitaires du Septentrion, 1996 et Ronald L. Watts, *Comparaison des régimes fédéraux*, Montréal/Kingston, Presses universitaires McGill-Queen's, 2ᵉ éd., 2002.
26. R. L. Watts, 2002, p. 7.
27. R. Ergec, 1994, p. 49.
28. P. Pactet, 1998, p. 53 et suivantes.
29. R. L. Watts, 2002, p. 9-10.
30. *Ibid.*, p. 10.
31. P. Pactet, 1998, p. 52.
32. Pascal Delwit, Jean-Michel De Waele et Paul Magnette, *Gouverner la Belgique : clivages et compromis dans une société complexe*, Paris, PUF, 1999.

33. Tanguy de Wilde D'Estmael, « L'idée fédérale en Belgique », dans A. Allain *et al.* (dir.), 1996, p. 93 et suivantes.

34. Daniel J. Elazar, *Federalism and the Way to Peace*, Kingston, Presses Universitaires Queen's, 1994.

35. Alain Rouquié, « Changement politique et transformation des régimes », dans Madeleine Grawitz et Jean Leca (dir.), *Traité de science politique*, t. 1, Paris, PUF, 1985, p. 600-601.

36. Paul Leroy, *Les régimes politiques du monde contemporain*, t. 1, Grenoble, Presses Universitaires de Grenoble, 2001, p. 42.

37. Raymond Aron, *Démocratie et totalitarisme*, Paris, Gallimard, 1965.

38. J. Baudouin, 2000, p. 154-159.

39. D. Chagnollaud, 2000, p. 88.

40. J. Baudouin, 2000, p. 157.

41. Guy Hermet, « L'autoritarisme », dans M. Grawitz et J. Leca (dir.), 1985, p. 274.

42. D. Chagnollaud, 2000, p. 84-86.

43. Jean-François Médard, « Autoritarismes et démocraties en Afrique noire », *Politique africaine*, n° 43, octobre 1991, p. 92-104.

44. Georges Lavau, « La démocratie », dans M. Grawitz et J. Leca (dir.), 1985, p. 35.

45. Claude Lefort, *L'invention démocratique*, Paris, Fayard, 1981.

46. Joseph A. Schumpeter, *Capitalisme, socialisme et démocratie*, Paris, Payot, 1972, p. 355.

47. Philippe Braud, *Sociologie politique*, Paris, LGDJ, 1996, p. 161 et suivantes.

48. Valerie Bunce, « Comparative Democratization : Big and Bounded Generalizations », *Comparative Political Studies*, n° 33, août 2000, p. 710-711.

49. D.-L. Seiler, 1994, p. 70-73 et Philippe Parini, *Les régimes politiques contemporains*, Paris, Masson, 1991, p. 173 et suivantes.

50. P. Braud, 1996, p. 171-172.

51. D.-L. Seiler, 1994, p. 71.

52. P. Parini, 1991, p. 146.

53. Juan J. Linz, « The Perils of Presidentialism », *Journal of Democracy*, n° 1, hiver 1990, p. 51-69.

54. Yves Mény, *Le système politique français*, Paris, Montchrestien, 4ᵉ éd., 1999.

55. P. Pactet, 1998, p. 349.

4

REPRÉSENTATION POLITIQUE :
LA COMPARAISON DES FORCES ET
DES COMPORTEMENTS POLITIQUES

Les institutions politiques constituent des arènes ou des cadres à l'intérieur desquels prend forme la distribution du pouvoir sur le plan territorial (les formes d'États, les rapports entre l'État et les collectivités) et sur le plan fonctionnel (types de régimes, rapports entres les pouvoirs exécutif, législatif et judiciaire). Cependant, les institutions n'ont de sens que si elles sont analysées en liaison avec les forces sociales et politiques qui les animent, et de ce point de vue, il est absolument essentiel d'accorder autant d'attention aux acteurs qu'aux structures et aux institutions. Par ailleurs, d'un point de vue comparatif, la nature et la configuration de ces forces conduisent à un fonctionnement très différent d'institutions pourtant formellement semblables. Inversement, des institutions relativement différentes peuvent présenter de grandes similitudes dans leur fonctionnement lorsqu'elles sont animées par des forces et des comportements politiques semblables.

LES PARTIS POLITIQUES : COMPOSANTES ESSENTIELLES
DE L'ÉTAT ET DE LA DÉMOCRATIE MODERNE

Les partis politiques sont pratiquement les frères jumeaux de l'État démocratique moderne, dont ils sont indissociables. Un des propos résumant bien ce développement concomitant nous vient de Max Weber, qui a vécu et écrit à un moment novateur dans l'activité des partis politiques. Comme Roberto Michels, qui a décrit le fonctionnement du Parti social-démocrate allemand en 1911 dans son ouvrage classique sur la loi d'airain de l'oligarchie, Weber, qui vivait en Allemagne à cette époque, a vu aussi l'émergence des partis de masse. Il les a décrits ainsi :

LES PARTIS POLITIQUES SELON MAX WEBER

« Ces nouvelles formations [les partis] sont des enfants de la démocratie, du suffrage universel, de la nécessité de recruter et d'organiser les masses, de l'évolution des partis vers l'unification de plus en plus rigide au sommet et vers la discipline la plus sévère aux divers échelons. Nous assistons à la décadence de la domination des notables ainsi qu'à celle d'une politique dominée par les seuls parlementaires [...]. Du point de vue formel, nous assistons à une démocratisation accentuée. Ce n'est plus le groupe parlementaire qui établit le programme fixant la ligne de conduite du parti, ce ne sont plus les notables locaux qui décident des candidatures aux élections, mais ce sont des réunions de militants organisés à l'intérieur du parti qui choisissent les candidats et qui d'autre part, délèguent certains de leurs membres dans des assemblées de l'instance supérieure, dont il peut exister plusieurs échelons jusqu'à l'assemblée générale appelée "congrès du parti". En fait, le pouvoir est maintenant entre les mains de permanents qui sont responsables de la continuité du travail à l'intérieur de leur organisation ou encore entre celles des personnalités qui dominent personnellement ou financièrement l'entreprise [...]. »

Source : Max Weber, *Le savant et le politique*, Paris, Plon, 1963, p. 171.

Définition et types de partis politiques

L'idée de « parti », ou ce que nous pouvons appeler le phénomène partisan, existe depuis fort longtemps. Celui-ci a d'abord existé en Europe médiévale, sous la forme d'organisations dominées par les nobles et autres seigneurs. Le phénomène partisan a pris ensuite, à la faveur de l'ascension politique de la bourgeoisie, la forme de factions, de groupements épisodiques et de clubs politiques locaux dominés par des notables[1]. Ces formations correspondent en gros à ce que l'on appelle aujourd'hui les regroupements de supporters d'un candidat ou d'une candidate au leadership d'un parti politique.

Un exemple intéressant de phénomène partisan contemporain reflétant aussi le processus de mondialisation nous est donné par les rassemblements annuels informels des leaders et partis de centre gauche connus sous le nom de *Progressive Governance Group*. Depuis qu'il a eu lieu, à partir de 1999, le phénomène offre un cadre de discussion de thèmes d'intérêt commun. Les participants principaux sont des leaders de centre gauche, à savoir Bill Clinton et Tony Blair. Mais la composition change et inclut souvent des représentants du Parti social-démocrate allemand dirigé par Gerhard Schröder, les sociaux-démocrates suédois, le Congrès national africain (ANC) de l'Afrique du Sud, ainsi que les socialistes grecs et français, pour ne citer que ceux-là[2].

Alors que ce type de phénomène partisan existe depuis longtemps et peut changer avec le temps, les partis politiques proprement dits n'apparaissent qu'au XIXe siècle, avec le suffrage élargi. Une définition classique de ces organisations est celle proposée par Joseph Lapalombara et Myron Weiner.

> Il s'agit d'une organisation durable, c'est-à-dire une organisation dont l'espérance de vie est supérieure à celle de ses dirigeants en place ; une organisation locale bien établie et apparemment durable, entretenant des rapports réguliers et variés avec l'échelon national ; la volonté délibérée des dirigeants nationaux et locaux de l'organisation de prendre et exercer le pouvoir seuls ou avec d'autres, et non pas d'influencer simplement le pouvoir ; le souci enfin de rechercher le soutien populaire à travers les élections ou de tout autre manière[3].

Avec cette définition, nous remarquons qu'un parti politique inclut plus que des partisans d'un leader et qu'il diffère d'un *lobby* tentant d'influencer une décision politique. Il a besoin du soutien populaire pour exister. Cette définition nous montre également l'importance des élections dans le processus de légitimation d'un parti politique, ce qui explique aussi pourquoi, même dans des régimes autoritaires, les dirigeants organisent un semblant d'élections pour légitimer leur pouvoir.

En fait, la définition de J. Lapalombara et M. Weiner identifie un certain nombre de critères permettant d'identifier un parti politique :

Le premier est la continuité de l'organisation. Cette définition fait de l'institutionnalisation et du caractère durable un facteur clé de définition du parti. Une organisation politique créée de manière circonstancielle n'est pas un parti, pas plus qu'un groupe dont l'existence ne dépend que de la présence de son fondateur. De ce point de vue, le passage de flambeau entre le fondateur d'un parti politique et son successeur est toujours un moment difficile en ce sens qu'il permet de tester la viabilité du parti. Cette expérience a été vécue aussi bien par le parti gaulliste après le retrait du général De Gaulle de la vie politique en 1969, que par le Parti québécois après le départ de son tout premier leader, René Lévesque.

Le deuxième critère est l'envergure de l'organisation, celle-ci devant exister aussi bien au plan national que dans les collectivités. En effet, c'est la capacité des partis d'affirmer leur présence dans les régions et d'attirer le soutien des élites locales qui les distingue des simples groupes parlementaires dont Max Weber parlait.

Le troisième critère est la volonté de conquérir le pouvoir. Ce critère est crucial car il permet de faire la différence entre les partis politiques et diverses organisations non gouvernementales (ONG) qui peuvent avoir la même envergure, la même permanence, mais sans que leur objectif soit la conquête et l'exercice du pouvoir d'État. En d'autres termes, ce critère nous permet de distinguer le Parti libéral du Québec ou le Parti socialiste belge d'Amnistie internationale. Certes, plusieurs ONG ont une présence aux niveaux nationaux et locaux, des affiliations transnationales et des membres individuels ; mais, contrairement aux deux partis, Amnistie internationale ne présente pas de candidat aux élections en vue d'exercer un pouvoir politique.

Le dernier critère est la recherche du soutien populaire, notamment par le biais des élections. Ce critère distingue aussi le parti du syndicat (qui peut tout au plus appeler ses membres à voter) ou des juntes militaires (qui n'organisent pas d'élections). La situation est plus compliquée en ce qui a trait aux groupes plébiscitaires, qui amènent la population à manifester un soutien au « parti » au moyen de la contrainte. Ce dernier cas est celui du parti Baas sur lequel s'appuyait le régime défunt de Saddam Hussein et qui existe toujours en Syrie. Ces partis ont souvent mis en œuvre un artifice démocratique en faisant voter la population à 100 % en faveur de chefs qui refusent toute contestation.

Les comparatistes qui utilisent une définition des partis plus ou moins similaire à celle donnée ci-dessus ont tenté depuis des décennies, de proposer des typologies susceptibles de rendre compte de la variété des types de partis. La tâche est compliquée, car la réalité politique montre souvent des partis qui sont difficiles à classer en suivant le schéma existant[4]. Par exemple, jusqu'aux années 1970, il n'y avait rien qui ressemblât aux partis écologistes (les Verts en France, en Allemagne et en Belgique). Or, leur apparition a obligé les comparatistes à repenser leurs catégories et leurs typologies[5].

Un défi similaire est venu de la multiplication des pays disposant de partis politiques, ceux-ci ayant cessé d'être des phénomènes spécifiques aux vieilles démocraties occidentales. En conséquence, le travail consistant à réduire la variété de partis en quelques types est devenu plus difficile. Les comparatistes ont tenté, par exemple, de construire des typologies applicables aux pays non occidentaux, en particulier aux pays du Tiers-Monde. Dans ces pays, l'apparition des partis politiques est récente. Elle ne renvoie pas à des schismes fondamentaux dans la société, mais procède soit par mimétisme institutionnel ou par héritage de la colonisation[6].

Dans les années 1960, certains auteurs ont essayé de créer des typologies spécifiques à ces pays. Thomas Hodgkin a proposé une typologie qui fait sourire aujourd'hui, mais qui traduit la difficulté de trouver (et de conserver) des critères de classification (idéologique, organisationnel ou sociohistorique) et des concepts qui rendent la comparaison possible avec les partis occidentaux. Il distingue ainsi quatre types : « [l]es partis interterritoriaux, qui transcendent les frontières d'un seul État ; les partis territoriaux qui agissent dans le cadre d'un territoire colonial ou indépendant ; les partis régionaux ou ethniques [...] dont la limite d'influence ne dépasse pas une région donnée ou une communauté spécifique ; les partis-nains, réduits aux habitants d'une localité [...][7]. »

Depuis 1990, une vague de tentatives de démocratisation balaye les pays africains et entraîne un multipartisme exubérant. Les partis portent souvent les mêmes noms qu'en Occident (Partis socialiste, Parti des travailleurs...). Cette situation facilite une classification du sens commun qui verrait, comme en France ou au Canada, des partis socialistes, communistes ou libéraux aussi bien en Afrique qu'en Europe de l'Est, voire dans certains pays arabes tels que le Maroc. Mais une comparaison nécessite d'aller au-delà de la manière dont les partis s'autodéfinissent.

Cet effort est perceptible dans le travail de classification de Maurice Duverger, qui fait la distinction entre partis de cadres et partis de masse[8]. Cette typologie rappelle l'histoire des partis selon M. Weber, esquissée plus haut. Elle est basée sur l'origine et surtout la structure des partis. Ainsi, les partis de cadres sont historiquement antérieurs et sont « de création interne ». En effet, ils « naissent dans les oligarchies censitaires », c'est-à-dire dans des sociétés où le droit de vote n'était pas donné à toute la population. Ce sont des partis caractérisés par une domination des notables et de leurs réseaux, ce qui rappelle la deuxième phase du développement du phénomène partisan chez Max Weber.

Les partis de masse, à l'inverse, sont « de création externe ». Cela signifie qu'ils émergent dans la société civile. Ils correspondent à la description de M. Weber selon laquelle l'apparition des partis à l'arrivée du suffrage universel est liée au besoin d'encadrer et d'inclure les masses. Il va de soi, dans ces conditions, que les partis de masse apparaissent comme une réponse des couches sociales jusque-là marginalisées, en vue de leur inclusion dans l'arène politique.

Cette typologie, créée par Maurice Duverger en 1951, reflète l'histoire européenne de l'époque. Confrontés à des réalités différentes dans les années 1960, certains comparatistes ont essayé d'actualiser cette typologie en ajoutant ou en affinant certaines catégories. Par exemple, ceux qui étudiaient la politique américaine se sont rendu compte qu'il n'y avait ni de partis de cadres ni de partis de masses. Samuel Eldersveld a préféré parler de partis stratarchiques. Les partis américains ne sont pas des partis de masse en raison de leur faible idéologie et surtout de leur faible hiérarchie, leurs « strates » locales étant très autonomes. De ce fait, ce ne sont pas non plus des partis de notables[9]. Il en arrive donc à proposer cette catégorie nouvelle de partis stratarchiques, caractéristiques de la vie politique américaine.

Un second ajustement a été imposé par les actions de plusieurs partis sociaux-démocrates ou chrétiens-démocrates après la Seconde Guerre mondiale. Du point de vue électoral, les partis politiques semblaient alors abandonner leur ambition idéologique d'encadrement de masses pour essayer de ratisser large. Dans les termes d'Otto Kirschheimer, le parti espère ainsi « troquer une action en profondeur contre une audience plus vaste et des succès électoraux immédiats[10] ». Il a alors proposé d'appeler ces partis des *catch-all parties*, expression alternativement traduite par les termes de partis attrape-tout ou de partis de rassemblement.

Plus récemment, Herbert Kitschelt, entre autres, a proposé la catégorie de « partis de mouvement » en donnant notamment deux exemples de ce type de partis. Le premier concerne les partis libertaires de gauche dont une version est celle des Verts. Le second renvoie aux partis post-industriels d'extrême droite, représentés par le Parti autrichien de la liberté et le Front national français[11]. Les partis de mouvement rejettent l'intérêt traditionnel pour des questions économiques pour se concentrer sur des questions de style de vie dans le cas des libertaires, et sur l'immigration (avec une idéologie xénophobe) dans le cas des partis radicaux de droite.

Comment comparer les partis politiques ?

Les typologies nous permettent de mettre de l'ordre dans des phéno-mènes disparates, mais l'analyse comparée des partis doit aller — et elle le fait — au-delà de la création et de l'affinement de typologies. La poli-tique comparée offre plusieurs façons d'y parvenir. Compte tenu de l'étroite relation entre l'émergence des partis, de l'État moderne et de la démocratie et du fait que la politique comparée est apparue dans des pays où les partis politiques sont actifs, il n'est pas étonnant que les com-paratistes se soient attelés à comparer les partis entre eux et à s'interroger sur leur rôle en politique.

Dans cette partie, nous nous pencherons sur trois manières de com-parer les partis politiques, soit sous l'angle de leurs fonctions, de leur capacité à refléter les clivages sociaux, et de leurs stratégies d'action.

Analyse comparée des fonctions des partis politiques. – Cette démarche, en régime représentatif, renvoie de prime abord à l'idée que les partis sont indissociables de la médiation et de la représentation des intérêts. Ceci est une position analytique qui tient pour acquis les principes de démocratie libérale et pluraliste. Elle est très souvent associée à des approches fonc-tionnalistes (comme le nom l'indique) ou structuro-fonctionnalistes, récemment mises à jour. Par exemple, les auteurs de l'ouvrage de politique comparée intitulé *Political Parties and Democracy* (2001) ont porté leur attention sur, entre autres, les fonctions des partis afin de comprendre la situation postérieure à la troisième vague de démocratisation. Ils soulè-vent des questions similaires à celles relevées dans la citation suivante :

> Les partis politiques sont les institutions centrales de la démocratie. Mais dans les démocraties du monde — riches et pauvres, occidentales ou non occiden-tales — il y a raison de croire que la confiance en elles s'estompe graduellement.

L'implication, l'engagement et le dévouement pour les partis politiques ne
sont plus ce qu'ils étaient. Sont-ils vraiment en perte de vitesse ou sont-ils
simplement en train de changer de formes et de fonctions? Les partis politiques ne sont maintenant qu'un vecteur de la représentation des intérêts parmi
tant d'autres. Toutefois, ils demeurent essentiels pour le recrutement de leaders,
pour la structuration des choix électoraux et pour former le gouvernement.
Mais la grande faiblesse et le discrédit qui touchent les partis affectera sérieusement la santé de la démocratie[12].

Cette citation fait ressortir plusieurs éléments. Premièrement, il apparaît que les partis ne sont qu'un des mécanismes de la représentation des
intérêts. Deuxièmement, il est nécessaire de comprendre le changement,
plus particulièrement celui affectant les fonctions, les partis n'étant pas
ahistoriques mais liés à des contextes particuliers. Troisièmement, il est
possible de noter une défaillance des partis susceptible de mettre la démocratie en péril.

Peu de ces notions étaient présentes dans les travaux des premiers
structuro-fonctionnalistes qui avaient plutôt recours à des définitions
ahistoriques ou universelles des partis politiques, et qui les considéraient
comme remplissant des fonctions clés telles que l'agrégation des intérêts,
la mobilisation et la communication politique. Toutefois, comme pour le
structuro-fonctionnalisme en général (voir le chapitre 5), l'hégémonie de
ces approches universalisantes a été rapidement mise à mal aussi bien
par l'histoire concrète que par des chercheurs.

Un des premiers efforts visant à identifier les fonctions des partis a été
entrepris par Robert Merton qui, en proposant de faire la distinction entre
les fonctions manifestes et les fonctions latentes des partis politiques, a
offert le cadre d'analyse des fonctions des partis le plus abstrait. Sous
l'appellation de fonctions manifestes, se classent un ensemble de fonctions dites explicites, c'est-à-dire sciemment remplies par le parti, alors
que sous celle de fonctions latentes, sont regroupées des fonctions dites
implicites, c'est-à-dire involontairement remplies par le parti. Cette distinction de R. Merton est susceptible de rendre compte de pratiquement
toute activité des partis. Ceci explique que certains auteurs ont essayé de
trouver une approche plus spécifique à ceux-ci. Par exemple, Jean-Marie
Denquin a proposé de regrouper les fonctions des partis politiques en
trois catégories[13].

Selon lui les partis ont une *fonction de structuration de la vie politique*. Si les partis politiques n'existaient pas, « la vie politique serait une mêlée générale où chacun des acteurs ne lutterait que pour lui-même et ne représenterait que lui-même[14] ». Les partis structurent l'arène politique en présentant des programmes politiques en principe différents. En ce sens, non seulement ils permettent de donner « une étiquette aux candidats », mais ils structurent et proposent un éventail de programmes politiques aux électeurs. Cette fonction est manifeste, les partis s'engageant sciemment dans son accomplissement.

Les partis ont ensuite une *fonction de sélection du personnel politique*. Ainsi, les partis sélectionnent et fournissent au système des candidats aux fonctions gouvernementales, assurant ainsi la relève politique : « la désignation des candidats est bien une fonction spécifique [...]. Or, les partis sont l'organe le mieux adapté pour remplir cette fonction[15]. »

Les partis ont enfin une *fonction d'intégration sociale*. C'est à ce niveau qu'apparaît clairement l'approche fonctionnaliste des partis politiques, c'est-à-dire l'idée qu'ils servent à garantir la stabilité et l'ordre politique. Les partis ont la charge de socialiser les citoyens ordinaires en clarifiant les enjeux, en les incluant dans le système par le biais de l'offre politique. La fonction d'intégration opère aussi au niveau collectif. C'est ce qui correspond pour certains auteurs à l'activité dite d'agrégation et d'expression des intérêts des groupes sociaux[16]. Il existe, par exemple, une longue tradition d'analyse des partis politiques agissant au plan fédéral canadien, qui les perçoit comme jouant un rôle de ciment indispensable au maintien de l'unité d'un pays hétérogène sur le plan culturel, linguistique et régional, et qui autrement pourrait éclater[17].

Cette idée que le rôle des partis politiques consiste à assurer l'ordre social en résolvant les conflits au moyen des élections — ce que S. M. Lipset a appelé « la lutte des classes par d'autres moyens[18] » — a obligé les gens à s'intéresser davantage à d'autres types de partis. Par exemple, entre les années 1940 et 1970 en France et en Italie, les partis communistes n'ont jamais obtenu plus d'un quart ou deux cinquièmes des votes. Ils n'aspiraient pas à entrer au gouvernement, parce que leur objectif était précisément de renverser le système en place. Du même fait, leur existence permet de canaliser le mécontentement de certaines forces sociales qui seraient tentées, en l'absence de tribunes d'expression, de renverser les institutions par la force. Parce que les partis donnent une tribune d'expression aux mécontents, Georges Lavau les décrit comme remplissant une *fonction tribunitienne*[19]. C'est là un complément indispensable à cette typologie des fonctions des partis politiques en régime représentatif.

Cette fonction tribunitienne est, par exemple, remplie par le Bloc québécois en politique fédérale canadienne. Engagé à promouvoir l'indépendance du Québec, mais présent à la Chambre des communes à Ottawa, ce parti n'a aucune chance de prendre le pouvoir, ne présentant que 75 candidats, provenant uniquement du Québec, sur 301 sièges à pourvoir à la Chambre. Mais il permet d'exprimer les opinions et les intérêts d'une partie importante de Québécois indépendantistes.

Une analyse récente portant sur les fonctions des partis politiques à travers le monde a conclu qu'au cours du siècle précédent, les partis politiques ont évolué pour devenir des organisations plus légères, avec des structures organisationnelles remplissant un nombre réduit de fonctions, et essentiellement concentrées sur les élections. La fonction de structuration politique remplie par les partis, notamment sur des bases idéologiques tranchées, a beaucoup décliné. Il en est de même pour le modèle traditionnel centralisé, hiérarchisé, mobilisant une base large (tel que décrit par Maurice Duverger, par exemple) qui s'est estompé, sauf peut-être chez les partis religieux fondamentalistes[20].

Pour les comparatistes qui analysent les partis politiques sous l'angle de leurs fonctions, la préoccupation relative à l'émergence de partis antisystèmes, ainsi qu'à la capacité des partis traditionnels à répondre aux nouveaux défis lancés par la mondialisation, a donné lieu à une abondante littérature sur la crise de la démocratie, notamment sur l'incapacité des partis politiques à la surmonter ou à contribuer à un processus de consolidation de la démocratie. Comme le montre l'encadré suivant, cette littérature a changé de cible au cours des décennies passées.

PERCEPTIONS DE LA CRISE DE LA DÉMOCRATIE

Dans les années 1970, trois politologues célèbres, Michel Crozier, Samuel Huntington et Joji Watanuki, ont annoncé une crise de la démocratie dans les pays de la Commission trilatérale, à savoir l'Europe occidentale, le Japon et les États-Unis. Ils ont diagnostiqué en particulier un problème de surcharge gouvernementale causée par des demandes « excessives » provenant de nombreux secteurs sociaux (les femmes, les écologistes et ainsi de suite). Ils ont envisagé « la désintégration de l'ordre social, la fin de la discipline sociale, la débilité des leaders et l'aliénation des citoyens[21] ». Cette perspective n'est pas très différente de celle de certains autres penseurs très sceptiques à l'endroit de la démocratie, comme Aristote.

Ce pessimisme a laissé la place à un grand optimisme après la chute du communisme et la vague de démocratisation des années 1990. Cependant, même les optimistes sont obligés d'admettre que, bien qu'il n'y ait « aucune évidence que la démocratie risque d'être supplantée par des régimes anti-démocratiques ou par l'anarchie sociale et politique [...], il y a suffisamment de signes indiquant que dans les pays de la trilatérale, les gouvernements et les institutions de la démocratie représentative provoquent des mécontentements au sein des populations[22] ».

La citation précédente exprime la crainte que les partis soient incapables de remplir les fonctions que les fonctionnalistes et les structuro-fonctionnalistes leur assignent.

Une évaluation récente de cette hypothèse de la crise de la démocratie a permis de montrer que même si les populations restent solidement attachées aux principes et aux valeurs de la démocratie, la confiance en ce qui concerne les partis et les institutions représentatives déclinent rapidement en Amérique du Nord, en Europe de l'Ouest et au Japon. En comparant la confiance du public dans ces trois régions, Susan Pharr, Robert Keohane et Russell Dalton ont constaté que « les citoyens dans la plupart des pays de la trilatérale sont moins satisfaits — souvent beaucoup moins — des performances de leurs institutions représentatives qu'un quart de siècle auparavant. La profondeur de cette désillusion varie d'un pays à un autre, mais la tendance est plus prononcée et plus évidente aux États-Unis[23] ».

Confrontés à cette comparaison, les auteurs ont fourni un modèle destiné à rendre compte du déclin de la confiance au fil du temps dans les trois régions. Ils mettent l'accent sur les changements sociaux structurels, telle la mondialisation, qui limitent la *capacité* et la *compétence* des partis ; les *mass-médias*, qui donnent plus d'informations et favorisent l'évaluation ; et le déclin du *capital social*, qui réduit la confiance que les gens ont en leurs concitoyens. Ils incluent également dans leur modèle des facteurs plus immédiats liés au comportement des partis, y compris la *fidélité* à gouverner conformément aux intérêts et aux demandes des citoyens dont les élus font preuve. Ce facteur prend en compte les défaillances du leadership politique et «la détérioration de l'infrastructure civique (capital social) par le biais desquels les intérêts sont agrégés et articulés[24]». Cela nous ramène toujours à l'incapacité des partis à remplir les fonctions que l'on attend d'eux, ce qui génère un déclin de la confiance que les citoyens ont par rapport au politique. Le modèle présenté dans l'encadré suivant soutient cet argument.

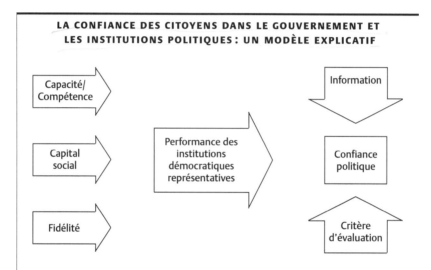

LA CONFIANCE DES CITOYENS DANS LE GOUVERNEMENT ET LES INSTITUTIONS POLITIQUES : UN MODÈLE EXPLICATIF

Source : Modèle créé à partir de Susan J. Pharr, Robert D. Putnam et Russel J. Dalton, «A Quarter Century of Declining Confidence», *Journal of Democracy*, vol. 11, n° 2, avril 2000, p. 21.

Appliquant ce type d'argument à la problématique de la consolidation des nouvelles démocraties en Europe centrale et orientale, de récentes études ont conclu que des institutions politiques faibles, des performances politiques décevantes et le cynisme corrélatif des politiciens et des partis constituent des obstacles à la consolidation et peuvent même compromettre la viabilité de la démocratie[25]. Toutefois, d'autres comparatistes analysant le même phénomène cherchent ailleurs l'explication du mécontentement ambiant et surtout s'appesantissent sur les transformations qui affectent les systèmes de parti.

Partis politiques et clivages sociaux. Ceux qui analysent les partis en tant que traduction de clivages sociaux cherchent à montrer comment des différences sociales prennent la forme de représentations politiques particulières. Cette manière de comparer les partis politiques a une longue histoire. La démarche, basée sur la sociologie historique, procède par sociogenèse, c'est-à-dire par la recherche des conditions historiques à la base de l'émergence des partis politiques. Dans ce sens, Daniel-Louis Seiler remarque que les partis sont issus du phénomène partisan qui, lui-même, renvoie à des conceptions divergentes de l'intérêt général. De ce fait, « les partis politiques médiatisent la volonté politique de catégories ou de groupes sociaux qui s'affrontent[26] ». L'idée d'affrontement introduit la notion de clivages sociaux. Au fondement des différences entre partis politiques, se trouve une divergence d'idées et les formations politiques émergent sur ces lignes de clivage.

Dans un travail fondateur fait au milieu des années 1960, S. M. Lipset et Stein Rokkan ont décrit comment les différences idéologiques et partisanes sont le résultat des clivages au sein de chaque pays. Ce sont les différences entre groupes en compétition qui sont au fondement des conflits politiques qui reflètent eux-mêmes des intérêts divergents sur la base desquels les partis vont ensuite se mobiliser. Dans la mesure où les clivages constituent de vraies différences sociales, ils ne sont pas transitoires. De fait, dans un des passages les plus cités en politique comparée, les deux auteurs affirment que « le système de partis des années 1960 reflète, à quelques exceptions près, la structure de clivage des années 1920[27] ». La plupart des partis des pays occidentaux seraient ainsi issus d'un des versants de quatre clivages fondamentaux qu'ils ont identifiés[28]. Selon eux, il est possible de ramener la variété des systèmes de partis aux conséquences de décisions et de développements survenus à l'occasion de trois conjonctures particulières dans l'histoire de chaque pays : la Réforme, la révolution nationale ou démocratique et la révolution industrielle. Vient s'ajouter une quatrième conjoncture, à savoir la révolution soviétique, dont l'influence s'est diffusée à d'autres pays, donnant naissance à des partis communistes après 1921 et à la scission des partis de masse de gauche entre des partis sociaux-démocrates et des partis communistes. Chacun de ces moments met en opposition des conceptions différentes autour d'enjeux différents.

TABLEAU 13

Clivages sociaux et systèmes de partis selon S. M. Lipset et S. Rokkan

Type de révolution	Type de clivage	Enjeux
Réforme (XVIIe et XVIIIe siècles)	Centre-périphérie	Religion nationale ou supranationale
Révolution nationale et démocratique (après 1789)	État-Église	Séparation de l'État de l'Église ; État laïc
Révolution industrielle du XIXe siècle	Propriétaires fonciers-propriétaires industriels	Tarifs et contrôle sur l'agriculture et l'industrie
Après la révolution russe de 1918	Propriétaires-travailleurs	Conflits de classes

Source : Tableau adapté de Seymour Martin Lipset et Stein Rokkan, « Cleavage Structures, Party System, and Voter Alignment : An Introduction », dans S. M. Lipset et S. Rokkan (dir.), *Party Systems and Voter Alignment*, New York, The Free Press, 1967.

Le modèle de S. M. Lipset et S. Rokkan est plus clair si l'on prend en compte les conséquences des différentes révolutions. La Réforme a produit le clivage centre-périphérie ; la révolution nationale et démocratique a produit le clivage Église-État ; la révolution industrielle a produit le clivage entre propriétaires fonciers et industriels ; et la révolution russe a produit le clivage entre propriétaires et travailleurs.

Il faut reconnaître que les États-Unis et le Canada défient cette tendance à la constitution de partis basés sur des différences de classes. En 1906, Werner Sombart a écrit son ouvrage classique intitulé *Pourquoi le socialisme n'existe-t-il pas aux États-Unis ?* Il a ainsi expliqué que le socialisme n'a jamais eu aux États-Unis l'attrait qu'il a eu en Europe en raison, entre autres, du fait que le système économique américain permet la mobilité sociale et intègre les immigrants, ce qui freine l'apparition de petits partis[29]. D'autres efforts ont été faits plus tard pour comprendre l'absence de partis basés sur des différences de classes au Canada, qu'elles proviennent de l'idéologie (Louis Hartz et Gad Horowitz), des comportements sociaux (S. M. Lipset[30]) ou de stratégies partisanes (Janine Brodie et Jane Jenson[31]). Cette démarche est exposée dans la partie suivante.

Malgré les arguments présentés par ces analyses nord-américaines, la plupart des comparatistes continuent à suivre la position défendue par

S. M. Lipset en 1981. Selon lui, « à l'échelle mondiale, la principale généralisation que l'on peut tirer est que les partis recrutent principalement soit dans les classes inférieures, soit dans les classes moyennes et supérieures[32] ». Cela s'explique par le fait que les divisions idéologiques qui existent dans les démocraties occidentales sur des questions comme le rôle de l'État et le type d'économie sont le reflet des clivages sociaux provenant eux-mêmes des appartenances religieuses ou de classe.

À droite, les conservateurs privilégient l'économie de marché et l'initiative individuelle, tout en acceptant les inégalités sociales et économiques dans la société. À gauche, les partis politiques essaient de réguler le marché en vue d'assurer l'égalité économique et de défendre certaines valeurs de base, comme la laïcité. Les compétitions partisanes ont suivi ces conflits politiques qui ont marqué une bonne partie du xxe siècle.

Au-delà de cette distinction idéologique, d'autres raisons expliquent que les groupes sociaux créent des partis pour les représenter. En effet, ces groupes disposent d'une base organisationnelle favorable à la constitution de partis politiques. L'exemple classique est fourni par la contribution des syndicats à la constitution et au maintien de partis de gauche. Les partis sociaux-démocrates se sont souvent appuyés sur les syndicats pour obtenir un soutien électoral, alors que les partis chrétiens-démocrates recrutaient des partisans à la messe dominicale[33]. Ces possibilités d'alliances donnent des repères aux citoyens et aux élites dans le monde politique. Une fois en place, l'organisation génère les conditions de sa propre survie, un processus que Herbert Kitschelt a appelé « dépendance au sentier » (ou *path dependency*, voir chapitre 6) en matière de soutien partisan[34].

Ce type de notions semble pertinent, mais le travail classique de S. M. Lipset et S. Rokkan sur le « gel » des clivages a continué de dominer, jusqu'à ce que les événements politiques dans les pays occidentaux le contredisent. Au cours du printemps 1968, de Prague à Chicago, en passant par Paris, Rome, Mexico et d'autres villes, de nombreuses mobilisations d'étudiants et d'autres groupes se sont organisées, soit pour réclamer de meilleures conditions de vie et d'études, soit en vue de renverser les régimes communistes ou pour mettre un terme à la guerre du Vietnam. Ces manifestations visaient aussi bien des gouvernements de gauche que de droite. Très vite, les comparatistes ont commencé à écrire à propos du déclin du modèle sociologique expliquant l'allégeance partisane et le vote déterminé par l'appartenance à une classe sociale.

Ces changements sociaux et cet affaiblissement des liens traditionnels ont eu de grandes conséquences sur les partis politiques. Ils ont parfois introduit de nouveaux partis (comme les verts) dans la compétition ou mené à la constitution de coalitions non ou peu partisanes. Les mouvements féministes étaient plus particulièrement susceptibles de travailler au-delà des clivages partisans, brouillant ainsi les lignes de séparation entre partis[35]. L'encadré ci-dessous en donne un exemple.

MOBILISATION DES FEMMES DANS LES PARTIS POLITIQUES EN AFRIQUE DU SUD

En préparation de la transition démocratique, les femmes sud-africaines ont cherché à tirer des leçons de l'échec des mouvements féministes post-indépendance au Zimbabwe, au Mozambique et en Angola. Les groupes de femmes sud-africaines ont ainsi adopté des stratégies qui leur éviteraient de retomber dans les mêmes erreurs. Les femmes se sont mobilisées sur la base de leur sexe, c'est-à-dire en tant que femmes, pour former une coalition multipartisane puissante. Celle-ci est devenue un outil efficace qui a permis aux femmes de lutter pour participer au processus constitutionnel. Elles ont utilisé cette coalition pour avoir une influence au sein des partis politiques afin d'obliger les leaders à mettre en œuvre des mesures de discrimination positive dans le recrutement et la sélection des candidats et candidates. Ces mesures, particulièrement la politique de quota adoptée par le Congrès national africain (ANC), ont mis une pression sur tous les partis politiques pour augmenter le nombre de femmes sur les listes électorales.

Source : Hannah E. Britton, « Coalition Building, Election Rules, and Party Politics : South African Women's Path to Parliament », *Africa Today*, vol. 49, n° 4, 2002, p. 33-67.

Ce type d'expérience nous rappelle que le phénomène des partis de masse, rassemblés par le partage d'intérêts religieux ou de classes, était le produit de la coïncidence entre des processus particuliers de mobilisation sociale, d'industrialisation et d'urbanisation d'une part, et des processus de mobilisation politique, d'expansion du suffrage et des organisations politiques d'autre part. Ces partis de masse sont typiques de certaines périodes historiques comme la révolution industrielle. Ils perdent souvent en importance lorsque les enjeux reliés à ces périodes historiques s'estompent.

Au même moment cependant, le manque de congruence entre les clivages sociaux et l'organisation des partis n'a pas nécessairement engendré le déclin des partis. Les comparatistes soutiennent à présent que les partis politiques sont plus dans une phase d'adaptation que de dégénérescence. Le renouvellement de la politique mène à la création de nouveaux partis, qui ne sont ni meilleurs ni pires que les partis traditionnels basés sur des intérêts religieux ou de classe[36].

Ainsi, une étude portant sur l'Amérique latine adopte le terme de « darwinisme » pour décrire l'émergence et le déclin des partis dans cette région extrêmement explosive. Au xxe siècle, il y a eu plus de 120 élections mettant en compétition plus de 1 200 partis en Amérique latine. Seulement 15 partis ont participé à toutes les élections dans leur pays. Plus de 80 % des partis n'ont participé qu'à une élection[37]. Ce contexte d'instabilité et de compétition induit une sorte de sélection qui favorise les partis de droite ou de centre droite favorables aux politiques néolibérales de cette époque (1982-1995), souvent qualifiée de « décennie perdue ». Il favorise, dans l'opposition, des partis personnalisés ou de centre gauche capables de critiquer les politiques néolibérales[38].

Cette notion d'adaptation des partis est intéressante pour comparer ceux-ci en ce sens qu'elle met l'accent sur les stratégies que les partis mettent en œuvre en vue de s'adapter à des défis nouveaux. Cette vision des partis les appréhende comme capables à la fois de réagir face à des circonstances nouvelles, et opérant des calculs selon leurs moyens. C'est aussi une vision considérant les partis comme des organisations plus souples, centrées autour de leur équipe de direction ou du leader.

Les partis comme acteurs stratégiques. – Les comparatistes ont toujours plus ou moins considéré les partis comme des organisations capables de mettre en œuvre des stratégies. Néanmoins, les deux approches discutées plus haut ont eu tendance à mettre l'accent sur d'autres dimensions de l'action des partis, notamment leur contribution au maintien de l'ordre social ou la manière dont ils reflètent les clivages sociaux. Dans cette troisième vision, les partis apparaissent comme des décideurs. Par ailleurs, ils sont limités dans les décisions qu'ils peuvent prendre ou dans les choix qu'ils peuvent faire. Cela est moins lié au soutien dont ils disposent dans le présent qu'en raison de choix opérés par le passé. C'est cette idée qu'exprime le concept précédent de dépendance au sentier (*path dependency*) qui est importante dans ces comparaisons.

L'angle par lequel ce type d'analyse s'affirme est pourtant la critique du déterminisme sociologique. Par exemple, les partis de droite en Europe méridionale aussi bien que les anciens partis communistes peuvent être considérés comme des partis antisystèmes, avec une base sociologique composée de marginaux. Dès les années 1970, néanmoins, les Partis communistes italien, espagnol et français se sont mis à abandonner cette position pour devenir ce qu'on a appelé des Eurocommunistes, bien que peu de changements aient affecté leurs bases sociologiques. Une manière de rendre compte de ce changement serait d'émettre l'hypothèse que l'Europe méridionale aurait modernisé ses structures et ses relations socioéconomiques, et qu'elle serait en train de se défaire de ses anciennes pratiques politiques en vue de rejoindre la famille des démocraties développées. Toutefois, les comparatistes ayant contribué à un livre récent intitulé *Parties, Politics, and Democracy in the New Southern Europe* estiment qu'une telle analyse serait trop simpliste[39].

Ils ne sont pas les seuls à considérer que le modèle socioéconomique proposé par S. M. Lipset et S. Rokkan ou par S. Pharr et ses collègues est inadéquat. Pour eux, ce modèle ne souligne pas le rôle important et autonome joué par le politique dans le changement et ne parvient pas à prêter une attention suffisante au rôle joué par les élites politiques dans leur environnement. En effet, les élites réagissent face à leur environnement en développant leurs programmes (leur offre pour l'électorat), leurs structures politiques, leurs stratégies de mobilisation, leur image en tant que candidat et en tant que leaders[40].

Le déterminisme socioéconomique ignore aussi le rôle que les dirigeants des partis jouent dans la construction d'institutions politiques clés telles que le choix de mode du scrutin et le partage du pouvoir entre les autorités centrales et périphériques. Ces décisions portant sur les types d'institutions du pays structurent ensuite les conditions dans lesquelles les partis au pouvoir opèrent des choix ultérieurs ainsi que les possibilités d'action offertes à l'opposition. Par exemple, les décisions relatives aux lois de financement des partis ont ensuite de sérieuses conséquences sur leur capacité à battre campagne. Or, c'est le parti au pouvoir qui élabore ces lois, sans doute à son avantage.

Cela ne signifie pas que les facteurs socioéconomiques tels que le déclin de la classe ouvrière ou les effets économiques de la mondialisation n'ont aucune influence sur les stratégies des partis. Il s'agit plutôt de dire que les résultats sont toujours médiatisés par les élites politiques, notamment par les membres dirigeants des partis qui formulent des stratégies et ajustent leur ligne de conduite selon leur perception des préférences de l'électorat, d'où l'importance extrême que les partis politiques accordent aux sondages d'opinion.

Toutefois, les partis ne sont pas simplement des calculateurs rationnels à l'affût de votes. Certains partis peuvent choisir de demeurer ou de devenir petits, et radicaux, plutôt que de faire des compromis par rapport aux valeurs qui leur servent de base. En Italie, par exemple, la Ligue du Nord a échangé le programme relativement modéré, qu'il avait à son arrivée au gouvernement, contre un programme plus radical et indépendantiste, une fois qu'il a quitté le gouvernement. Cette stratégie a été adoptée au risque de perdre le soutien d'une partie de l'électorat.

Cette attention accordée aux leaders et à leurs choix stratégiques a plusieurs sources. L'une d'elles vient des travaux sur les transitions vers la démocratie qui, comme nous le verrons au chapitre 5, ont pour beaucoup mis l'accent sur le comportement des acteurs. Il provient en second lieu de l'observation des comportements partisans dans une ère de « dégel » des systèmes de partis qui affaiblit les lignes de clivages construites à partir des années 1920, telles qu'elles sont décrites par S. M. Lipset et S. Rokkan. De nouveaux partis sont apparus et jouent des rôles clés alors qu'il est difficile de leur trouver un ancrage sociologique. Enfin, comme l'exemple de l'Europe méridionale nous le suggère, le recours aux stratégies s'impose à ceux qui comparent les nouvelles démocraties. Il est en effet difficile d'aborder l'action des partis en Europe de l'Est ou en Europe méridionale comme un long processus de modernisation, en raison de l'absence de démocratie jusqu'aux années 1970 dans trois des quatre pays de la région[41]. Dans ces conditions, les comparatistes se sont tournés vers une explication au plan stratégique.

Ils ont aussi utilisé le concept de dépendance au sentier (*path dependency*) pour critiquer le réductionnisme socioéconomique, car l'institutionnalisation produit en retour des contraintes qui pèsent sur l'action des partis. En effet, une fois mises en place, les règles institutionnelles, les structures organisationnelles et les normes d'action tendant à produire des modèles de comportement stables, qui continuent d'exister bien après que les structures socioéconomiques et les circonstances contextuelles ayant présidé à leur mise en place ont été modifiées.

Par exemple, le clientélisme est un héritage de l'organisation sociale de l'Italie rurale et lorsque le système électoral a été réinstallé après 1945, il est devenu un principe organisateur clé, quoique informel, de la politique partisane. En tant qu'expression de particularismes, les réseaux clientélistes lient les associations et groupes d'intérêt aux partis politiques. Certaines formes de ce particularisme ont survécu avec le temps, laissant une bonne partie du Sud de l'Italie dominée par le clientélisme, bien qu'il soit devenu clairement un fléau pour le système partisan. Il a fallu des scandales d'envergure et la corruption ouverte des années 1990 pour que l'on commence à rompre avec les pratiques mises en place après 1945[42]. En fait, cela n'a été possible qu'avec la transition encore inachevée de la Première à la Deuxième République[43].

Un autre exemple de cette dépendance au sentier vient de Taiwan. Le Kuomintang (KMT) y a transplanté les pratiques léninistes à l'époque de son installation sur l'île à la suite de la révolution chinoise menée par Mao Tsé-toung en 1949[44]. Ceci a pour résultat que le Kuomintang fonctionnait selon le principe du « centralisme démocratique » qui en faisait un parti très hiérarchique dont les leaders subissaient peu de contrôle. Le parti a survécu à la transition démocratique taiwanaise des années 1980 grâce à ce qui a été qualifié de « combinaison rare entre flexibilité et continuité et un mélange de symboles et de repentir pour devenir un *catch-all party*[45] ». Malgré tout, l'identité léniniste du parti l'a mené à la débâcle et dans des débats houleux en 2000. Selon Yun-Han Chu, le KMT « a deux faiblesses institutionnelles : d'abord, il manque de mécanismes de contrôle empêchant ses dirigeants de poursuivre de mauvaises stratégies. Ensuite, il ne dispose pas de mécanismes institutionnels destinés à résoudre les conflits internes et promouvoir une direction collégiale[46] ».

La meilleure utilisation de l'approche stratégique est probablement fournie par les trois ouvrages de H. Kitschelt. Le premier porte sur les nouveaux partis de mouvement et le défi qu'ils posent aux partis de masse traditionnels, le deuxième sur la droite radicale en Europe occidentale et le troisième sur les systèmes de parti dans les pays postcommunistes. Son argument sur les partis de droite et de gauche peut se résumer ainsi : les partis font face à de nouveaux choix en raison de réalignements autour

des axes politiques. Les partis doivent choisir comment ils se position-
nent par rapport à 1) la définition inclusive ou exclusive de la citoyenneté ; 2) des décisions de type individualiste ou collectiviste concernant
les enjeux culturels ; 3) des politiques fondées sur la redistribution ou sur
le marché. Un réalignement s'est produit, amenant les partis de gauche à
opter pour la redistribution des ressources et le libertarisme culturel, alors
que les partis de droite privilégient le marché et l'autoritarisme culturel.

Ce réalignement ainsi que la stratégie attrape-tout choisis par les partis
traditionnels de gauche et de droite ont laissé une marge de manœuvre à
de nouveaux acteurs dans les deux camps. Ainsi, alors que les partis conservateurs modérés et de centre gauche convergent pour devenir centristes,
les politiciens d'extrême droite sont à même d'introduire une alternative
de droite au sein du système partisan en jouant sur les questions de
culture et de citoyenneté.

LES DIVERSES TRAJECTOIRES DES NOUVELLES DÉMOCRATIES POSTCOMMUNISTES

En matière de processus démocratique et de la constitution d'un système
de partis, il était évident dès 1998 que les différences entre les anciens
pays communistes étaient plus importantes que les similitudes. Dès le
départ, certains régimes communistes comme ceux de la Biélorussie, de
la Serbie et de la plupart des Républiques ex-soviétiques d'Asie centrale ne
se sont jamais démocratisés. D'autres pays, notamment la Croatie et la
Slovaquie, sont revenus sur certains acquis démocratiques sous la houlette
de leaders semi-autoritaires issus du sérail de l'ancien parti communiste.
De même, parmi les pays qui sont devenus démocratiques, les activités
des partis politiques ont souvent contribué à exacerber les tensions entre
divers groupes identitaires. Cette situation n'est pas le fait du hasard, mais
découle aussi bien de l'héritage historique que des institutions nouvelles.
Mieux encore, les types de liens qui s'établissent entre ces héritages historiques, les institutions et les systèmes de partis sont les produits de
stratégies délibérées mises en œuvre par des acteurs rationnels intéressés
par le pouvoir.

Sources : H. Kischelt, *Post-Communist Party System : Competition, Representation, and
Interparty Competition*, New York, Cambridge University Press, 1999 ; *The Radical Right
in Western Europe : A Comparative Analysis*, Ann Arbor, Michigan University Press, 1995 ;
The Transformation of European Social Democracy, New York, Cambridge University
Press, 1994.

Au regard du système de partis de l'Europe post-1989, les analyses fonctionnelles et de clivages auraient conduit à prédire une similarité entre les partis postcommunistes, en raison de l'impact de l'économie dirigée et de la nature léniniste des pratiques partisanes. H. Kitschelt a résumé sa propre surprise et explique pourquoi, selon lui, il y a eu diversité de résultats et non configuration unique.

SYSTÈMES DE PARTIS ET MODES DE SCRUTIN

Nous avons déjà vu dans le travail de S. M. Lipset et S. Rokkan une analyse des systèmes de partis et non de partis politiques individuels. Pour ces auteurs, les clivages sociaux génèrent des systèmes de partis qui, en retour, matérialisent les lignes de fracture de l'époque. Nous n'avons cependant pas suffisamment exploré ces interrelations et leur impact sur les systèmes de partis. Dans cette section, nous examinerons d'abord la notion de système de partis pour ensuite aborder le système électoral. C'est une institution choisie certes par les partis, notamment ceux qui sont au pouvoir, mais elle joue un rôle très important dans la structuration des systèmes et fait l'objet de conflits politiques récurrents.

Par ailleurs, s'il est vrai que la démocratisation implique le passage d'un système monopoliste à un système compétitif, plusieurs exemples, comme au Botswana et au Mexique jusqu'à la récente victoire du président Vicente Fox, montrent que l'ancien parti monopoliste peut rester hégémonique malgré la transition démocratique. En raison de l'importance historique, mais aussi de l'existence contemporaine de systèmes dominés par un parti (comme en Chine), nous considérons les systèmes de partis comme des « ensembles faits d'un ou de plusieurs partis[47] ».

Bipartisme et multipartisme

En guise d'introduction à cette section, nous avons adopté une définition très générale des systèmes de partis. Sur ce plan, il convient d'être plus spécifique afin de mieux rendre compte de la situation spécifique des systèmes de partis compétitifs. D.-L. Seiler définit le système de partis comme « l'ensemble structuré constitué des relations tantôt d'opposition, tantôt de coopération qui existent entre les partis politiques agissant sur la scène politique d'une même société politique[48] ». Deux conséquences découlent de cette définition : la pluralité nécessaire des partis composant le système et la possibilité, en l'absence de parti majoritaire, de coalitions entre partis politiques en vue d'exercer le pouvoir.

Les systèmes de partis peuvent se subdiviser essentiellement en bipartisme et en multipartisme. Le bipartisme ne signifie pas que la scène politique est occupée par seulement deux partis, mais désigne « un système de partis fondé sur l'alternance, plus ou moins régulière, au gouvernement de deux partis à vocation majoritaire[49] ». C'est le cas de la Grande-Bretagne et des États-Unis, pays où, en dépit de l'existence d'autres formations politiques, seuls deux partis sont capables de conquérir le pouvoir, à savoir le Parti travailliste et le Parti conservateur d'une part, et le Parti démocrate et le Parti républicain d'autre part.

Le multipartisme traduit au contraire une situation où plusieurs partis sont représentés au parlement, ce qui diminue la probabilité qu'un seul d'entre eux puisse former un gouvernement majoritaire. Mais ses formes peuvent être très variées. Vincent Lemieux parle de multipartisme simple ou complexe, alors que D.-L. Seiler identifie trois formes : l'asymétrique multipolarisée, la symétrique bipolarisée et la symétrique multipolarisée[50]. L'idée de base est que l'on peut être en présence de partis multiples dominés par un seul, comme au Canada avec le Parti libéral depuis 1993 ; de partis multiples mais avec deux partis principaux autour desquels gravitent les autres partis, comme en Israël ; ou de partis multiples de poids relativement égal, comme au Niger.

L'un des premiers auteurs à s'être intéressé à l'étude des systèmes de partis est Maurice Duverger. En plus d'avoir contribué à la typologie des partis, il considérait que le système de partis naturel est le bipartisme, en raison de la logique dualiste qui structure les oppositions à la base de l'idée de partis. Le multipartisme n'était envisagé que comme une sorte d'accident provenant notamment du glissement vers le centre, qui affecte tout parti politique lorsqu'il arrive au pouvoir. Cette tendance s'explique, car ainsi que le dit J.-M. Denquin :

> Les promesses préélectorales doivent affronter les contraintes du réel. Dans l'opposition, il est facile de déclarer que tout est possible, que l'on donnera aux uns sans prendre aux autres, que l'on augmentera le prix du blé et diminuera celui du pain. Parvenus au pouvoir, les hommes politiques constatent que leur marge de manœuvre est réduite, surtout dans les sociétés modernes dont la complexité s'oppose aux transformations brutales. Les nécessités de

l'intendance s'imposent, les gestionnaires remplacent les prophètes et la prose succède au lyrisme. Mais cette démarche, pour compréhensible qu'elle soit, aboutit inévitablement à décevoir les militants qui ont le sentiment fondé, que le programme n'est pas respecté[51].

C'est donc le pragmatisme politique que le parti adopte face à la gestion des affaires publiques qui est perçu par une aile du parti comme une déviation justifiant une scission et la formation d'un nouveau parti. Tout parti qui parvient au pouvoir est à la merci de ce type d'évolution, qui explique donc en partie le multipartisme selon M. Duverger.

Il est intéressant de constater à ce niveau que le problème ne se pose pas dans les mêmes termes que dans les pays en développement. Dans ces cas, les partis sont soit des créations artificielles, soit ils émergent à la faveur d'une ouverture politique après une longue période d'autoritarisme. Ainsi, au Nigeria, le général Sani Abacha (au pouvoir entre 1993 et 1998) a essayé d'imposer un système bipartisan selon le principe du dualisme droite-gauche. Ce n'est qu'après sa disparition, en 1998, que le jeu politique s'est ouvert. Dans la plupart des autres pays, le multipartisme a été instauré au début des années 1990 à la faveur de la vague de libéralisation politique. Certains pays, comme le Cameroun, comptent plus d'une centaine de partis politiques, même si moins d'une dizaine parviennent à envoyer des députés au parlement.

Ce que M. Duverger a apporté de plus intéressant encore, c'est l'idée qu'en définitive le mode de scrutin affectera le système de partis. Si peu d'auteurs contemporains seraient prêts à conclure comme M. Duverger en l'existence de « lois », Giovanni Sartori les appelle à se pencher à nouveau sur la question de savoir comment, en fonction du mode de scrutin adopté, on peut perpétuer ou transformer le bipartisme et le multipartisme, et favoriser un gouvernement majoritaire ou un gouvernement de coalition[52]. L'étude des modes de scrutin introduit donc, de ce point de vue, une dimension comparative importante car des modes différents conduisent à des conséquences variables sur les systèmes de partis et la stabilité gouvernementale.

Les modes de scrutin et les systèmes de partis

Les modes de scrutin sont déterminés par la loi électorale de chaque pays. De ce fait, il y a de très grandes nuances d'un pays à l'autre, même lorsque le mode de scrutin en vigueur est le même. Leur objet est d'instituer des règles permettant de répartir, à l'occasion des élections, les suffrages des votants entre les partis ou les candidats en présence. Ils influencent donc aussi bien les systèmes de partis (bipartisme, multipartisme) que la nature du gouvernement (majoritaire ou de coalition)[53]. Selon Jean-Marie Cotteret et Claude Emeri, « les réformes électorales mettent en cause l'influence politique respective des différents partis et pour certains d'entre eux, leur existence même. On comprend alors que les positions des uns et des autres, face aux modes de scrutin, soient assez variables en fonction des circonstances[54]. »

On distingue trois principaux modes de scrutin : le scrutin majoritaire, le scrutin proportionnel et le scrutin mixte. Chacun de ces modes de scrutin est cependant lui-même complexe.

Le *mode de scrutin majoritaire* est défini comme le « mode de scrutin au terme duquel le candidat qui obtient le plus de voix est proclamé élu[55] ». Il est généralement uninominal en ce sens que dans chaque circonscription électorale, les électeurs désignent un élu. Il peut aussi être plurinominal lorsque les électeurs sont appelés à voter pour une liste de candidats inscrits dans la même circonscription. Dans ce cas, on peut opter soit pour la liste bloquée en imposant aux électeurs de voter en bloc pour la liste telle qu'elle est constituée par le parti, soit pour le panachage en permettant aux électeurs de modifier les listes qui leur sont soumises.

Le scrutin majoritaire varie selon qu'il est à majorité relative ou à majorité absolue. Lorsqu'il est à *majorité relative*, est déclaré élu le candidat qui obtient le plus de voix au premier tour. C'est cette modalité qui est en vigueur au Canada où dans chaque circonscription, c'est le candidat qui arrive en tête qui est élu. Lorsque le scrutin est à *majorité absolue*, le candidat doit obtenir plus de 50 % des voix pour être déclaré élu. Si aucun candidat n'a obtenu la majorité absolue au premier tour, un second tour de scrutin est organisé entre les candidats qui restent en lice. Au deuxième tour, le scrutin peut être à majorité absolue (lorsqu'il n'y a que deux candidats) ou relative (lorsque plusieurs candidats se sont maintenus). Ainsi, aux élections présidentielles en France, un second tour est organisé si aucun candidat n'a atteint plus de 50 % des suffrages au premier tour. Seuls les deux candidats arrivés en tête se disputent le second tour, comme cela a été le cas aux élections de mai 2002. Jacques Chirac l'a emporté au second tour sur Jean-Marie Le Pen avec 82,1 % des votes. Dans le cas des élections municipales et législatives, par contre, le second tour concerne tous les candidats qui ont été en mesure de se maintenir et qui sont dits « en ballottage ». L'élection se décide alors au second tour par une majorité relative.

La *représentation proportionnelle* (RP) est le second type de mode de scrutin. Elle est définie comme le mode de scrutin qui vise à donner à chaque parti un nombre de sièges au *prorata* des voix qu'il recueille. C'est donc le souci de faire en sorte que la composition du parlement reflète les sensibilités politiques dans la population qui justifie son adoption. Notons ici que la représentation proportionnelle est forcément un scrutin de liste. Elle ne s'applique pas aux élections présidentielles, mais convient parfaitement aux élections législatives qui concernent un grand nombre de sièges à pourvoir. Il en existe plusieurs modalités, la différence étant certes dans l'ampleur de la circonscription, mais essentiellement dans la méthode de répartition des sièges. Suivant le premier critère, on distingue d'abord la *représentation proportionnelle intégrale*. Elle s'applique lorsque l'ensemble du pays ne constitue qu'une seule circonscription et que les partis présentent des listes nationales. Pour répartir les sièges, on procède en deux étapes. D'abord, l'ensemble des suffrages valables au plan national est divisé par le nombre total de sièges au plan national : on obtient un chiffre appelé le *quotient électoral*. Ensuite, chaque parti obtient le nombre de sièges correspondant au rapport entre le nombre de suffrages qu'il a obtenus et le quotient électoral. Toujours suivant le critère de l'ampleur, on distingue ensuite la *représentation approchée*. Ici, le territoire est découpé en plusieurs circonscriptions dans lesquelles les partis présentent des listes. À chaque circonscription correspond un nombre de sièges à pourvoir, la somme des sièges des différentes circonscriptions correspondant au nombre national de sièges à pourvoir. Comme dans la représentation intégrale, on calcule un quotient électoral pour chaque circonscription et on procède ensuite à la répartition des sièges.

Le second critère est considéré par beaucoup d'auteurs comme la source de plusieurs autres modes de scrutin et non pas seulement comme une méthode de répartition des sièges dans le cadre de la représentation approchée, comme c'est le cas en réalité. Le principe découle du constat suivant : dans chaque circonscription, le calcul pour procéder à la répartition des sièges ne tombe pas juste. Il reste des sièges non attribués et des suffrages non utilisés par les partis. Il faut alors trouver une méthode pour répartir les sièges restants sur la base des voix qui restent à utiliser par chaque parti. Plusieurs méthodes existent[56]. La première est la formule de la *répartition des sièges selon la méthode du plus fort reste* qui est probablement la plus simple. Elle consiste en deux étapes : l'étape initiale consiste à calculer le quotient et à procéder à la répartition des sièges en divisant les suffrages obtenus par chaque parti par le quotient électoral ; ensuite, les sièges restants sont attribués aux partis qui ont le nombre de voix inutilisées le plus important jusqu'à épuisement des sièges. La seconde est la formule de la *répartition des sièges selon la méthode de la plus forte moyenne*. La première étape est identique à celle de la méthode précédente en ce qui a trait au calcul du quotient électoral et au premier tour de répartition des sièges. En revanche, pour attribuer les sièges restants, le procédé change : dans un second temps, on attribue un siège fictif à chaque liste et on divise le nombre de voix de la liste par ce nombre majoré. Le parti qui obtient la moyenne la plus importante garde le siège ajouté, qui cesse d'être fictif. La même opération est reprise jusqu'à épuisement des sièges. Ces deux méthodes de répartition proportionnelle des sièges sont les plus connues, mais il en existe d'autres, comme la méthode d'Hondt, qui donne les mêmes résultats que la RP avec l'attribution des sièges à la plus forte moyenne, mais qui est différente des autres méthodes en ce sens qu'elle ne procède pas par la recherche d'un quotient électoral mais plutôt d'un répartiteur. Pour obtenir le répartiteur, on commence par diviser le résultat obtenu de chaque parti par 1, 2, 3, n, (n représentant le nombre de sièges). On classe les résultats obtenus par les différentes listes par ordre décroissant jusqu'à concurrence du nombre de sièges à pourvoir. Le résultat correspondant au n^e chiffre constitue le répartiteur. On obtient ensuite le nombre de sièges attribuables à chaque liste en divisant le nombre de voix qu'elle a obtenues par le répartiteur.

Les *systèmes électoraux mixtes* constituent une troisième catégorie de modes de scrutin. Comme le nom l'indique, il s'agit de modes de scrutin qui « allient, par définition, une composante majoritaire et une composante proportionnelle[57] ». Comme le montrent J.-M. Cotteret et C. Emeri :

> entre le scrutin majoritaire et la représentation proportionnelle les possibilités de combinaison sont considérables. Le législateur procède comme le barman

pour un cocktail : un doigt de RP et deux doigts de scrutin majoritaire ou *vice versa* [...]. On peut néanmoins dégager trois grandes tendances : les systèmes mixtes à dominante majoritaire, à dominante proportionnelle et équilibré[58].

Dans le *scrutin mixte à dominante majoritaire*, il y a plusieurs possibilités. Retenons que le vote est majoritaire à un tour, mais se fait dans des circonscriptions comportant plusieurs sièges à pourvoir. L'électeur vote à chaque fois pour plusieurs candidats et ce sont les candidats arrivés en tête qui occupent les sièges à pourvoir. Dans le *scrutin mixte à dominante proportionnelle*, la répartition des sièges se fait en principe au *prorata* des voix obtenues par chaque liste (composante proportionnelle), mais avec « une prime à la majorité absolue », en ce sens que si un parti ou une coalition de partis remporte la majorité absolue, elle remporte la totalité des sièges à pourvoir dans la circonscription. Dans le *scrutin mixte équilibré*, le cas de figure le plus simple consiste à procéder de la manière suivante : on divise d'abord le nombre de sièges à pourvoir en deux. Ensuite, une partie des sièges est attribuée au scrutin uninominal majoritaire à un tour dans les circonscriptions prévues à cet effet et une autre partie des sièges est attribuée à la RP au scrutin de liste.

L'impact des modes de scrutin sur le système de partis

Le détour par l'étude des modes de scrutin est nécessaire dans toute étude portant sur les partis politiques, dans la mesure où le système de partis et le type de gouvernement qui sort des élections en sont directement affectés. Les situations de bipartisme ou de multipartisme, ainsi que celles de gouvernements majoritaire ou de coalition ne se comprennent pas sans une interrogation sur le mode de scrutin qui les impose ou les empêche. Par conséquent, c'est la nature même du système politique qui se trouve affectée selon les modes de scrutin adoptés. Sur ce point, la contribution charnière est encore celle, critiquée, mais jamais totalement contestée, de M. Duverger[59].

Le *scrutin majoritaire* a un impact certain dans le sens où il conduit en général à d'importantes distorsions entre le nombre de sièges et le nombre de voix obtenues. Il implique surtout le principe du *winner takes all*, mais le résultat varie selon que le scrutin est à un ou deux tours. Le scrutin majoritaire à un tour favorise la mise en place d'un système bipartisan, comme en Grande-Bretagne. En effet, l'élection à la majorité relative est souvent qualifiée d'impitoyable avec les petits partis, car d'une part, il les empêche de jouer sur les alliances électorales pour marchander leur soutien aux grands partis et d'autre part, les électeurs tendent à voter utile et à ne pas gaspiller leur vote. En fait, les électeurs se tournent vers les grands partis, car précisément, ils n'ont qu'un seul tour de scrutin pour s'exprimer et risqueraient, en votant pour un candidat préféré mais qui n'a aucune chance, de disperser leurs voix et de faire passer le candidat qu'ils ne souhaitent pas élire. La conséquence de cette situation est que ce mode de scrutin favorise aussi les gouvernements majoritaires, un des grands partis formant en général seul le gouvernement. Le scrutin majoritaire à deux tours, à l'inverse, favorise le multipartisme et les alliances électorales, comme dans le cas de la France. En effet, dans la mesure où les électeurs disposent de deux tours de scrutin pour se prononcer, ils tendent à voter au premier tour pour le parti auquel ils adhèrent, fût-il petit, quitte à ce qu'au second tour, ce parti contracte une alliance électorale avec l'un des partis encore présents dans la course. Ces alliances assurent aussi la survie des petits partis, car ceux-ci sont à même de monnayer leur soutien contre une participation au gouvernement.

Le *scrutin proportionnel* est plus favorable au multipartisme. Deux raisons expliquent cette situation, selon J.-M. Denquin[60]. La première est une « raison quantitative » car le scrutin proportionnel favorise la multiplication des partis à cause du principe de répartition des sièges entre les partis, y compris les plus petits, au prorata des voix qu'ils ont recueillies. On est donc loin du scrutin majoritaire. La seconde raison est « structurelle » car avec ce mode de scrutin, il n'est pas nécessaire de former des alliances électorales. Les électeurs peuvent voter pour le candidat de leur choix. Lorsque aucun critère de seuil à atteindre (5 %, par exemple) n'est fixé pour être pris en compte dans la répartition, beaucoup de petits partis peuvent subsister ou se constituer, un cas de figure qui est difficile à envisager avec le scrutin majoritaire. Par ailleurs, le scrutin proportionnel impose très souvent des gouvernements de coalition. Dans la mesure où il conduit souvent à une fragmentation de la représentation entre de nombreux partis, il arrive souvent qu'aucun de ces partis ne soit assez fort pour former seul un gouvernement majoritaire.

Les effets des systèmes électoraux sur le nombre de partis ont été récemment évalués dans cinq pays de la période postcommuniste. Les résultats sont bien intéressants.

LES RAPPORTS VARIÉS ENTRE LES MODES DE SCRUTINS ET LES RÉSULTATS ÉLECTORAUX DANS QUELQUES PAYS POSTCOMMUNISTES

Les chercheurs travaillant sur les systèmes électoraux pensent générale-ment que le mode de scrutin uninominal majoritaire tend plus à réduire le nombre de partis politiques en activité dans un pays que le mode de scrutin proportionnel. Robert G. Moser a testé cette hypothèse en analysant l'impact des deux modes de scrutins sur le nombre de partis dans cinq anciens pays communistes. Il a remarqué que certains pays, notamment la Pologne et la Hongrie, ont suivi le processus habituel de consolidation des partis en raison de l'effet incitatif du système électoral, contrairement à d'autres comme la Russie et l'Ukraine. Pour R. G. Moser, la différence d'impact des systèmes électoraux dans l'ancien bloc communiste est en fait à rechercher dans le degré d'institutionnalisation des partis. Ainsi, dans une situation de faible développement des partis, le système élec-toral qui favorise l'utilisation des labels des partis, à savoir le scrutin pro-portionnel, conduirait à une plus grande limitation du nombre de partis que le scrutin uninoninal. Cette analyse va donc à contre-courant de l'hypothèse initiale.

Source : Robert G. Moser, « Electoral Systems and the Number of Parties in Postcom-munist States », *World Politics*, vol. 51, n° 3, avril 1999, p. 359-384.

Les résultats de ces travaux démontrent l'importance de la politique comparée si l'on veut confronter les généralisations théoriques à la réa-lité des comportements partisans et électoraux.

PARTICIPATION ET COMPORTEMENTS POLITIQUES

Au sens traditionnel, la participation politique n'a de sens que lorsque le site d'observation concerne des régimes démocratiques car seuls ces régimes laissent en effet un espace d'expression et de participation aux citoyens. Dans ces cas, la participation s'apprécie à l'aune du vote et des activités qui l'entourent dans les démocraties représentatives. C'est l'objet central de la sociologie électorale.

En politique comparée, et notamment dans les études électorales, l'intérêt pour la participation a été dominé par deux grandes questions :

celle des taux et des caractéristiques de la participation aux élections (qui vote ?) ; et les motivations des choix, particulièrement l'influence des clivages sociaux sur les choix électoraux. Nous examinons ces deux questions avant de nous intéresser à d'autres formes de participation. Sur ces questions, les comparatistes ont accès à une pléthore de données statistiques qui permettent de conduire une diversité de types de comparaisons.

La participation aux élections

La santé de la démocratie peut se mesurer au taux de participation aux élections et à la vie politique en général. Traditionnellement, des taux de participation élevés sont considérés comme des indicateurs d'une démocratie forte. Toutefois, la situation est beaucoup plus compliquée parce que selon les pays, les lois électorales elles-mêmes élargissent ou restreignent la possibilité que les citoyens ont d'exprimer leurs choix.

Néanmoins, les analyses d'ensemble des taux de participation par pays et par caractéristiques des électeurs nous amènent à conclure que la participation varie beaucoup plus d'un pays à un autre que d'un groupe ou d'une catégorie sociale à un(e) autre. Mark Franklin a noté que : « le fait que l'on soit riche ou pauvre, éduqué ou pas, politisé ou pas compte ; mais aucun de ces facteurs ne compte autant que de savoir si l'on est Australien ou Américain[61] ». Comme le montre le tableau 14, sur plus de trois décennies, 95 % des Australiens ont participé aux 14 élections qui se sont tenues dans leur pays, alors qu'aux États-Unis, pour 9 élections présidentielles, le taux atteint à peine la moitié de celui de l'Australie, soit 54 %. Les caractéristiques individuelles telles que l'éducation ou la politisation expliquent certainement en partie ces chiffres. Mais sur la base de ces données statistiques, M. Franklin estime que, même si toute la population américaine avait fait des études post-secondaires, cela ne ferait pas augmenter la participation au niveau moyen qu'elle atteint en Grande-Bretagne[62].

Bien que de nombreux et bons arguments existent pour expliquer les variations en matière de participation électorale, ils peuvent tous être regroupés en trois rubriques : les ressources, la mobilisation et les motifs instrumentaux[63]. Les ressources sont ce dont les individus disposent pour participer, comme le savoir, la santé, le sexe et le temps. Par exemple, jusqu'au récent renversement de tendance, les femmes ont moins participé aux élections que les hommes. La mobilisation marque la conscience que

TABLEAU 14

Taux moyen de participation électorale pour les élections des chambres basses dans 37 pays entre 1960 et 1995 (en pourcentage)

Pays	Pourcentage	Pays	Pourcentage
Australie (14)	95	Norvège (9)	81
Malte (6)	94	Israël (9)	80
Autriche (9)	92	Bulgarie (2)	80
Italie (9)	90	Portugal (9)	79
Luxembourg (7)	90	Finlande (10)	78
Islande (2)	89	Canada (11)	76
Nouvelle-Zélande (9)	88	France (9)	76
Danemark (14)	87	Grande-Bretagne (9)	75
Allemagne (9)	86	Irlande (11)	74
Suède (14)	86	Espagne (6)	73
Grèce (10)	86	Japon (12)	71
Lituanie (1)	86	Estonie (2)	69
Lettonie (1)	86	Hongrie (2)	66
Venezuela (7)	85	Russie (2)	61
République tchèque (2)	85	Inde (6)	58
Pays-Bas (7)	83	États-Unis (9)	54
Brésil (3)	83	Suisse (8)	54
Costa Rica (8)	81	Pologne (2)	51

Source : Tableau créé à partir de Mackie et Rose (1991), Katz (1996) et *Electoral Studies*, vol. 5-14, dans L. LeDuc, R. G. Niemi et P. Norris (dir.), 1996, p. 218.

N.B. : Les chiffres entre parenthèse représentent le nombre d'élections compilées pour chacun des pourcentages. En ce qui concerne les États-Unis, seules les élections au Congrès tenues au même moment qu'une élection présidentielle sont incluses. Pour les Pays-Bas, la compilation a été effectuée à partir de 1968, l'année de l'abolition du vote obligatoire.

les votants ont de leur rôle en réponse aux messages des partis et des médias. Par exemple, les ONG œuvrant dans le domaine de la promotion des femmes en Afrique tentent, depuis le début des années 1990, de mobiliser les femmes afin qu'elles votent aux élections pour placer leurs préoccupations dans l'agenda politique. Les motifs instrumentaux du vote viennent de l'idée que voter peut générer des résultats. En France par exemple, le second tour de l'élection présidentielle de 2002 a mobilisé plus d'électeurs que la plupart des autres élections en raison du risque réel de voir le candidat de l'extrême droite, Jean-Marie Le Pen, l'emporter face au candidat de la droite classique et président sortant, Jacques Chirac.

Certaines analyses laissent supposer que les motifs instrumentaux sont les plus susceptibles de rendre compte des différences de taux de participation. Dans les pays dans lesquels les élections ont peu de conséquences parce que les coalitions gouvernementales ne dépendent pas des résultats et que les décisions importantes doivent être soumises au référendum, la participation est faible ; la Suisse en est un exemple (voir tableau 14). Aux États-Unis, le lien entre les résultats des élections au Congrès et les décisions politiques sont excessivement complexes en raison de la séparation des pouvoirs et de la faiblesse de la discipline au sein des partis politiques. Des 36 pays répertoriés dans le tableau 14, seule la Pologne a un taux de participation plus bas que les États-Unis. Les systèmes dans lesquels les votes ne sont pas gaspillés, tels ceux qui utilisent les scrutins proportionnels, ont également des taux de participation plus élevés.

Les différences entre les taux de participation sont fortement liées au contexte institutionnel dans lequel les élections sont tenues, surtout celles qui influent sur la manière dont le système politique répond aux choix des électeurs. Un système qui ignore les choix des électeurs motivera peu les citoyens d'aller voter. C'est ce qui explique le faible taux de participation à l'élection des députés du parlement européen même dans des pays faisant habituellement preuve de taux élevés de participation. En effet, le parlement européen est jusqu'à présent doté de peu de pouvoirs et n'a que peu d'influence.

Caractéristiques du vote : au-delà des clivages sociaux

La conclusion la plus frappante qui ressort des recherches électorales actuelles est que les motifs habituels des choix électoraux ont énormément changé depuis les dernières décennies[64]. Comme nous l'avons vu plus haut, ce sont les clivages politiques issus de différences religieuses ou de classes qui, historiquement, structurent les discours et les types de politiques dans les démocraties, notamment en Europe et en Amérique du Nord. Ces clivages ont été transformés par des changements dans la structure sociale, eux-mêmes causés par la modification du monde industriel et les enjeux environnementaux, la féminisation des emplois, le déclin des religions traditionnelles ainsi que des changements idéologiques qui sont arrivés avec ces phénomènes[65]. Ces changements et les demandes corrélatives d'une meilleure démocratie, y compris dans le processus de mondialisation, ont élargi les limites de la politique contemporaine[66].

L'attention accordée à ces nouveaux enjeux est allée de pair avec un regain d'intérêt pour la participation politique, relativement par exemple aux questions sociales et au niveau des dépenses étatiques. La conséquence, c'est qu'une faible portion de l'électorat s'en tient aux options habituelles et aux identités partisanes lorsqu'il s'agit d'exprimer son vote[67].

Ainsi, examinant la montée du Front national en France, Nonna Mayer et Pascal Perrineau remarquent que les clivages électoraux ont commencé à s'affaiblir dès le début des années 1960[68]. De nouveaux clivages sont apparus, divisant les travailleurs indépendants et les travailleurs salariés ainsi que les employés du secteur public et ceux du secteur privé. Par ailleurs, les approches basées sur les clivages électoraux ont été remplacées par celles basées sur les stratégies mettant l'accent sur l'importance que les électeurs accordent aux enjeux et aux candidats. Le cas français révèle que l'adhésion au Front national ne suit pas les clivages habituels. Il y a eu des réalignements de classes, c'est-à-dire que des gens de la classe moyenne se sont mis à voter à gauche et des travailleurs à le faire à droite[69].

Il n'y a cependant pas de consensus parmi les comparatistes sur le fait qu'il y ait eu soit un déclin dans le caractère saillant des clivages de classes ou une augmentation du vote sur les enjeux pouvant augmenter la volatilité des votes. Dans une analyse historique s'étendant sur un siècle, Stefano Bartolini et Peter Mair ont trouvé que sur plusieurs plans, les années 1950 et 1960 ont été des « périodes exceptionnelles ». Dans ces conditions, les années 1990 et celles qui suivront marqueront tout simplement le retour à des formes antérieures de comportements électoraux[70].

Néanmoins, se concentrer seulement sur la participation électorale dans les démocraties revient à avoir une vision partielle de la participation politique.

Les mouvements sociaux comme formes d'action politique

Après une décennie de mobilisation des mouvements anti et altermondialistes, nous sommes de plus en plus conscients de l'importance des mouvements sociaux et de la diversité de comportements en politique. Pourtant, comme le disent Nonna Meyer et Pascal Perrineau, « ces activités ont été longtemps négligées par la science politique[71] ». Ainsi, les formes de participation politique comme par exemple les manifestations, l'occupation de locaux professionnels ou administratifs, le blocage de la circulation ou encore la grève, ont été nommées « non conventionnelles » par les politologues.

Depuis les années 1960, les mouvements sociaux, les mouvements de protestation et plus généralement, les organisations politiques non affiliées aux principaux partis politiques ou aux syndicats, sont devenus des composantes permanentes du paysage politique, notamment dans les démocraties avancées[72]. Le niveau des mobilisations, le radicalisme des organisations de même que leur accès aux décideurs ont beaucoup varié au cours des dernières décennies. Néanmoins, ceux qui se sont intéressés aux mobilisations de 1968 et qui pensaient que les manifestations de rues, les occupations d'universités et les campagnes massives de désobéissance civile seraient de courte durée ont dû se raviser. Le retour annoncé à la routine politique s'est révélé faux. De fait, de nombreux politologues estiment à présent que le label « non conventionnel » accolé à ces mouvements n'est plus approprié et qu'il est préférable de parler de « société en mouvement[73] ».

Avant les années 1970, on considérait tout comportement collectif comme la preuve de l'incapacité des institutions et processus politiques existants à absorber les tensions découlant des changements rapides affectant la société. Les émeutes, les manifestations religieuses ou sectaires ou encore les mouvements utopistes étaient appréhendés, pour utiliser un langage médical, comme des symptômes de crise. Cette perspective apparaissait déjà dans les premiers travaux sur les comportements collectifs, comme ceux de Gustave Le Bon qui, à la fin de XIXe siècle, tentait de comprendre par exemple les mobilisations de la Révolution française ou encore la Commune de Paris. Cette tradition a été poursuivie dans les travaux sur les hystéries collectives dans le nazisme ou sur ce qu'on a appelé des cultes, à l'image du mouvement des Mau Mau au Kenya dans les années 1950[74].

L'année 1968 a été un moment clé dans la remise en cause de cette perspective d'étude des mouvements sociaux pour plusieurs raisons.

D'abord, cette année a vu se produire certaines des plus grandes mobilisations depuis l'entre-deux-guerres. Alors que dans les années 1930, les mobilisations se faisaient en faveur des partis de la droite extrême comme les fascistes et les nazis, les mobilisations de 1968 à Paris, Prague, Rome, Londres, Berlin et de nombreux autres endroits étaient le fait d'individus, de groupuscules ou de groupes de gauche. Il s'agissait des Maoïstes, des Trotskistes, des anarchistes ou encore des féministes.

La deuxième raison qui fait de l'année 1968 un moment clé vient du fait que ces manifestations ne se limitaient pas à l'Europe. Les villes et les campus nord-américains, y compris Mexico et d'autres villes en Amérique latine, étaient également profondément touchés par ces mobilisations.

Enfin, troisième raison, les mouvements de l'époque, comme le militantisme pour des droits civiques, le féminisme, l'écologie entre autres, ont eu un impact significatif sur la politique. Les institutions représentatives par exemple sont maintenant jugées sur la base de leur capacité à représenter les diverses composantes de la population, un résultat de la mobilisation des femmes pour leur inclusion dans les affaires publiques.

La problématique des rapports sociaux de sexes (nommés aussi les rapports de genre) est particulièrement intéressante à observer de ce point de vue. C'est là le résultat des mobilisations des mouvements de femmes comme le mouvement pour la parité en France, en Belgique, en Italie, en Inde et ailleurs[75]. Ces mouvements ont également mobilisé beaucoup de monde autour d'autres enjeux politiques comme la santé, le bien-être ou l'autonomie économique[76]. L'encadré ci-dessous illustre ce propos.

MOUVEMENTS SOCIAUX TRANSNATIONAUX POUR LA SANTÉ DES FEMMES

La situation qui prévaut en matière de santé reproductive des femmes, y compris des services de santé adéquats et la possibilité d'y avoir accès, est le résultat à la fois de politiques publiques — nationales et internationales — et de la mobilisation des mouvements sociaux. Les programmes de planification familiale ont été mis en œuvre aussi bien par des organisations internationales que par les États depuis les années 1950. Ils ont eu pour objectif la réduction de la fécondité et ont pris, parfois violemment, les femmes pour cibles. En réaction, les mouvements féministes, locaux puis transnationaux, ont défini des programmes de santé reproductive intégrés et de qualité et affirmé le droit des femmes à la propriété de leur corps. Leur victoire à la Conférence internationale sur la population et le développement, qui s'est tenue au Caire en 1994, a été réelle et a suscité de nouvelles politiques là où existaient des mouvements féministes et une conjoncture politique favorable. De nombreux mouvements ont lutté au niveau local pour la liberté de la procréation, de façon différente selon les contextes. Ainsi, aux États-Unis, en Inde ou au Bangladesh, ils se sont formés contre les stérilisations forcées et pour le droit à l'avortement. Aux Philippines, ils se sont créés en opposition à l'Église catholique, qui interdisait la contraception et l'avortement. Ces mouvements se sont fédérés en 1979 avec la création du *Global Network for Reproductive Rights*, puis se sont renforcés avec des mouvements transnationaux comme *International Women's Health Coalition, Isis international-Manila, Development for Women in a New Era* (DAWN), le Réseau de femmes du Sud, et le *Women and Development Organisation*. Les politiques anti-natalistes ont ainsi créé un nouvel acteur collectif, comme l'industrialisation a créé les syndicats au XIXe siècle.

Source : Arlette Gautier, « Les politiques de planification familiale dans les pays en développement : du malthusianisme au féminisme ? », *Lien social et Politiques*, n° 47, 2002, p. 67-84.

Les mouvements féministes ont également contribué à repenser le développement. Si dans les années 1950 et 1960, on confondait développement et industrialisation et s'il appartenait aux partis et aux syndicats de représenter les travailleurs, les féministes, de même que les écologistes, ont travaillé pour apporter une contribution décisive sur ce plan et constituent des piliers des mouvements antimondialisation. On l'a vu notamment avec la Marche mondiale des femmes en 2000.

Compte tenu de l'importance de l'impact de ces mouvements sur la politique et pour le débat universitaire, les comparatistes sont obligés de s'y intéresser, de prendre la mesure de leur rôle en politique, dans les mécanismes de la représentation et en matière de participation politique[77]. De même, la politique comparée gagne à sortir de l'étude de la participation politique axée uniquement sur le vote ou sur les mouvements sociaux devenus aujourd'hui des composantes stables de la politique.

LES MOUVEMENTS FÉMINISTES ET LA MARCHE MONDIALE DES FEMMES EN 2000

La marche mondiale des femmes en 2000 était une innovation. C'était la première fois que les mouvements féministes de plus de 150 pays se mobilisaient autour de certaines revendications sociales en vue de combattre la pauvreté et la violence, et en s'adressant aussi bien à leurs États qu'à la communauté internationale. Ils avaient une stratégie de mobilisation commune. Pour ne prendre que quelques exemples, la Marche mondiale des femmes a rassemblé 10 000 manifestants à Paris le 17 juin 2000, autant au Burkina Faso le 6 mai, 30 000 à Bruxelles et à Montréal le 14 octobre, 20 000 à Porto Alegre (Brésil) et 50 000 à Calcutta le 8 mars, alors que près de 150 000 personnes au total défilaient en Inde. En outre, 4,7 millions de cartes d'appui ont été signées et l'assemblée des Nations unies a reçu le 17 octobre 2000 une délégation de deux cents représentantes, toutes nationalités confondues. Cependant, avec une base aussi large, le consensus ne pouvait porter que sur des sujets limités. En effet, l'alliance comprenait par exemple des femmes opposées à l'avortement pour des motifs religieux. Toutefois, en dépit de ses limites, cette marche a été une instance d'action collective, un vrai projet de solidarité transnationale qui a fait entrer les mouvements féministes dans la société civile internationale en construction.

Source : Isabelle Giraud, « La transnationalisation des solidarités : l'exemple de la marche mondiale des femmes », *Lien social et Politiques*, n° 45, 2001, p. 145-160.

Les modes populaires d'action politique et le « politique par le bas »

Ceci est d'autant nécessaire que parallèlement à l'émergence de ces mouvements qui ont remodelé l'approche de la participation dans les démocraties, de nombreux auteurs ont essayé durant les années 1980, de repérer les formes de participation politique dans les systèmes autoritaires. En étudiant les comportements politiques dans des sociétés non occidentales et non démocratiques, ou en analysant des types de comportements similaires à ceux existant dans des sociétés démocratiques, mais n'empruntant pas les canaux traditionnels, les chercheurs ont mis en lumière des phénomènes qui, sans s'inscrire dans ce schéma classique du vote, ne sont pas moins des formes de participation politique. Denis-Constant Martin[78] a même appelé à s'intéresser aux objets politiques non identifiés (OPNI), appel qui montre bien la négligence de ces phénomènes par les politologues que P. Perrineau et N. Meyer évoquaient.

Des études sur le « politique par le bas » ou sur « la dérision politique » en Afrique sont lancées dès le début des années 1980 par des auteurs comme Jean-François Bayart, Achille Mbembé et Comi Toulabor[79]. Ces auteurs s'intéressaient aux modes populaires d'action politique. Ils cherchaient à montrer comment, privés des canaux traditionnels de participation politique comme le vote et les manifestations publiques, les sociétés africaines développaient des formes de contestation. Elles ont recours par exemple à la dérision à l'égard du chef, à des chansons populaires fustigeant les pouvoirs, à des résistances à travers l'art… D'autres auteurs, toujours curieux de comprendre l'autonomie de la société civile dans ces contextes autoritaires, ont mis en exergue un ensemble de moyens mis en œuvre par la société pour s'exprimer. Goran Hyden[80] a montré comment la paysannerie refuse de « se laisser capturer » par le pouvoir au Kenya et Naomi Chazan[81] a montré une diversité de stratégies mises en œuvre par la société pour s'aménager des espaces de participation, y compris en participant à une économie informelle qui côtoie l'économie officielle et vide la politique des gouvernants de beaucoup de son contenu. On le voit, la politique comparée s'est enrichie en allant au-delà de la simple étude de la participation politique centrée sur le vote.

NOTES

1. Max Weber, *Le savant et le politique*, Paris, Plon, 1963, p. 164-170.
2. Ce regroupement a été lancé en partie par Tony Blair et Gerhard Schröder, avec leur ouvrage intitulé *Europe: The Third Way*, publié en 1999 (adresse Web : <http://www.labour.org.uk>). Le caractère très large (voire hétéroclite) et informel de ce regroupement le distingue de l'Internationale socialiste, l'organisation mondiale des partis sociaux-démocrates, socialistes et travaillistes. Celle-ci rassemble actuellement 141 partis et organisations politiques de tous les continents dont le Parti libéral du Canada, le Nouveau parti démocratique (NPD) du Canada, le Parti socialiste français et les partis socialistes belges. Voir <www.socialistinternational.org>.
3. Joseph Lapalombara et Myron Weiner, « The Origin and Development of Political Parties », dans J. Lapalombara et M. Weiner (dir.), *Political Parties and Political Development*, Princeton, Princeton University Press, 1966, p. 6.

4. Pour une revue récente des enjeux qu'implique une telle typologie, voir Peter Mair, «Party Systems and Structures of Competition», dans Lawrence LeDuc, Richard G. Niemi et Pippa Norris (dir.), *Comparing Democracies: Elections and Voting in Global Perspective*, Thousand Oaks (CA), Sage, 1996.

5. Pascal Delwit, Jean-Michel De Waele et Paul Magnette, *Gouverner la Belgique: clivages et compromis dans une société complexe*, Paris, PUF, 1999.

6. Yves Mény, *Les politiques du mimétisme institutionnel: la greffe ou le rejet?*, Paris, L'Harmattan, 1993.

7. Thomas Hodgkin, *African Political Parties: An Introductory Guide*, Harmondsworth, Penguin Book, 1961, cité par Jean Charlot, *Les partis politiques*, Paris, Armand Colin, 1971, p. 212-213.

8. Maurice Duverger, *Les partis politiques*, Paris, Armand Colin, 1951.

9. Samuel Eldersveld, *Political Parties: A Behavioral Analysis*, Chicago, Rand McNally, 1964, p. 526-527.

10. Otto Kirschheimer, «The Transformation of the Western European Party Systems», dans J. Lapalombara et M. Weiner (dir.), 1966, p. 177-200.

11. Herbert Kitschelt en collaboration avec Anthony J. McGann, *The Radical Right in Western Europe: A Comparative Analysis*, Ann Arbor (MI), University of Michigan Press, 1996.

12. Larry Diamond et Richard Gunther (dir.), *Political Parties and Democracy*, Baltimore, Johns Hopkins University Press, 2001, page couverture.

13. Jean-Marie Denquin, *Science politique*, Paris, PUF, 1996, p. 356-365.

14. *Ibid.*, p. 356-357.

15. *Ibid.*, p. 361.

16. *Ibid.*, p. 362-363.

17. Pour une critique de cette approche, voir Janine Brodie et Jane Jenson, «Piercing the Smokescreen: Stability and Change in Brokerage Politics», dans Brian Tanguay et Alain-G. Gagnon (dir.), *Canadian Parties in Transition*, Toronto, Nelson, 1996, p. 52-72.

18. «Dans toutes les démocraties modernes, les partis politiques sont chargés d'exprimer une situation de conflit entre les *différents* groupes, donnant ainsi à la lutte de classe sa forme démocratique» dans Seymour Martin Lipset, *L'Homme et la politique*, Paris, Éditions Seuil, 1963, p. 243.

19. Georges Lavau, *À quoi sert le Parti communiste français?*, Paris, Fayard, 1981.

20. Larry Diamond et Richard Gunther (dir.), *Political Parties and Democracy*, Baltimore, The Johns Hopkins University Press, 2001, p. xv.

21. Cité dans Susan J. Pharr, Robert D. Putnam et Russel J. Dalton, «A Quarter Century of Declining Confidence», *Journal of Democracy*, vol. 11, n° 2, avril 2000, p. 5.

22. *Ibid.*, p. 8.

23. *Ibid.*, p. 9.

24. *Ibid.*, p. 22.

25. Voir, par exemple, L. Diamond et R. Gunther (dir.), 2001, p. x.

26. Daniel-Louis Seiler, *Les partis politiques*, Paris, Armand Colin, 1993, p. 33 et p. 119.

27. Seymour Martin Lipset et Stein Rokkan, «Cleavage Structures, Party Systems, and Voter Alignment: An Introduction», dans S. M. Lipset et S. Rokkan (dir.), *Party Systems and Voter Alignment*, New York, The Free Press, 1967, p. 50.

28. S. M. Lipset et S. Rokkan, 1967, p. 47.

29. Werner Sombart, *Pourquoi le socialisme n'existe-t-il pas aux États-Unis?*, Paris, PUF, 1992.

30. S. M. Lipset, *Agrarian Socialism*, Berkeley, University of California Press, 1959.

31. J. Brodie et J. Jenson, *Crisis Challenge and Change: Party and Class in Canada*, Ottawa, Carleton University Press, 1988.

32. Cité dans R. J. Dalton, « Political Cleavages, Issues, and Electoral Change », dans L. Diamond et R. Gunther (dir.), 2001, p. 322.

33. R. J. Dalton, dans L. Diamond et R. Gunther (dir.), 2001, p. 321.

34. H. Kitschelt, « Divergent Paths of Postcommunist Democracies », dans L. Diamond et R. Gunther (dir.), 2001.

35. Armelle LeBras-Chopard, Janine Mossuz-Lavau (dir.), *Les femmes et la politique*, Paris, L'Harmattan, 1997.

36. Stefano Bartolini et Peter Mair, « Challenges to Contemporary Political Parties », dans L. Diamond et R. Gunther (dir.), 2001, p. 336 et suivantes.

37. Michael Coppedge, « Political Darwinism in Latin America's Lost Decade », dans L. Diamond et R. Gunther (dir.), 2001, p. 174-175.

38. *Ibid.*, p. 197-199.

39. Richard Gunther et Nikiforos Diamandouros, « Conclusion », dans R. Gunther et N. Diamandouros (dir.), *Parties, Politics, and Democracy in the New Southern Europe*, Baltimore, Johns Hopkins University Press, 2001, p. 389-390.

40. Giovanni Sartori, dans son *Parties and Party Systems: A Framework for Analysis*, Cambridge, Cambridge University Press, 1976, donne une autre version de ce type d'arguments.

41. L'Italie a renoué avec un système partisan démocratique (après la restauration de 1945) que l'on considérait comme « gelé ». Au sujet de ce « gel » et de ce « dégel », voir Giacomo Sani et Paolo Segatti, « Antiparty Politics and the Restructuring of the Italian Party System », dans R. Gunther et N. Diamandouros (dir.), 2001, p. 153-182.

42. R. Gunther et N. Diamandouros, « Conclusion », dans R. Gunther et N. Diamandouros (dir.), 2001, p. 393.

43. Gianfranco Pasquino, « The New Campaign Politics in Southern Europe », dans R. Gunther et N. Diamandouros (dir.), 2001, p. 183-223.

44. Le Kuomintang avait coupé ses liens avec l'Union Soviétique dans les années 1920.

45. Yun-Han Chu, « The Legacy of One-Party Hegemony in Taiwan », dans L. Diamond et R. Gunther (dir.), 2001, p. 294.

46. *Ibid.*, p. 294.

47. Vincent Lemieux, *Systèmes partisans et partis politiques*, Québec, Presses de l'Université du Québec, 1985, p. 3.

48. D.-L. Seiler, 1993, p. 121.

49. *Ibid.*, p. 127.

50. V. Lemieux, 1985, p. 81-89 ; D.-L. Seiler, 1993, p. 127-134.

51. J.-M. Denquin, 1996, p. 358-359.

52. Voir G. Sartori, « The Party Effects of Electoral Systems », dans L. Diamond et R. Gunther (dir.), 2001, p. 90. Il commence par rejeter la fausse acception courante qui voudrait qu'« aucune théorie faisant des systèmes électoraux les facteurs explicatifs du développement des systèmes de partis ne peut être soutenue ».

53. Pierre Martin, *Les systèmes électoraux et les modes de scrutin*, Paris, Montchrestien, 1997, 2ᵉ éd.

54. Jean-Marie Cotteret et Claude Emeri, *Les systèmes électoraux*, Paris, PUF, 1970, p. 45.

55. *Ibid.*, p. 47.

56. Synthèse d'après J.-M. Cotteret et C. Emeri, 1970, p. 58-67.

57. André-J. Bélanger et Vincent Lemieux, *Introduction à l'analyse politique*, Montréal, Presses de l'Université de Montréal, 1998, p. 187.

58. J.-M. Cotteret et C. Emeri, 1970, p. 75.

59. M. Duverger, 1951, p. 235 et p. 269-286.

60. J.-M. Denquin, 1996, p. 410.

61. Mark N. Franklin, « Electoral Participation », dans Lawrence LeDuc, Richard G. Niemi et Pippa Norris (dir.), *Comparing Democracies : Elections and Voting in Global Perspective*, Thousand Oaks, Californie, Sage Publications, 1996, p. 218.

62. *Ibid.*, p. 218.

63. *Ibid.*, p. 219 et suivantes. Pour une autre classification, voir Nonna Mayer et Pascal Perrineau, *Les comportements politiques*, Paris, Armand Colin, 1992.

64. P. Perrineau, *L'engagement politique : déclin ou mutation ?*, Paris, Presses de la FNSP, 1994.

65. Philippe Bataille et Françoise Gaspard, *Comment les femmes changent la politique et pourquoi les hommes résistent*, Paris, La Découverte, 1999.

66. L'hypothèse classique sur ce changement a été émise dans l'ouvrage de Ronald Inglehart, *Silent Revolution : Changing Values and Political Styles Among Western Publics*, Ann Arbor, University of Michigan Press, 1977.

67. R. J. Dalton, « Political Cleavages, Issues, and Electoral Change », dans L. LeDuc, R. G. Niemi et P. Norris (dir.), 1996, p. 319-321. Pierre Martin, *Comprendre les évolutions électorales : la théorie des réalignements revisitée*, Paris, Presses de Sciences Po, 2000.

68. N. Mayer et P. Perrineau (dir.), *Le Front national à découvert*, Paris, Presses de Sciences Po, 1996.

69. N. Mayer, « Que reste-t-il du vote de classe ? Le cas français », *Lien social et Politiques*, nᵒ 49, printemps 2003, p. 101-111 et N. Mayer, *Ces Français qui votent Le Pen*, Paris, Flammarion, 2002.

70. S. Bartolini et P. Mair, *Identity, Competition, and Electoral Availability : The Stabilization of European Electorates, 1885-1985*, Cambridge, Cambridge University Press, 1990, chapitre 4.

71. N. Mayer et P. Perrineau, *Les comportements politiques*, Paris, Armand Colin, 1992, p. 112.

72. Olivier Fillieule et Cécile Péchu, *Lutter ensemble : les théories de l'action collective*, Paris, L'Harmattan, 1993 et Erik Neveu, *Sociologie des mouvements sociaux*, Paris, La Découverte, 2002.

73. Donatella della Porta et Mario Diani, *Social Movements : An Introduction*, Oxford, Blackwell, 1999, p. 1.

74. N. Mayer et P. Perrineau présentent cette littérature. Voir N. Mayer et P. Perrineau, 1992, p. 113-119.

75. Bérengère Marques-Pereira, « Quotas ou parité. Enjeux et argumentation », *Recherches féministes*, 12, 1, 1999, p. 103-122.

76. Jacques Commaille, *Les stratégies des femmes. Travail, famille et politique*, Paris, La Découverte, 1992.
77. Pierre Favre *et al.*, « La fin d'une étrange lacune de la sociologie des mobilisations. L'étude par sondage des manifestants : fondements théoriques et solutions techniques », *Revue française de science politique*, vol. 47, n° 1, 1997, p. 3-28.
78. Denis-Constant Martin, *Sur la piste des OPNI (Objets politiques non identifiés)*, Paris, Karthala, 2002. Voir aussi *Les nouveaux langages du politique en Afrique orientale*, Paris, Karthala, 1998.
79. Voir le premier numéro de la revue *Politique africaine* intitulé *La politique en Afrique noire : le haut et le bas*, 1981. Voir aussi : Comi Toulabor, « Jeu de mots, jeu de vilains : lexique de la dérision politique au Togo », *Politique Africaine* n° 3, 1, 1981, p. 55-71 ; Achille Mbembé, *Afriques indociles : christianisme, pouvoir et État en société postcoloniale*, Paris, Karthala, 1988 ; Jean-François Bayart, Achille Mbembé et Comi Toulabor, *Le politique par le bas en Afrique noire : contributions à une problématique de la démocratie*, Paris, Karthala, 1992.
80. Goran Hyden, *Beyond Ujama in Tanzania : Underdevelopment and an Uncaptured Peasantry*, Berkeley et Los Angeles, University of California Press, 1980.
81. Naomi Chazan, « Patterns of State-Society Incorporation and Disengagement in Africa », dans Naomi Chazan et Donald Rothchild (dir.), *The Precarious Balance : State and Society in Africa*, Boulder, Westview Press, 1988, p. 121-148.

LA COMPARAISON DES PROCESSUS DE TRANSFORMATION POLITIQUE

Les penseurs s'intéressent aux processus de transformation politique depuis fort longtemps. L'étude de ces processus est antérieure à l'émergence de la politique comparée, voire de la science politique elle-même. Parmi les Anciens, l'angle sous lequel cette question a été abordée est celui de la corruption des systèmes politiques, c'est-à-dire les raisons pour lesquelles un système politique passe d'une forme « correcte » à une autre qui ne l'est pas. Platon est le premier, dans *La République*, à distinguer trois formes de constitutions ou régimes conformes à des règles spécifiques, mais qui sont susceptibles d'être déréglées et donc de se dénaturer. Lorsqu'elles sont déréglées, la monarchie se transforme en tyrannie, l'aristocratie en oligarchie et la démocratie en démocratie extrême.

Dans *Politique*, Aristote reprendra cette démarche pour distinguer entre les formes justes et les formes injustes de systèmes politiques. Il démontre qu'indépendamment de leurs formes respectives, chaque système (monarchie, aristocratie, polithéia) est juste pour autant qu'il poursuit *l'utilité publique* (ou l'intérêt général). Il ne s'agissait pas simplement pour Aristote de classer les systèmes politiques (voir chapitre 1), mais aussi de comprendre les raisons pour lesquelles ceux-ci dégénèrent. Pour lui, c'est quand ces formes cessent de poursuivre l'intérêt général qu'elles se corrompent et se transforment respectivement en tyrannie, en oligarchie ou en démocratie extrême.

Montesquieu, à qui l'on doit le principe de la séparation des pouvoirs, a une réflexion très proche d'Aristote, qui l'a d'ailleurs beaucoup influencé. Contrairement à Aristote cependant, Montesquieu considère que chaque système a son principe propre. La corruption de chaque système est causée par l'abandon ou l'ignorance de ce principe : l'honneur pour la monarchie, la modération pour l'aristocratie, le sacrifice et l'intérêt public pour la République[1].

Dans la science politique contemporaine, les phénomènes de transformation politique auxquels les comparatistes s'intéressent se sont considérablement diversifiés. En effet, les chercheurs étudient, entre autres, les conditions de la stabilisation et de la déstabilisation des systèmes politiques en général, les processus révolutionnaires, le passage d'un système politique à un autre, telle la démocratisation, le passage d'un régime politique à un autre à l'intérieur du même système, la transformation des comportements politiques ou encore les politiques publiques et les mutations de l'État providence. Cette diversité impose que l'on procède à un arbitrage en choisissant de traiter de certains aspects et d'en ignorer d'autres. Nous nous concentrons ici sur trois thématiques : le développement politique, qui a occupé les comparatistes des années 1950 et 1960, la démocratisation, qui est devenue un des objets phares de la politique comparée depuis une vingtaine d'années et l'État providence, qui donne lieu à certains des travaux les plus novateurs en politique comparée.

LE DÉVELOPPEMENT : UN CONCEPT TOUJOURS CONTROVERSÉ

Contrairement aux auteurs classiques grecs qui exprimaient la crainte que le changement mène à la corruption ou à la dégénérescence du système politique, les auteurs contemporains abordent souvent la question du changement de manière très positive. Ils l'appréhendent comme une source de progrès et d'amélioration des conditions de vie. Ces idées sont à la base de toute la pensée sur le développement lui-même, un principe fondateur de la pensée occidentale moderne. À partir du xxᵉ siècle, la croyance que le mode de vie de la population aux États-Unis et dans certains pays d'Europe occidentale représentait le summum de la civilisation s'est fermement ancrée chez les penseurs.

Bertrand Badie estime que l'approche développementaliste « tirait l'essentiel de sa force de toute une tradition philosophique et scientifique liée à la métaphore de la croissance et du progrès continu »[2]. Ainsi, les travaux d'Auguste Comte, d'Émile Durkheim, de Ferdinand Tönnies ou de Karl Marx « portent la notion d'origine et de fin, de réalisation progressive et d'étape »[3]. Selon B. Badie :

> Ces théories n'ont pas seulement en commun de se poser les mêmes questions, de s'interroger sur le « devenir du monde ». Leurs réponses recèlent aussi des éléments de similitude, qui fondent l'identité de la théorie développementaliste. Toutes ces constructions postulent en effet l'existence de mécanismes internes de changement auxquels obéissent nécessairement toutes les sociétés, quelle que soit leur situation dans l'espace et dans le temps, et qui aboutissent à la réalisation d'un modèle donné, déjà présent en germes en tous points du globe[4].

Alors que l'attente naïve d'une voie universelle et unique vers le développement n'est plus autant prégnante qu'avant, « l'idée du développement » a occupé nombre de personnes à travers le monde des années 1940 aux années 1960, y compris les dirigeants de nombreux pays qui sortaient du colonialisme[5]. Cette idée a émergé en réponse à la crise des empires coloniaux, notamment ceux de la Grande-Bretagne et de la France. Dans les années 1940, il était déjà évident qu'ils ne généraient pas dans les colonies le bien-être que les théories sur les échanges commerciaux et la colonisation avaient prédit. Les mouvements en faveur de l'indépendance, les militants syndicaux, les mouvements nationalistes et, plus généralement, la remise en cause du colonialisme se sont exacerbés durant toute la décennie, menant au début de vastes expériences de décolonisation durant les années 1950 et 1960.

La question qui s'est alors posée était la suivante : comment s'assurer que ces nouveaux pays, appartenant pour la plupart au Tiers-Monde, réussissent leurs processus de développement ? Comment s'assurer, dans un contexte marqué par l'intensification de la guerre froide, qu'ils ne tombent entre les mains d'extrémistes que l'on pensait sous influence soviétique ? Cette préoccupation de trouver un processus de modernisation qui aiderait à prévenir une montée du communisme transparaît dans les travaux de W. W. Rostow, par exemple, tout comme elle nourrit les travaux de S. M. Lipset. Mais la crainte ne se limitait pas au milieu académique. L'encadré suivant donne un aperçu de l'état d'esprit de l'Office colonial britannique à propos du développement et de la stabilité politique.

L'OFFICE COLONIAL BRITANNIQUE ET LA TRANSITION VERS L'INDÉPENDANCE DE LA GOLD COAST (ACTUEL GHANA)

Dans le milieu des années 1950, l'Office colonial britannique préparait la Gold Coast (aujourd'hui le Ghana) à accéder à l'indépendance. Au départ méfiant à l'égard de Kwamé Nkrumah, le leader du Conventional People's Party, il a finalement dû reconnaître en lui le seul leader doté d'une autorité politique suffisante pour diriger le nouvel État. La discussion sur la nouvelle constitution révèle clairement les liens que l'on faisait à l'époque entre, d'une part, le développement économique et social, et de l'autre, la démocratie et la stabilité politique.

Un haut fonctionnaire a écrit à l'époque que :

« D'un point de vue politique, l'objet de la nouvelle constitution est de créer un contexte dans lequel des représentants africains et des officiels européens pourraient coopérer au processus de développement économique, social et politique. Mais le développement ne se faisant pas, un des objectifs majeurs de la constitution n'a pas été atteint. Mieux encore, une fois qu'un gouvernement africain stable est en place, il est essentiel que le gouvernement soit capable de produire des résultats dans les domaines du développement économique et social. Autrement, il est condamné à décevoir le peuple et court le risque [...] de voir arriver au pouvoir des extrémistes irresponsables[6]. »

Ainsi, le développement a été un des sujets les plus débattus, non seulement en science politique, mais aussi dans les autres sciences sociales. Il a donné naissance, après la Seconde Guerre mondiale, à la création de nombreuses agences internationales impliquées dans la promotion du développement. On pense entre autres au Programme des Nations unies pour le développement (PNUD), à la Banque mondiale et au Fonds monétaire international (FMI). Des agences publiques de développement ont été créées dans la plupart des pays occidentaux, comme l'Agence canadienne pour le développement international (ACDI) au Canada, ainsi que de nombreuses organisations non gouvernementales telle que Oxfam. Comme l'ont noté Frederick Cooper et Randall Packard :

À travers les modes qui passent depuis les années 1940, il est possible de discerner une grande [...] série de présupposés opératoires qui sont considérés comme constituant l'orthodoxie du développement : on considère que l'aide et l'investissement extérieurs sur des bases favorables, le transfert du savoir et des techniques de production, les politiques en faveur de l'éducation et de la santé ainsi que la planification économique rendraient les pays pauvres capables de devenir des économies de marché normales[7].

Les gouvernements nationaux désireux de fournir de l'aide au développement, qu'ils soient ceux d'empires coloniaux, des États-Unis ou de pays plus petits, se sont rapidement tournés après la Seconde Guerre mondiale vers la question du développement international, notamment celui des pays dits en voie de développement ou du Tiers-Monde.

L'encadré qui suit donne un aperçu de faits marquants en matière de développement.

QUELQUES DATES CLÉS APRÈS 1945 DANS LE DOMAINE DU DÉVELOPPEMENT

1944 Création de la Banque mondiale.

1945 Création de l'Organisation des Nations unies pour l'alimentation et l'agriculture.
Création du Fond monétaire international (FMI).

1947 Indépendance de l'Union indienne.

1948 Création par les Nations unies de la Commission économique pour l'Amérique latine (CEPAL).

1949 Création du Programme des Nations unies pour le développement (PNUD).

1952 Succès de la révolution nationale égyptienne. Arrivée au pouvoir de Gamal Abdel Nasser (1918-1970) qui sera un des leaders du mouvement des pays non alignés.

1949 Le président Harry Truman annonce que les États-Unis mettraient leur savoir au service du développement des nations défavorisées pour les aider à réaliser leurs ambitions.

1952 L'expression Tiers-Monde est utilisée pour la première fois par Alfred Sauvy en 1952, paraphrasant les propos de l'abbé Sieyès, en 1789 : « car enfin ce Tiers-Monde ignoré, exploité, méprisé comme le Tiers-État, veut lui aussi être quelque chose »[8].

1954 Le conseil de la recherche en sciences sociales met sur pied, à New York, un comité en politique comparée. La première publication du comité, *The Politics of Developing Areas* (1960), dirigée par Gabriel

Almond et James E. Coleman, est consacrée au développement politique.

Guerre d'Algérie.

Traité de paix en Indochine.

1955 Conférence afro-asiatique de Bandung en Indonésie au cours de laquelle des leaders d'Afrique et d'Asie essayent de promouvoir une nouvelle approche du développement et admettent que l'État a un rôle moteur dans cette approche[9]. Parmi les participants, figurant entre autres, Gamal Abdel Nasser (Égypte), Achmed Soekarno (Indonésie), Kwame Nkrumah (Ghana), Modibo Keita (Mali) et Zhou Enlai (Chine).

1956 Indépendance du Maroc et de la Tunisie.

1957 Indépendance de la Gold Coast (Ghana). C'est la première colonie Britannique à accéder à l'indépendance en Afrique.

Pris ces dernières années dans le débat entourant le développementalisme, puis dans son rejet, les pays du Nord ont redéfini leurs missions. Néanmoins, ils continuent de poursuivre les mêmes objectifs : la croissance économique et la démocratie.

Les sources du développementalisme aux États-Unis et son apport au comparatisme

Compte tenu de toute cette activité en matière de politique nationale comme internationale, et dans la mesure où les États-Unis, la Grande-Bretagne et la France ont joué un rôle important dans le développement international après 1945, il n'est pas surprenant que le champ de la politique comparée se soit transformé au cours de cette période, en grande partie grâce à ceux qui essayaient de comprendre les conditions permettant de promouvoir le développement. Alors que l'attention portée aux conditions permettant aux pays du Tiers-Monde d'améliorer leur niveau de revenu, de promouvoir la santé et d'assurer leur sécurité, entre autres, continue d'être à la base de nombreuses recherches en sciences sociales, « l'orthodoxie développementaliste » n'a cessé d'être largement critiquée depuis les années 1960.

C'est ainsi que les approches développementalistes n'inspirent pratiquement plus de recherches. Comme l'a bien noté un des fondateurs du développementalisme, la plupart des travaux faits à partir de cette approche ont été publiés entre 1964 et 1970-1971, époque correspondant à l'apogée de ce mouvement[10]. Malgré tout, il faut les passer en revue parce que ces démarches sont associées aux travaux de toute une génération de chercheurs américains — la génération des années 1950 — qui nous ont fait passer de la comparaison des institutions (*comparative government*) à ce qu'ils ont dénommé « la politique comparée ». Les plus connus de ses promoteurs sont entre autres Gabriel Almond, Harry Eckstein, Sydney Verba, David Apter, James Coleman, Lucian Pye, Karl Deutsch, Daniel Lerner, Samuel Huntington, S. M. Lipset[11]. Ce sont là les comparatistes qui ont aidé à transformer les analyses basées sur l'idée de « changement » en théories du « développement » et ont fait de la « modernisation » un concept clé des sciences sociales américaines. Dans sa variante américaine, la théorie de la modernisation a tendance à établir des dichotomies entre la « tradition » et la « modernité » et à présenter la modernisation en termes téléologiques, c'est-à-dire en se concentrant principalement sur la finalité que ses adeptes lui assignent.

Pour ces chercheurs, la modernisation comprend une série de changements simultanés : de l'économie de subsistance à l'économie de marché, de la culture politique de sujétion à la culture de participation, de la famille élargie à la famille nucléaire, d'un système marqué par le religieux à un système sécularisé[12]. Ces dichotomies ont traversé la politique comparée des années 1950 et 1960. Ses praticiens essayaient alors de comprendre comment le développement politique, assimilé à la démocratie américaine, se produirait dans d'autres pays.

C'est au milieu des années 1950 que le *Social Science Research Council* (SSRC, aux États-Unis) a lancé un vaste programme de recherche sur la question du développement politique[13]. L'intérêt pour cette question a été suscité par les bouleversements politiques survenus sur la scène internationale après la Seconde Guerre mondiale. Ces situations empiriques ont aiguisé la curiosité comparative chez nombre de chercheurs. Mais d'un point de vue théorique, les sources d'inspiration des développementalistes se trouvent pour l'essentiel dans la tradition philosophique du changement qui a longtemps structuré la sociologie et l'économie politique, en particulier leurs façons de penser la transition « de la tradition à la modernité » et la transition à la société industrielle.

Dans la science politique américaine, le développementalisme a été influencé par les économistes de l'époque. Ils croyaient fermement que l'expansion de l'industrialisation au reste du monde pourrait servir de rampe de lancement au développement économique et à son corollaire, la démocratie.

L'idée de développement s'est rapidement imposée. Ceci découle du fait que les auteurs ont analysé les pays du Tiers-Monde, surtout les nouveaux, sur la base de la construction de l'État et de la nation, du progrès et de la croissance, ainsi que de la modernisation et de la démocratisation. En bref, les pays non occidentaux étaient considérés comme aspirant à emprunter la même voie qui avait conduit l'Occident à l'industrialisation et à la démocratie. C'est de là que provient le concept de « pays en voie de développement ».

Jusqu'alors, les régions extraoccidentales avaient été considérées comme des lieux exotiques, « d'excursion » ou au mieux, ne pouvant intéresser que les anthropologues. Ce traitement particulier a cédé la place, au fil des travaux, à l'idée qu'en fait ces lieux différaient des régions occidentales non pas par leur nature, mais plus simplement par leur plus faible niveau de développement économique et par le caractère moins différencié et moins complexe de leurs structures politiques.

Dans cette vision développementaliste, les modèles économiques d'après 1945 ont pris une ampleur considérable. Parmi les plus influents, nous retrouvons le modèle de croissance économique en cinq étapes proposé par W. W. Rostow. Celui-ci distingue *la société traditionnelle, les conditions préalables au décollage, le décollage, la marche vers la maturité et l'ère de la consommation de masse*. Dans ce modèle, relève Bertrand Badie, chaque stade correspond à un niveau progressivement plus important de développement politique, le dernier stade correspondant à l'état des démocraties développées auquel les pays du Tiers-Monde, situés généralement au deuxième stade, aspirent[14].

L'influence d'une telle pensée se voit notamment dans les travaux basés sur l'étude des conditions économiques et sociales préalables au passage à la démocratie que l'on trouve dans les travaux des années 1950, tel l'article classique de S. M. Lipset[15]. On parle de « conditions préalables à la démocratie », car dans cet article célèbre, annonciateur de son livre *L'Homme et la politique*, S. M. Lipset cherchait à établir une forte corrélation entre le niveau de développement économique d'un pays, mesuré par exemple à partir du PNB par habitant, et les possibilités de démocratisation ainsi que la stabilité démocratique.

L'idée de *développement politique* est très vite apparue comme une concurrente « moins économiciste »[16] de cette conception des choses. Ce concept, également influencé par la notion de modernisation, implique un processus systémique de transformation par lequel, globalement, les sociétés passent du modèle traditionnel au modèle moderne[17]. Pour ceux qui étudiaient la modernisation et qui partageaient l'ethnocentrisme ayant cours à l'époque et qui considéraient la civilisation occidentale comme le modèle à atteindre (voir aussi le chapitre 2), la modernisation signifiait qu'il fallait mimer les États-Unis ou la Grande-Bretagne. C'est ainsi que pour Lucian Pye, un des fondateurs des études sur la modernisation, il s'agit de s'intéresser « plus précisément à la question des conditions dans lesquelles un système politique acquiert une capacité accrue à conduire les affaires publiques, à régler des conflits, à satisfaire les demandes populaires[18] ».

Plusieurs indicateurs ont été utilisés pour mesurer le niveau de développement politique. On note le degré de différentiation structurelle (peu de structures politiques dans les sociétés archaïques et leur multiplication dans les sociétés modernes) et la sécularisation culturelle (tendance à la rationalité, dissociation entre vie politique, tradition et religion caractérisant les systèmes modernes). Mais c'était la question des capacités du système qui était l'indicateur déterminant de son niveau de développement. La définition des éléments définissant ces capacités change selon les auteurs, mais globalement, il s'agit de savoir si le système est capable d'innover et de s'adapter à de nouveaux défis, s'il dispose d'un appareil administratif capable de mobiliser des ressources et de contrôler l'espace, et finalement, s'il est capable d'assurer sa propre reproduction à travers le temps. Nous retrouvons ici les notions de l'État moderne et surtout de l'État wébérien.

Le constat de base de ces chercheurs était que le développement dans le Tiers-Monde ne dépendait pas uniquement des politiques économiques, mais aussi d'institutions politiques à même de mobiliser les ressources humaines et matérielles, d'où l'idée que les variables politiques étaient aussi importantes pour comprendre le phénomène que les variables économiques. Les travaux se sont alors centrés sur la recherche de corrélations, sinon de relations de causalité, entre certaines variables politiques et le développement. Cela a donné lieu à des travaux sur la communication et le développement, la mobilisation sociale et le développement, l'administration et le développement, l'éducation et le développement, la culture et le développement, et ainsi de suite[19].

L'enthousiasme qui caractérisait les recherches durant cette période a conduit à une croyance forte dans le devenir des pays du Tiers-Monde. Le développement était alors conçu comme allant de soi, puisqu'il était supposément inscrit dans le code génétique de chaque société. Cependant, les pays n'ont pas suivi le schéma tracé par la théorie et cela est apparu dès le milieu des années 1960. Les critiques mettant à nu le caractère naïf des notions de développementalisme et de modernisation ont alors commencé à affluer rapidement. D'autres types de changements et de dynamiques étaient en effet en train de se mettre en place.

Le déclin du développementalisme et quelques solutions de rechange

Au milieu des années 1960, des voix discordantes commencèrent à se faire entendre, notamment dans les milieux universitaires d'Amérique latine. C'est à partir de leur critique du développementalisme qu'ils ont forgé la théorie de la dépendance. Ils considéraient en effet la théorie développementaliste comme étant une idéologie impérialiste qui absolvait le capitalisme de sa responsabilité dans le sous-développement du Tiers-Monde et qui faisait l'apologie du néocolonialisme (voir également le chapitre 9). On retrouve parmi les grandes figures de ce mouvement André Gunder Frank, Fernando Enrique Cardoso, Samir Amin et Immanuel Wallerstein[20]. Cette théorie a une optique très différente de la perspective développementaliste. En effet, elle insiste non pas sur le développement ou la modernisation des pays du Sud (Amérique latine, Afrique), mais sur la manière dont le développement dans les pays « avancés » génère le sous-développement du Tiers-Monde. Comme l'écrivent André Gunder Frank sur l'Amérique latine et Samir Amin sur l'Afrique, le sous-développement au Sud est un produit direct du développement au Nord. La théorie du développement est donc trompeuse.

Mais encore, la critique du développementalisme vient aussi des développementalistes eux-mêmes. Ce changement de perspective s'est illustré à partir de la deuxième moitié des années 1960 par des titres

d'ouvrages et d'articles insistant cette fois sur la discontinuité, les ruptu-
res, les crises et les ratés de la modernisation.

Cette distance n'est pas étrangère aux chemins sinueux que la plupart
des nouveaux pays indépendants ont empruntés. Les difficultés économiques persistantes, les coups d'État et l'éloignement des perspectives
démocratiques et de l'industrialisation imaginées pour ces pays étaient
autant de faits qui démentaient la conception organiciste de la croissance
linéaire propre au développementalisme, amenant ainsi à une perte de
vitesse de cette théorie[21]. Ce démenti vaut surtout pour le modèle
fonctionnaliste de G. Almond, dont B. Badie dit qu'il « donne du développement politique, une image somme toute harmonieuse et rassurante
en l'assimilant à une transformation lente et continue affectant l'ensemble des sociétés[22] ». Cette vision épouse en effet les postulats d'ordre et de
linéarité qui, avec ceux d'évolution et d'immanence, fondent véritablement l'identité de cette théorie au-delà des différences de perspectives[23].
Le postulat d'immanence renvoie à l'idée que le développement est un
changement qui procède de la structure, de la substance ou de la nature
des sociétés. Avec les postulats d'évolution, de continuité et d'ordre, on
voit l'idée d'un progrès linéaire calquée sur la dynamique qui affecte les
organismes naturels.

Samuel P. Huntington est un de ceux qui (tout en restant dans le cadre
du développementalisme, mais en l'orientant vers une perspective plus
institutionnelle) ont mis en cause cette vision du développement. Parmi
les idées que S. P. Huntington oppose aux postulats d'ordre et de linéarité, deux marquent une vraie rupture. D'abord la critique de la continuité qui l'amène à dire, en se basant sur l'histoire de la Grèce antique ou
encore de l'Égypte pharaonique, que le développement n'est pas un phénomène linéaire, mais qu'il n'est qu'un des aspects d'un cycle de progrès
et de décadences. Ensuite, se prononçant contre le postulat d'immanence,
il avertit que le développement ne doit pas être confondu avec la modernisation économique, sociale ou culturelle[24].

Avant S. P. Huntington, d'autres auteurs avaient déjà commencé à
questionner l'harmonie et l'uniformité du processus de modernisation et
de développement en mettant en exergue des notions de crises et de pluralité des voies de modernisation. Dans le cadre du Committee on Comparative Politics, Leonard Binder publia en 1971, avec cinq autres membres
du comité, l'ouvrage *Crises and Sequences in Political Development*. Ces

auteurs poursuivent cette réflexion critique en introduisant l'idée de crise dans le schéma harmonieux du développementalisme. Ils analysent le développement sous l'angle de la capacité éventuelle d'un système politique à gérer cinq types de crises : crise de légitimité, crise d'identité, crise de participation, crise de pénétration et crise de distribution[25].

À partir des années 1970, en effet, l'enthousiasme pour le développementalisme s'est évanoui sous le poids de la critique du modèle. Ses concepts étaient destinés à rendre possibles des travaux de grande portée comparative, réunissant tout azimuts les pays socialistes, les démocraties avancées, les pays autoritaires et sous-développés, placés sur l'échelle du progrès. Dans les travaux de Gabriel Almond et Sydney Verba, par exemple, on voit globalement une explication du potentiel démocratique du Tiers-Monde mesuré à l'aune de la culture civique (démocratique) des pays avancés[26].

On ne peut faire abstraction ici des critiques formulées contre ce modèle, en raison entre autres de son ethnocentrisme, de son évolutionnisme et de ses prétentions à fournir des modèles universels[27]. Toutes ces critiques, mais aussi celles d'une nouvelle génération de chercheurs, ont sonné le glas du développementalisme à partir du début des années 1970. Plus sensibles aux variables institutionnelles ou aux variables stratégiques, ceux-ci vont à leur tour introduire une nouvelle révolution en soldant les comptes du behaviorisme et en faisant la promotion du nouvel institutionnalisme (voir chapitre 6).

LE CHANGEMENT DE SYSTÈME POLITIQUE : LA DÉMOCRATISATION

La problématique de la démocratisation est devenue une des préoccupations phares de la politique comparée depuis une vingtaine d'années, non seulement parce qu'il s'agit d'un objet d'étude fructueux, mais aussi en raison de l'hégémonie actuelle de l'« idée démocratique ». Nous sommes loin des premiers comparatistes qui voyaient la démocratie comme une forme corrompue de système politique. Si les classiques grecs et leurs disciples étaient sceptiques quant aux formes démocratiques, il n'en est pas de même dans le monde contemporain qui a fait de la démocratie la seule formule politique légitime. L'étude de la démocratisation est, de ce point de vue, une préoccupation aussi bien pratique que scientifique.

L'origine et les ambitions comparatives
des études sur la démocratisation

L'étude de la démocratisation porte sur la dynamique de passage d'un système politique à un autre. Plus spécifiquement, elle amène à s'interroger sur la manière par laquelle un système politique, auparavant autoritaire, se transforme pour se démocratiser éventuellement. Il s'agit d'une problématique qui est abordée depuis les balbutiements de la politique comparée moderne, à savoir depuis les années 1950. Les corrélations établies par S. M. Lipset entre le niveau de développement économique et les possibilités de démocratisation (voir plus haut) rentrent dans le cadre de ces questionnements. Il en est de même de Dankwart Rustow qui, en 1970, voulait proposer un modèle dynamique de la démocratisation en identifiant les points de convergence et de différence entre vagues et moments de la démocratisation[28]. C'est enfin le cas, à la fin des années 1970, de Juan Linz et Alfred Stepan qui voulaient proposer une théorie sur le renversement des systèmes démocratiques[29].

Les études plus récentes de la démocratisation renvoient au processus, plutôt qu'aux conditions préalables telles qu'elles sont analysées par S. M. Lipset, la démocratie étant le résultat de ce processus. Cependant, il est important de garder à l'esprit qu'il ne s'agit pas d'un cheminement linéaire. Une fois entamée, la démocratisation peut emprunter une pluralité de voies. Les auteurs pionniers des études sur cette thématique parlaient au départ de « sortie des autoritarismes[30] ». Dans leur perspective, l'instauration d'une démocratie est simplement une éventualité du processus de démocratisation parmi d'autres issues qui peuvent être le retour à un régime autoritaire, le pourrissement de la situation ou la confusion[31]. En ce sens, le déclenchement d'un processus de démocratisation ne préjuge en rien son aboutissement. Au contraire, il s'agit de situations fluctuantes car non seulement les différents acteurs sont engagés dans des rapports de force, mais les règles du jeu qui président à ces rapports sont peu définies. Ces situations ont amené nombre d'auteurs à considérer que la caractéristique essentielle de la démocratisation est l'existence d'un très grand degré d'incertitude[32].

L'intérêt actuel pour l'étude de la démocratisation est parti d'une série de transitions politiques en Europe méridionale au milieu des années 1970 et en Amérique latine dans les années 1980. Ce sont ces expériences qui ont déclenché ce qu'il est convenu maintenant d'appeler la troisième vague de démocratisation, c'est-à-dire celle qui est survenue après la vague qui a suivie les révolutions américaine et française et celle de l'après-Seconde Guerre mondiale[33]. L'expérience pionnière a été lancée par la « révolution des œillets » survenue au Portugal en 1974. Le dictateur Salazar venait de mourir, laissant à son successeur un système politique autoritaire et personnalisé, mais surtout la difficile gestion d'une guerre coloniale. L'armée portugaise était alors engagée dans une guerre contre les mouvements de guérilla œuvrant pour l'indépendance en Afrique lusophone. De jeunes officiers regroupés au sein du Mouvement des forces armées (MFA) ont alors décidé de prendre le pouvoir au Portugal et de mettre en œuvre le premier processus de démocratisation qui a ouvert la troisième vague. Cette expérience sera suivie de celle de l'Espagne en 1975 et, au début des années 1980, d'une série de transitions démocratiques en Amérique latine, notamment en Argentine et au Brésil.

Ces expériences naissant dans des espaces différents, mais portées par une même vague, ont aiguisé la curiosité des comparatistes qui ont essayé de comprendre les similarités et les différences de ces dynamiques politiques au milieu des années 1980. Parmi ces travaux, ceux de Guillermo O'Donnell, Philip Schmitter et Lawrence Whitehead, qui ont abouti en 1986 à la publication des quatre volumes réunis sous le titre *Transitions from Authoritarian Rule,* sont systématiques. Ils réunissaient des auteurs autour d'un projet comparatif portant sur l'ensemble des pays d'Europe méridionale et d'Amérique latine ayant connu ce phénomène de transition[34].

C'est le point de départ des études sur la démocratisation, une appellation qui recouvre deux champs de recherche relativement différents : la *transitologie*, qui s'occupe du changement de la nature des régimes politiques (essentiellement la sortie des autoritarismes) et la *consolidologie* qui s'occupe, elle, du degré d'institutionnalisation des règles définissant ces régimes, à savoir la consolidation des régimes issus de la transition[35].

La constitution de ces deux traditions, qui offrent des théories, des modèles et des concepts d'analyse de la démocratisation, a permis d'élargir considérablement le champ de la comparaison. Cependant, non seulement ces expériences de transformation politique ont lieu dans des contextes relativement différents et se déroulent à un rythme variable, mais par ailleurs, les facteurs qui jouent pour ou contre la démocratisation diffèrent selon les contextes et les périodes. Pour toutes ces raisons, sur la question de savoir si l'on peut étudier les expériences différentes à partir des mêmes outils, les auteurs sont d'accord pour dégager des dénominateurs communs et des points sur lesquels les travaux doivent procéder région par région, voire au cas par cas[36].

En ce qui a trait aux points de consensus, on peut en citer deux : d'abord, l'idée qu'à présent, la démocratisation peut survenir dans tous les types de contextes ; ensuite, l'idée qu'il faut adopter une définition minimaliste de la démocratie, par opposition à la définition substantielle. Le premier point constitue une inversion de perspective d'analyse par rapport à la littérature antérieure à 1986, qui adoptait une perspective structurelle et liait l'apparition de la démocratie à l'atteinte d'un certain niveau de développement économique.

Le second point a des conséquences importantes et n'est pas sans lien avec le premier en ce sens que les auteurs s'éloignent aussi bien des doctrines classiques de la démocratie que de la perspective économiciste. Dans un premier cas, la démocratie est fondée sur les idées de bien commun et de volonté générale (le pouvoir du peuple, par le peuple et pour le peuple). Dans un second cas, on définit la démocratie comme un système garantissant non seulement des droits politiques, mais aussi des droits économiques et sociaux comme le droit au travail, la redistribution égalitaire des ressources. Les auteurs s'entendant pour dire que ce sont là des extensions du projet démocratique en quête perpétuelle d'amélioration.

Malgré ces débats, la démocratisation est plus souvent entendue uniquement au sens politique. Les auteurs pionniers qui ont inspiré cette définition minimaliste ou encore procédurale centrée sur les élections et les droits politiques sont notamment Joseph Schumpeter, qui considère que la démocratie est une méthode de sélection des gouvernants[37] et Robert Dahl, qui insiste sur l'idée que la démocratisation est le processus d'extension de la compétition et de la participation politique[38].

Partant de ces points, les premiers comparatistes à comparer la démocratisation ont élaboré des concepts pour saisir les différentes phases par lesquelles le changement s'opère, ainsi que, toujours dans une perspective comparative, les causes du changement d'une région à une autre.

Les acteurs et les sources du changement

La question des causes du changement pose le problème de l'origine de la démocratisation. En d'autres termes, il s'agit d'identifier les facteurs particuliers qui agissent comme catalyseurs dans le déclenchement d'un processus d'ouverture politique.

En général, il est admis qu'indépendamment des contextes, le déclenchement d'un processus de cette nature fait intervenir une pluralité de facteurs, même si, selon le contexte, certains facteurs seront dominants. Ceux-ci sont classés, selon leur provenance, en facteurs internes et en facteurs externes[39]. Cette question est une source d'analyses comparatives entre régions car, par exemple, la démocratisation des années 1990 en Europe de l'Est a été provoquée essentiellement par des changements de l'environnement extérieur, à l'inverse des expériences latino-américaines où les facteurs internes prévalaient. Que l'on s'intéresse à leur origine interne ou externe, l'on se doit d'identifier précisément les facteurs en jeu. Ceux-ci sont nombreux, mais nous nous limiterons ici aux plus courants.

Les facteurs internes du changement. – Il s'agit ici d'identifier les catalyseurs et les acteurs qui, agissant de l'intérieur, sont aux sources du changement.

Les *catalyseurs* internes du changement peuvent être de nature économique ou politique.

Les *facteurs économiques* agissent dans deux sens selon la perspective que l'on adopte. Pour les théoriciens du développement (voir plus haut), mais aussi selon certains adeptes d'approches plus contemporaines, le développement économique génère la démocratisation. Pour Dietrich Rueschemeyer et ses collègues, le progrès économique généré par le développement capitaliste conduit à la démocratie. Cette mutation arrive non pas parce que les capitalistes sont favorables à la démocratie, mais parce que le développement économique renverse les rapports de forces. Il affaiblit les classes de grands propriétaires réfractaires à la démocratisation et renforce la classe ouvrière qui milite pour un système politique plus ouvert et plus inclusif[40]. Le second sens consiste à voir dans le déclin économique une source de fragilisation de régimes autoritaires basés sur le patronage et le clientélisme. À partir du moment où le régime ne peut plus redistribuer, il entre en crise[41].

Les *facteurs politiques* ont trait à la crise de légitimité du régime autoritaire. En Afrique, par exemple, les régimes de parti unique, les régimes militaires et les pouvoirs personnels ont émergé dès le milieu des années 1960 ; ils étaient basés sur l'idée que dans ces pays pauvres et divisés sur le plan ethnique, seuls des pouvoirs forts et centralisés étaient capables d'éviter les tendances sécessionnistes et de mobiliser la population en faveur du développement[42]. Plusieurs décennies plus tard, leur échec à réaliser ces deux mythes leur a enlevé toute légitimité sur le plan politique. Cet échec politique a servi de catalyseur aux mouvements revendiquant le changement.

La simple présence de catalyseurs ne suffit cependant pas à expliquer la démocratisation. Alexis de Tocqueville a montré en effet que ce ne sont pas les crises qui expliquent la fin de la domination, mais le sentiment qu'ont les hommes de pouvoir y échapper. C'est la même idée que l'on retrouve chez Adam Przeworski, qui explique que la simple perte de légitimité est insatisfaisante à expliquer le changement, car il faut l'existence d'une alternative organisée[43]. Il convient donc d'identifier les acteurs en plus des catalyseurs.

En ce qui a trait aux acteurs, la comparaison principale porte sur la question de savoir si c'est l'élite ou la masse qui est à l'origine du changement. Dans leur ouvrage classique portant sur l'Europe méridionale et l'Amérique latine où ils adoptent une approche stratégique, G. O'Donnell et P. Schmitter ont écrit qu'il n'y a pratiquement pas de cas de transition qui ne commence par des fractures au sein du régime autoritaire. Selon eux, la démocratisation vient des élites. C'est quand des divisions apparaissent au sein du régime autoritaire entre les extrémistes (*hard liners*) et les modérés (*soft liners*), et qu'elles sont suivies de recompositions d'alliances que commence l'ouverture. Si les modérés du régime et les modérés de l'opposition se coalisent et parviennent à prendre le dessus, la démocratisation s'engage. C'est le cas du Portugal et de l'Espagne.

Pour Michael Bratton et Nicolas Van de Walle, dont les recherches portent sur les pays africains, c'est la masse qui est l'acteur privilégié. Ils ont remarqué en effet que l'essentiel des transitions africaines ont été initiées à la suite de mobilisations populaires qui ont contraint les régimes à se libéraliser[44]. La différence tiendrait à la nature des régimes. Alors que dans les régimes latino-américains de type corporatiste les élites sont capables de compromis et de pactes, dans les régimes africains de type patrimonial et personnalisé, les élites seraient peu disposées à négocier. Discuter du pouvoir est une question de tout ou rien ; les élites n'y consentent que sous la pression.

Les facteurs externes du changement. – Il est possible à ce niveau également d'identifier les catalyseurs et les acteurs qui, agissant de l'extérieur, ont leur part d'explication du changement.

Les *catalyseurs externes* du changement peuvent être de plusieurs ordres et agissent généralement de manière non planifiée.

Les *facteurs économiques* d'origine externe sont à rechercher, par exemple dans l'endettement, qui rend les pays vulnérables aux pressions externes. Pour Francis Akindès, la démocratisation en Afrique n'est rien d'autre que la conséquence de l'endettement du continent. Dans son analyse, il estime que les pays africains se sont laissés prendre au piège de l'endettement facile durant les années 1970 et 1980 et, ne pouvant plus honorer leurs engagements au début des années 1990, ils sont tombés sous la tutelle des créanciers extérieurs qui voient dans la démocratisation un moyen de récupérer leur argent[45].

La *guerre* constitue une autre source externe de changement. Les expériences de la deuxième vague de démocratisation, qui s'est déroulée après la Seconde Guerre mondiale, sont illustratives ici. Au Japon ou en Allemagne, la démocratisation des régimes a été la conséquence de la défaite militaire. Certaines expériences de la troisième vague le démontrent aussi, comme en Argentine où la défaite lors de la guerre des Malouines contre la Grande-Bretagne en 1982 a enlevé toute légitimité au régime militaire et l'a amené à entreprendre une transition vers la démocratie.

Les *processus de diffusion et de contagion politique* constituent un troisième catalyseur externe du changement. Selon Adam Przeworski, le fait même que la démocratisation se produise par vagues implique une certaine homogénéité, car le répertoire institutionnel est limité dans le monde : les nouvelles démocraties apprennent ainsi des anciennes et les unes des autres[46]. M. Bratton et N. Van de Walle ont mis en lumière l'impact qu'ont eu les expériences en Europe de l'Est et ailleurs en Afrique sur les pays africains en voie de démocratisation, et ce, via les médias. Selon eux, il est statistiquement prouvé que plus un pays est entouré de voisins, plus il est susceptible de connaître des mobilisations en faveur de la démocratie[47].

En ce qui a trait aux acteurs externes du changement, on pourrait en identifier trois. Les *États occidentaux* comme la France, la Grande-Bretagne et les États-Unis sont des acteurs externes cruciaux. Au début des années 1990 notamment, ces pays ont délibérément fait pression en faveur du changement en Europe de l'Est comme en Afrique par le biais de deux types de politiques. Il y a d'abord les politiques dites de « conditionnalité démocratique » (politiques du bâton) qui subordonnent toute aide aux pays autoritaires aux progrès que ceux-ci réalisent dans le domaine de la démocratisation. Viennent ensuite les politiques de primes à la démocratie (politiques de la carotte) promettant une aide accrue aux pays qui s'engageraient dans la voie de la démocratie pour soutenir et encourager leurs efforts[48]. Le rôle des acteurs bilatéraux est toutefois souvent considéré comme ambigu, car les intérêts bilatéraux d'ordre économique ou stratégique (la France au Togo ou au Gabon, les États-Unis en Ouganda ou au Rwanda) obscurcissent souvent considérablement l'application concrète des politiques officielles.

Les *institutions financières internationales,* notamment le FMI et la Banque mondiale sont des acteurs externes souvent indexés. En principe, en leur qualité de banques, ces institutions ont une mission apolitique. Cependant, par le biais des politiques d'ajustements structurels et autres prêts, leur capacité à influencer les pays pauvres est extrêmement importante[49]. Dans le cas de l'Afrique, c'est en 1989 que la Banque mondiale a fait pour la première fois une incursion dans le débat politique. Dans un de ses rapports, elle considère en effet que la crise africaine est une crise de gouvernance, entendue non pas simplement au sens de mauvaise gestion, mais aussi, voire surtout, d'absence d'institutions responsables qui rendent des comptes à la population[50]. La mise en place de régimes démocratiques devient donc quasiment un préalable à la conclusion d'accords avec ces pays qui, sous perfusion, ne peuvent en général pas se passer des prêts et autres programmes de ces institutions.

Enfin, un troisième type d'acteur externe est représenté par les *institutions régionales*. La démocratie est le système valorisé par les pays dominants. En raison des dynamiques d'intégration régionale qui ont cours dans plusieurs aires régionales, l'adoption de la démocratie est la condition de base de toute intégration des pays qui aspirent à l'adhésion. En

Europe, il est admis que la construction européenne et ses critères d'entrée ainsi que le souhait des pays en voie de s'y embarquer et de profiter de sa dynamique de croissance constituent de puissants incitateurs au changement démocratique. Ainsi, même si celui-ci donne la primauté aux facteurs internes dans la démocratisation de l'Europe méridionale, la densité des institutions régionales, les avantages accordés (et les sanctions appliquées) par l'Europe sont considérés par P. Schmitter comme y ayant contribué[51]. En Afrique, de nouvelles initiatives continentales tentent d'engager ce type de dynamique vertueuse. L'Union africaine a décidé depuis 1999 de ne plus accepter dans ses rangs un régime issu d'un coup d'État et dans le cadre du NEPAD (Nouveau partenariat pour le développement de l'Afrique), des mécanismes d'évaluation et de sanction ont été prévus officiellement pour identifier et punir les pays qui ne respectent pas les procédures démocratiques et les droits de l'homme.

Il apparaît donc que l'analyse des causes de la démocratisation est complexe. Les causes sont diverses, aucune n'explique seule le changement et la combinaison de causes varie d'une vague de démocratisation à une autre, d'une région à une autre et même d'un pays à un autre. Par ailleurs, même dans un pays donné, l'analyse des causes du changement n'épuise pas la complexité du processus de démocratisation qu'il est nécessaire de disséquer en phases pour le rendre plus intelligible.

Les phases de la démocratisation

La démocratisation est un processus généralement long. Entre le moment de sortie du régime autoritaire antérieur et celui de la mise en place, puis de la maturation éventuelle (le processus étant réversible) d'un régime démocratique, il peut s'écouler des mois, comme dans le cas du Bénin, voire des années, comme dans celui de la Pologne. Durant cette période, aussi bien les facteurs qui entrent en jeu que les enjeux à gérer changent. Pour appréhender ces nuances, les comparatistes travaillant sur les transitions ont élaboré des phases de déroulement en distinguant trois séquences : la libéralisation, l'installation d'un régime démocratique et la consolidation. Cette approche peut être considérée comme relevant de l'idéal-type wébérien, en ce sens que ces phases ne se retrouvent pas aussi nettement découpées dans la réalité et n'impliquent pas une linéarité de la démocratisation. D'une part, le processus peut ne jamais dépasser le stade de la libéralisation, comme dans le cas de nombreux pays africains. D'autre part, ces phases ne se déroulent pas de la même manière et n'ont pas la même durée selon les contextes nationaux. Cependant, ces découpages sont utiles analytiquement et fournissent des catégories de comparaison.

La phase de libéralisation. – Elle est théoriquement celle au cours de laquelle la transition démocratique se déclenche[52]. Elle commence à partir du moment où le régime autoritaire entreprend de relâcher son emprise sur la société en autorisant des libertés civiles et politiques jusque-là réprimées. Parmi les transformations politiques qui se produisent lors de l'ouverture politique, figurent généralement la fin du monopole du parti unique lorsqu'il y en a un, la libération des prisonniers politiques, la fin de la censure des médias, l'autorisation des partis politiques et du droit d'association. Cette phase consiste de ce fait à ouvrir l'arène politique à la compétition[53].

La phase de libéralisation est extrêmement incertaine en ce qui a trait à son aboutissement, car il s'agit d'un rapport de forces entre ceux qui, détenant le pouvoir, essayent de minimiser les coûts de ces réformes et ceux qui, luttant pour le changement, veulent que les règles du jeu soient modifiées afin de rompre avec l'arbitraire du pouvoir.

La phase de libéralisation peut être plus ou moins longue selon les pays. En Pologne, par exemple, la libéralisation a duré pratiquement une décennie, couvrant toutes les années 1980, entre le moment où est apparu le mouvement d'opposition Solidarité, dirigé par le syndicaliste Lech Walesa, et le moment où ce dernier a remplacé le général Jaruselski à la suite d'élections libres. À l'inverse, en Côte d'Ivoire, la phase de libéralisation a tout au plus duré quelques mois. Le président Houphouët-Boigny a procédé à quelques réformes constitutionnelles et convoqué des élections dès le mois d'octobre 1990, prenant de court l'opposition avant que celle-ci ait le temps de s'organiser.

Enfin, la libéralisation ne conduit pas forcément à la démocratie. Dans certains pays, les libertés acquises pendant la phase de libéralisation s'accumulent et deviennent institutionnalisées, conduisant à des élections libres et à l'installation de la démocratie, comme en Pologne. Dans d'autres, à l'inverse, ces libertés ne sont que des concessions des pouvoirs qui tentent ainsi d'apporter des changements mineurs qui leur permettront de demeurer en place. Dès que les rapports de forces redeviendront favorables, ils seront susceptibles de revenir sur les acquis de la libéralisation, comme nous l'avons vu en Chine à la suite des évènements de la place Tiennanmen en 1989. Sans aller aussi loin, certains régimes peuvent laisser la situation se dégrader. En effet, ils ne remettent pas totalement en cause le multipartisme ou la liberté de presse, mais ils harcèlent constamment l'opposition et, au besoin, manipulent les élections. C'est le cas du Togo où, après quelques mois de libéralisation, le président Gnassingbé Eyadéma a perpétré un véritable coup de force en 1992 contre le gouvernement de transition pour reprendre les choses en main. Depuis, de révisions constitutionnelles sur mesure en élections truquées (1993, 1998 et 2003), il s'agrippe au pouvoir.

La phase de la transition démocratique. – Elle vient théoriquement après la phase de libéralisation. Appelée aussi démocratisation au sens restreint du terme (le sens large impliquant l'ensemble des phases), elle est délimitée par l'organisation des élections dites *fondatrices*. Celles-ci sont définies comme les premières élections libres, celles qui marquent la rupture avec le régime autoritaire. Le critère qui permet de conclure ou non au caractère fondateur de ces élections est leur caractère transparent et concurrentiel. Conformément à l'acception procédurale de la démocratie privilégiée dans la littérature, la phase de démocratisation est considérée comme franchie si les partis politiques d'opposition ont pu prendre part aux élections et si celles-ci ont été libres. L'alternance au pouvoir, c'est-à-dire le remplacement des anciennes autorités par de nouvelles élites est assurément un signe important que la démocratisation est effective, mais ce n'est pas une condition absolument indispensable. Ce n'est pas le camp qui a gagné les élections qui est crucial, mais la qualité, en termes de clarté, du processus qui a conduit à ce résultat.

La phase de consolidation de la démocratie. – Elle est une des phases du processus de démocratisation, mais aussi l'objet auquel se consacre tout un secteur des études de la démocratisation, à savoir la *consolidologie*. À ce titre, elle ne constitue pas à proprement parler une phase de la transition, mais un nouveau processus autrement plus long et plus complexe faisant appel à des variables politiques, institutionnelles, économiques ou culturelles différentes. Cette complexité explique que l'on ne dispose pas d'acception univoque de la consolidation. Cependant, un consensus existe selon lequel la phase de consolidation commence après les élections fondatrices, que cette phase est plus difficile à expliquer et à réaliser que la transition et enfin, que les facteurs qui ont permis la transition ne sont pas nécessairement les mêmes que pour la consolidation[54].

Pour Adam Przeworski, une démocratie est consolidée lorsque dans des conditions politiques et économiques données, l'ordre institutionnel démocratique s'impose comme le seul cadre du jeu, quand toutes les principales forces politiques, même lorsqu'elles ont perdu, n'envisagent d'autre alternative que d'inscrire leurs actions dans ce cadre institutionnel démocratique[55]. Pour Juan J. Linz, une démocratie consolidée est celle où les forces politiques majeures, les groupes d'intérêt, les institutions excluent toute alternative de prise de pouvoir à la méthode démocratique en même temps qu'ils laissent se déployer l'action des autorités démocratiquement élues[56].

Plus concrètement, quatre types de critères destinés à servir d'indicateurs de la consolidation ont été proposés. S. P. Huntington a proposé le *two turnovers test* ou test de l'alternance en vertu duquel une démocratie peut être considérée comme consolidée lorsqu'elle a connu deux alternances au pouvoir à partir des premières élections libres[57]. Ce critère présente la difficulté d'exiger qu'il y ait des alternances alors que le système peut être consolidé sans connaître d'alternances du fait, par exemple, de la présence d'une coalition ou d'un parti dominants, comme en France avant la prise du pouvoir par les socialistes de François Mitterrand en 1981. Pour ces raisons, d'autres auteurs proposent un *test générationnel* ou de longévité, préférant considérer qu'une démocratie est consolidée lorsqu'elle a fonctionné sur une vingtaine d'années et est passée par des élections régulières et libres, même si elle n'a pas connu d'alternance. La faiblesse de ce critère est d'ignorer que plus un même parti reste longtemps au pouvoir, plus il a tendance à se confondre avec l'État et à conduire à ce que les comparatistes appellent « un électoralisme vide de sincérité[58] ». D'autres auteurs ont proposé un test de comportement. La consolidation démocratique est alors effective quand les valeurs démocratiques sont passées dans les mœurs et les attitudes des gens, c'est-à-dire lorsqu'elles ont pénétré les représentations populaires[59]. Pour sa part, David Beetham propose, à la suite de L. Whitehead, un test en vertu duquel on aurait plus confiance dans la robustesse d'une démocratie si elle a déjà surmonté dans le passé des crises ou des chocs substantiels. Dans cette perspective, une démocratie est donc consolidée lorsqu'on a de bonnes raisons de penser qu'elle est à même de supporter des chocs ou des pressions sans succomber[60].

L'étude des processus de transition et de consolidation démocratique a donné lieu à une littérature comparative impressionnante. Bien que certains auteurs remettent en cause depuis quelques années l'utilité des modèles d'analyse, des concepts et des théories élaborées par les transitologues et les consolidologues pour étudier les nouvelles expériences[61], leur apport a été considérable pour la politique comparée.

LE CHANGEMENT DE POLITIQUES PUBLIQUES : L'ÉTAT PROVIDENCE

Un troisième type de changement qui a suscité un grand intérêt en politique comparée a trait aux réformes des politiques publiques. Ces types de changements sont moins dramatiques que ceux relatifs aux systèmes ou aux régimes, mais ils méritent cependant que l'on s'y attarde. Ils ont permis de produire un nombre de travaux si élevé, qu'il est impossible de prétendre les classer tous ici. Dans cette section, nous ne prenons en compte qu'un type, à savoir le développement et les changements de l'État providence[62]. Cette problématique est particulièrement importante actuellement dans la politique comparée en Europe et en Amérique du Nord.

Une des raisons explicatives de cet attrait pour l'État providence chez les comparatistes vient du fait que les politiques sociales mises en place dans les années 1940 jusqu'aux années 1960 ont marqué un profond changement par rapport aux décennies antérieures. Pour la première fois, les États décidaient de prendre en charge le bien-être des citoyens au lieu de laisser cette question aux familles ou à la simple charité. Bien qu'on fasse remonter l'apparition de véritables États providence au milieu du xxᵉ siècle, leur histoire est beaucoup plus longue. Comme nous le rappelle Deena White, l'Angleterre a été le premier pays à adopter clairement des politiques sociales sous la forme de lois sur les pauvres (en 1563, 1601 et 1834). À travers ces lois, « la Couronne élaborait et appliquait le premier programme national pour la gestion de la pauvreté au moyen de la redistribution[63] ». Les lois sur les pauvres n'ont cependant pas conféré des *droits*, de sorte que ceux qui devaient compter sur l'assistance sociale ont souffert de cette lacune.

Au début du xxᵉ siècle, cette approche a changé. L'Allemagne a commencé à développer des programmes pour protéger une société industrielle qui faisait face à la possibilité d'une guerre de classes, du moins selon le chancelier de l'époque, Otto von Bismarck. Dès lors, l'État soutiendra la protection sociale à travers l'assurance sociale. Vers le milieu du xxᵉ siècle, la situation change de nouveau. Les gouvernements commencèrent à utiliser leurs ressources pour assurer la sécurité de l'ensemble de la population et à œuvrer pour l'égalité dans la société. Dans ce modèle universaliste, les prestations sont distribuées sur la base de la citoyenneté (ou de la résidence). L'intégration nationale devait être réalisée au moyen de la solidarité générée par des droits communs, des institutions partagées et des subsides généreux.

La question qui se posait alors aux comparatistes était de rendre compte de ce changement majeur du rôle de l'État. Au début, l'explication de cette augmentation des dépenses de l'État dans des programmes sociaux était recherchée dans la modernisation et le développement économique. Des études quantitatives ont décrit une évolution similaire vers l'État providence à mesure que les rapports sociaux modernes issus de l'industrialisation prenaient le pas sur les institutions sociales traditionnelles[64]. De ce fait, les chercheurs ont expliqué l'émergence de l'État providence comme le résultat de la démocratisation ainsi que de l'industrialisation et du développement économique[65].

Ces explications générales ne pouvaient cependant pas rendre compte des différences entre les États providence telles qu'elles ont été mises en place. Elles ne permettaient pas de répondre à de nombreuses questions : pourquoi, par exemple, certains pays préfèrent l'assurance sociale (ce que Bismarck a commencé à faire) alors que d'autres donnent des prestations à tous les citoyens ? pourquoi y a t-il des différences dans le niveau de générosité des mesures, les pays nordiques étant très généreux alors que la Grande-Bretagne et le Canada l'étant beaucoup moins ? La nécessité de rendre compte de ces différences a amené Gøsta Esping-Andersen à proposer une typologie d'États providence[66]. Contre les explications en termes de modernisation entre autres, il a mis en lumière les rôles différents des partis politiques et des leaders en matière de choix stratégiques dans la construction de l'État providence.

LES TROIS MONDES DE L'ÉTAT PROVIDENCE
SELON GØSTA ESPING-ANDERSEN

Au cours des 15 dernières années, les analyses sur l'État providence ont été très marquées par la typologie proposée par Gøsta Esping-Andersen, qui identifie trois types idéaux :

– L'État providence de type libéral est le premier. Il comprend le Canada, les États-Unis, la Grande-Bretagne et de nombreux autres pays. Dans ce modèle, on met l'accent sur la lutte contre la pauvreté et on utilise des programmes ciblés pour le faire. L'État a le devoir de redistribuer et de veiller à l'équité sociale, mais de manière sélective.

– L'État providence de type conservateur et corporatiste est le deuxième. Il comprend la France, l'Allemagne et de nombreux autres pays de l'Europe continentale. Dans ce régime, on tente de répondre aux risques reliés à la sécurité du revenu en remplaçant les revenus perdus et on utilise des programmes d'assurance sociale pour le faire. De ce fait, les employeurs et les travailleurs partagent la responsabilité en matière de redistribution et d'équité même si la nécessité de maintenir un tel régime est prévue par la loi.

– L'État providence de type social-démocratique est le troisième type. Il comprend les pays Nordiques. Dans ce modèle, le but poursuivi est d'assurer des revenus et des services à tous. Les programmes sont basés sur l'accès universel au régime à tous les citoyens (et résidents permanents).

Source : Gøsta Esping-Andersen, *Les trois mondes de l'État providence : essai sur le capitalisme moderne*, Paris, PUF, 1999.

La publication de cet important ouvrage a amené de nombreux chercheurs à proposer des améliorations à la typologie proposée par G. Esping-Andersen. Par exemple, Maurizio Ferrera a identifié un quatrième type en Europe méditerranéenne. Dans ce type, on assigne plus de responsabilités en matière de bien-être à la famille que dans les autres. Il s'agit donc d'un type familialiste[67].

La seconde fois que l'enjeu du changement est apparu dans cette littérature, il ne s'agissait pas de s'interroger sur l'établissement des régimes d'État providence, mais plutôt sur leur réforme dans les années 1980 et 1990. Des politiciens comme Margaret Thatcher en Grande-Bretagne et

Ronald Reagan aux États-Unis sont arrivés au pouvoir avec l'idée de réduire le rôle de l'État et d'éliminer ce qu'ils considéraient comme des dépenses sociales trop volumineuses. Les analystes se sont rapidement rendu compte que ces réformes se faisaient attendre. Paul Pierson a proposé une étude influente des tentatives de démantèlement de l'État providence dans ces deux pays. Il a démontré que même ces puissants politiciens n'ont pas été en mesure de procéder à tous les changements qu'ils souhaitaient apporter en raison de l'existence des phénomènes de dépendance au sentier (*path dependency*). Les dépenses sociales dans des domaines comme le logement et les pensions de retraite ont favorisé l'émergence de puissants groupes qui se sont fortement opposés aux tentatives de réduction de R. Reagan et de M. Thatcher (voir aussi le chapitre 6). Ils étaient suffisamment forts pour convaincre les politiciens de modérer leurs réformes[68]. Le changement s'apparentait donc plus à un processus de retrait, à savoir des restrictions marginales, qu'à une restructuration de fond.

Cette vision du changement a été toutefois contestée par de nombreux comparatistes. Certains ont mis l'accent sur l'importance des réformes politiques qui peuvent sembler modestes au début, mais qui peuvent s'accumuler et prendre de l'ampleur[69]. D'autres ont montré l'émergence de nouveaux référentiels politiques qui mettent plus l'accent sur les investissements sociaux que sur la protection sociale, conduisant à de nouvelles options en matière de dépenses gouvernementales[70].

Les travaux sur l'État providence constituent un des enjeux les plus importants en politique comparée et pas seulement parce qu'il s'agit d'une question qui touche à la vie quotidienne de nombreux citoyens. Cette problématique est au cœur des travaux de nombreux auteurs appartenant aux approches institutionnelles que nous verrons dans le chapitre suivant. Cette approche est l'une des approches charnières en politique comparée et les travaux sur l'État providence lui ont fourni une importante partie de ses concepts (comme la *path dependency*) et de ses modèles.

NOTES

1. Montesquieu, *De l'Esprit des lois*, Paris, Gallimard, 1951, chapitre 9.
2. Bertrand Badie, *Le développement politique*, Paris, Economica, 1994, p. 7.
3. Robert Nisbet va plus loin en considérant que la perspective développementaliste est profondément enracinée dans la pensée grecque et traverse tous les âges de

l'histoire européenne, y compris la pensée chrétienne et les Lumières. Loin d'être une invention du xixe siècle, l'idée de développement est un des principes majeurs de la philosophie occidentale depuis Aristote. Voir R. Nisbet, « Developmentalism : A Critical Analysis », dans John McKinney et Edward Teryakian (dir.), *Theoretical Sociology. Perspectives and Developments*, New York, Meredith Corporation, 1970, p. 167-176.

4. B. Badie, 1994, p. 7.
5. Frederick Cooper et Randall Packard, « Introduction », dans F. Cooper et R. Packard (dir.), *International Development and the Social Sciences : Essays on the History and Politics of Knowledge*, Berkeley, University of California Press, 1997, p. 7 et suivantes.
6. Cité dans F. Cooper et R. Packard, 1997, p. 80.
7. F. Cooper et R. Packard, 1997, p. 2.
8. Cité dans André Guichaoua et Yves Goussault, *Sciences sociales et développement*, Paris, Armand Colin, 1993, p. 9.
9. Présenté dans Mamadou Diouf, « Senegalese Development : From Mass Mobilisation to Technocratic Elitism », dans F. Cooper et R. Packard (dir.), 1997, p. 294-295. Voir également A. Guichaoua et Y. Goussault, 1993, p. 14-15.
10. Harry Eckstein, « The Idea of Political Development », publié d'abord en 1982, et à nouveau dans Roy C. Macridis et Bernard E. Brown (dir.), *Comparative Politics : Notes and Readings*, 7e édition, Chicago, The Pacific Grove, Brooks/Cole, 1990, p. 369-381.
11. Voir Gabriel Almond, « The Development of Political Development », dans Myron Weiner et Samuel P. Huntington, *Understanding Political Development*, Boston/ Toronto, Little Brown, 1987, p. 437 et suivantes. En France, à la même époque, il y avait un regain d'intérêt pour le développement, mais aussi un changement d'optique car le sujet n'était plus considéré comme réservé à l'anthropologie, mais comme relevant aussi de la sociologie et de l'économie. Parmi les chercheurs impliqués, on pourrait mentionner Claude Lévi-Strauss, Maurice Godelier et Georges Balandier. Cependant, peu, voire aucun politologue n'était impliqué à l'époque dans ce débat au plan international. Voir A. Guichaoua et Y. Goussault, 1993, chapitre 1.
12. F. Cooper, « Modernizing Bureaucrats, Backward Africans, and the Development Concept », dans F. Cooper et R. Packard, 1997, p. 81-82.
13. Pour un court mais passionnant récit de cette histoire, voir G. Almond, *Political Development : Essays in Heuristic Theory*, Boston, Little Brown, 1970, p. 3-27.
14. W. W. Rostow, *The Stages of Economic Growth*, New York, Cambridge University Press, 1960, cité par B. Badie, 1994, p. 6.
15. Seymour Martin Lipset, « Some Social Requisites for Democracy : Economic Development and Political Legitimacy », *American Political Science Review*, n° 53, 1959, repris dans le chapitre 1 de son ouvrage *L'Homme et la politique*, Paris, Seuil, 1963.
16. Ce concept a été soutenu par, entre autres, des auteurs comme Reinhart Bendix, Karl Deutsch et Daniel Lerner.
17. S. P. Huntington, « The Goals of Development », dans M. Weiner et S. P. Huntington, 1987, p. 6-7.
18. Lucian Pye, *Aspects of Political Development*, Boston, Little Brown, 1966.

19. G. Almond, dans M. Weiner et S. P. Huntington, 1987, p. 437 et suivantes.

20. À ce propos, voir Richard A. Higgot, *Political Development Theory: The Contemporary Debate*, New York, St. Martin's Press, 1983, p. 45 et suivantes.

21. G. Almond, dans M. Weiner et S. P. Huntington, 1987, p. 444.

22. B. Badie, 1994, p. 57.

23. R. Nisbet, « Developmentalism: A Critical Analysis », dans J. McKinney et E. Teryakian (dir.), 1970, p. 177 et suivantes.

24. S. P. Huntington, « Political Development and Political Decay », *World Politics*, vol. 17, n° 3, 1965, ainsi que *Political Order in Changing Societies*, New Haven, Yale University Press, 1968. Pour de longs commentaires sur les propositions de Huntington, voir B. Badie, 1994, p. 83-93.

25. Leonard Binder (dir.), *Crises and Sequences in Political Development*, Princeton, Princeton University Press, 1971.

26. Gabriel Almond et Sydney Verba, *The Civic Culture: Political Attitudes and Democracy in Five Nations*, Boston, Little Brown, 1963 ; L. Pye et S. Verba, *Political Culture and Political Development*, Princeton, Princeton University Press, 1965.

27. Sur le sujet, voir B. Badie, *Culture et politique*, Paris, Economica, 1993, p. 43-47 ; B. Badie, 1994, p. 48 ; Guy Hermet, *Sociologie de la construction démocratique*, Paris, Economica, 1986, p. 86 et suivantes.

28. Dankwart Rustow, « Transitions to Democracy: Towards a Dynamic Model », *Comparative Politics*, vol. 2, n° 3, 1970, p. 337-363.

29. Juan J. Linz et Alfred Stepan, *The Breakdown of Democratic Regimes: Crisis, Breakdown, and Reequilibration*, Baltimore, The Johns Hopkins University Press, 1978.

30. Guillermo O'Donnell, Philip C. Schmitter et Lawrence Whitehead, *Transitions From Authoritarian Rule: Tentative Conclusions About Uncertain Democracies*, Baltimore, The Johns Hopkins University Press, 1986, p. 1.

31. G. O'Donnell et P. C. Schmitter, 1986, p. 3.

32. Adam Przeworski, *Democracy and the Market: Political and Economic Reforms in Eastern Europe and Latin America*, Cambridge, Cambridge University Press, 1991, p. 40.

33. C'est S. P. Huntington qui a popularisé cette idée de troisième vague avec son livre *The Third Wave: Democratization in the Late Twentieth Century*, Norman, University of Oklahoma Press, 1992.

34. G. O'Donnell, P. C. Schmitter et L. Whitehead, 1986, 4 volumes. Voir notamment le volume *Tentative Conclusions About Uncertain Democracies*.

35. Nicolas Guilhot et Philip C. Schmitter, « De la transition à la consolidation: une lecture rétrospective des études démocratiques », *Revue française de science politique*, vol. 50, n°s 4-5, 2000, p. 619.

36. Valerie Bunce, « Comparative Democratizations: Big and Bounded Generalizations », *Comparative Political Studies*, août-septembre 2000, p. 703-734.

37. Joseph Schumpeter, *Capitalisme, socialisme et démocratie*, Paris, Payot, 1972.

38. Robert Dahl, *Polyarchy: Participation and Opposition*, New Haven, Yale University Press, 1971.

39. Doh Shull Shin, « On the Third Wave of Democratization: A Synthesis and Evaluation of Recent Theory and Research », *World Politics*, vol. 47, 1994, p. 151.

40. Dietrich Rueschemeyer *et al.*, *Capitalist Development and Democracy*, Cambridge, Cambridge University Press, 1997.
41. Barbara Grosh, « Through the Structural Adjustment Minefield : Politics in an Era of Economic Liberalization », dans Jennifer A. Widner (dir.), *Economic Change and Political Liberalization in Sub-Saharan Africa*, Baltimore, The Johns Hopkins University Press, 1994, p. 29-46.
42. Crawford Young, *The African Colonial State in Comparative Perspective*, New Haven, Yale University Press, 1994.
43. A. Przeworski, 1991, p. 28.
44. Michael Bratton et Nicolas Van de Walle, *Democratic Experiments in Africa : Regime Transitions in Comparative Perspective*, Cambridge, Cambridge University Press, 1997.
45. Francis Akindès, *Les mirages de la démocratie en Afrique subsaharienne francophone*, Paris, Karthala, 1996.
46. A. Przeworski, 1991, p. 98.
47. M. Bratton et N. Van de Walle, 1997, p. 136-139.
48. Voir Todd J. Moss, « U.S. Policy and Democratization in Africa : The Limits of Liberal Universalism », *Journal of Modern African Studies*, vol. 33, n° 2, 1995, p. 189-209 ; John A. Wiseman, « Démocratisation, réforme économique et conditionnalités en Afrique subsaharienne : contradictions et convergences », dans Sophia Mappa (dir.), *Développer par la démocratie ? Injonctions occidentales et exigences planétaires*, Paris, Karthala, 1995 ; Comi Toulabor, « Perestroïka et revendication démocratique », dans Daniel C. Bach et Anthony A. Kirk-Greene (dir.), *États et sociétés en Afrique francophone*, Paris, Economica, 1993, p. 119-138.
49. Alice Sindzingre, « Conditionalités démocratiques, gouvernementalité et dispositif du développement en Afrique », dans S. Mappa (dir.), 1995, p. 429-458.
50. World Bank, *Subsaharan Africa : From Crisis to Sustainable Growth*, Washington, World Bank, 1989.
51. P. C. Schmitter, « An Introduction to the Southern European Transitions from Authoritarian Rule : Italy, Greece, Portugal, Spain, and Turkey », dans G. O'Donnell, P. C. Schmitter et L. Whitehead, 1986, p. 3-10.
52. G. O'Donnell, P. C. Schmitter et L. Whitehead, 1986, p. 6.
53. M. Bratton et N. Van de Walle, 1997, p. 159.
54. David Beetham, « Conditions for Democratic Consolidation », *Review of African Political Economy,* n° 60, 1994, p. 159-160. Cette importante distinction a été mise en évidence d'abord par D. Rustow, 1970.
55. A. Przeworski, 1991, p. 26.
56. J. J. Linz, « Transitions to Democracy », *Washington Monthly*, vol. 13, 1990, p. 158.
57. S. P. Huntington, 1992, p. 267.
58. D. Beetham, 1994, p. 160. Voir aussi G. O'Donnell, « Delegative Democracy », *Journal of Democracy*, vol. 5, n° 1, 1994, p. 55-59.
59. Peter McDonough, Samuel Barnes et Antonio Lopez Pina ont appliqué une telle approche au cas espagnol, dans « The Growth of Democratic Legitimacy in Spain », *American Political Science Review*, vol. 80, n° 3, septembre 1986, p. 735-757.
60. D. Beetham, 1994, p. 160-161.
61. Thomas Carothers, « The End of the Transition Paradigm », *Journal of Democracy*, vol. 13, 2002, p. 5-21.

62. Pour une série d'études comparatives sur cette question, voir *Comparer les systè-mes de protection sociale en Europe*, publié par le MIRE en France en 1995, 1996, 1997 et 1999.

63. Deena White, « Social Policy and Solidarity. Orphans of the New Model of Social Cohesion », *Canadian Journal of Sociology*, vol. 28, n° 1, p. 55.

64. Par exemple, Peter Flora et Arnold Heidenheimer (dir.), *The Development of Welfare States in Europe and America*, Londres, Transaction Books, 1981.

65. Bruno Palier, *Gouverner la Sécurité sociale*, Paris, PUF, 2002, p. 29 et suivantes.

66. Gøsta Esping-Andersen, *Les trois mondes de l'État providence : essai sur le capitalisme moderne*, Paris, PUF, 1999 (publié pour la première fois en 1990).

67. Maurizio Ferrera, « The Southern Model of Welfare in Social Europe », *Journal of European Social Policy*, vol. 6, n° 1, p. 17-37.

68. Paul Pierson, *Dismantling the Welfare State? Reagan, Thatcher and the Politics of Retrenchment*, New York, Cambridge University Press, 1994.

69. Voir par exemple, Jane Jenson et Mariette Sineau, *Qui doit garder le jeune enfant?*, Paris, LGDJ, 1998 et B. Palier, 2002.

70. Voir par exemple, Denis Saint-Martin, « De l'État-providence à l'État d'investissement social? », dans Leslie A. Pal (dir.), *How Ottawa Spends 2000-2001 : Past Imperfect, Future Tense*, Toronto, Oxford University Press, 2000, p. 33-58.

LES APPROCHES THÉORIQUES EN POLITIQUE COMPARÉE

L'objet de recherche n'est pas donné *a priori* au chercheur. Autrement dit, ce n'est pas parce que les comparatistes disposent d'objets d'étude comme les institutions politiques, les forces politiques ou les processus de transformation politique, qu'ils sont armés pour comparer. D'une part, la comparaison nécessite un travail de construction, comme nous l'avons montré au chapitre 2; d'autre part, lorsque les chercheurs s'engagent dans des analyses comparatives portant sur ces phénomènes, ils doivent recourir à des grilles théoriques qui leur permettent de donner de la cohérence à leurs analyses.

Cette troisième partie a pour objet d'exposer les diverses approches théoriques — offrant chacune différentes perspectives — utilisées par les comparatistes. Celles-ci les amènent à proposer des explications très différentes et ce, même à partir de phénomènes similaires, parce qu'elles n'ont pas les mêmes prémisses et ne partagent pas les mêmes traditions d'analyse du politique. Mais surtout, chaque approche amène le chercheur qui l'emploie à accorder plus de poids à certaines variables qu'à d'autres.

Selon les variables que leurs adeptes estiment les plus utiles pour expliquer les enjeux de la politique comparée, nous distinguons cinq types d'approches théoriques : ce sont les approches institutionnelle, historique, économique, culturelle et stratégique.

Les approches historique, économique et culturelle ont en commun d'être particulièrement adaptées à l'étude d'objets macropolitiques et sociologiques tels que l'État, la démocratie ou le développement. Par ailleurs, utilisées pour étudier de tels phénomènes, elles tendent toujours vers des explications de nature plus ou moins structurelle. En effet, elles accordent beaucoup d'intérêt au poids explicatif des structures (économiques, culturelles, historiques). En revanche, elles minorent le poids explicatif des acteurs et des arrangements institutionnels et juridiques. Les approches institutionnelle et stratégique, par contre, ont toujours mis l'accent plutôt sur les stratégies des acteurs sociaux et politiques et sur les choix institutionnels dans leurs analyses. Nous constatons cependant, dans les chapitres qui suivent, l'émergence d'un intérêt grandissant pour les institutions dans toutes les approches. Cette perspective analytique est celle dans laquelle les acteurs, les structures, les processus, les normes et les pratiques sont en interaction. Cette réorientation de l'analyse vers l'institutionnalisme est une des tendances marquantes de la politique comparée actuelle.

Nous abordons les cinq types d'approches à l'aide d'une grille d'analyse qui nous est particulière. Nous examinons essentiellement ce qu'elles nous apprennent sur les processus de développement et de démocratisation ainsi que sur le rôle de l'État. C'est là une ligne directrice déjà adoptée dans les parties précédentes. De plus, nous proposons une brève histoire de chaque approche en retraçant ses liens avec les travaux des pères fondateurs de la politique comparée et en revenant sur les débats qui l'ont traversé depuis les années 1950. La démarche ainsi adoptée obéit à un objectif pédagogique et permet de montrer que la politique comparée est un champ en constante transformation.

L'APPROCHE INSTITUTIONNELLE

L'histoire de la politique comparée nous montre que non seulement l'approche institutionnelle est la plus ancienne, mais qu'elle est prédominante encore aujourd'hui. Aux États-Unis, où la science politique s'est constituée en tant que discipline distincte du droit et de la sociologie à la fin du xixe siècle, elle se confondait pratiquement à l'approche institutionnelle jusqu'au milieu du xxe siècle. Au Canada, les premiers politologues provenaient de départements où on enseignait l'économie et la science politique, phénomène qui reflète bien l'importance des travaux en termes d'économie politique dans la tradition britannique en général. Cependant, ceux qui enseignaient des cours de science politique dans ces départements travaillaient essentiellement dans une perspective institutionnaliste. De même en France, où l'autonomie complète de la science politique a été plus tardive notamment par rapport au droit, la perspective institutionnaliste était très présente à travers les études de droit constitutionnel qui constituaient l'équivalent de l'institutionnalisme nord-américain[1].

Eclipsé à partir de l'entre-deux-guerres et pendant toute la période d'hégémonie de la révolution behavioriste, l'institutionnalisme réapparaît au début des années 1980, mais transformé. Quand on parle d'approche institutionnelle, il est donc nécessaire de considérer deux variantes : l'ancien et le nouvel institutionnalisme.

L'ANCIEN INSTITUTIONNALISME

Il est possible de faire remonter l'apparition de l'institutionnalisme au dernier tiers du XIXᵉ siècle. Son hégémonie était telle qu'il a pu se confondre avec la discipline et en devenir pratiquement synonyme[2], notamment dans la lancée des études regroupées sous l'appellation de *Comparative Government*. Un des ouvrages fondateurs de la tradition institutionnaliste dans le monde anglo-saxon (en dehors des États-Unis), intitulé *The English Constitution,* a été publié en 1867[3] par Walter Bagehot qui était économiste et journaliste. En effet, il est devenu directeur du journal *The Economist* (qui existe encore aujourd'hui) en 1860. Or, ce journal a été créé en partie pour promouvoir la tradition des études institutionnaliste et historique qui s'opposait à celle de l'économie classique étroitement définie de l'époque. Dans ses publications académiques comme dans ses articles de presse, W. Bagehot appelait à accorder plus d'attention aux institutions et notamment aux facteurs culturels et sociaux qui les façonnent. Quand il s'est intéressé à l'étude des fondements constitutionnels du régime parlementaire, il proposa une distinction fondamentale entre, d'une part, les institutions « d'apparat », c'est-à-dire celles qui ont des fonctions constitutionnelles et sont de ce fait avant tout symboliques, et d'autre part, celles qui sont efficientes, c'est-à-dire qui sont associées quotidiennement à la prise de décisions et à leur application pratique. Bagehot classe ainsi la couronne britannique dans la première catégorie en raison du mode de fonctionnement autonome par rapport au système parlementaire britannique. Cependant, comparant la situation dans ce pays à celle de la nouvelle entité indépendante qu'est le Canada, il décrit la couronne au Canada comme étant efficiente, et formant une partie intégrante du gouvernement et notamment de l'État fédéral créé en 1867[4].

Compte tenu de l'influence exercée par des institutionnalistes-économistes en général et par W. Bagehot, en particulier, qui a aussi étudié le rôle des institutions monétaires (appelées aujourd'hui les Banques centrales), il n'est pas étonnant que les études en économie et en science politique aient été réunies dans un même département dans les grandes universités canadiennes. Ainsi, l'Université McGill n'a séparé les deux entités qu'en 1970 et l'Université de Toronto, en 1982 seulement. De même, les économistes et les politologues se sont partagé la même association de 1926 à 1967. L'Association canadienne de science politique a été créée à cette date, précédée en 1964 de la Société québécoise de science politique. Au cours de ces années, l'institutionnalisme est demeuré assez influent, attirant des figures connues de la science politique canadienne et québécoise telles que Alan Cairns, Gérard Bergeron, Richard Simeon, Edmond Orban, Robert Boily et bien d'autres[5]. Leurs travaux visaient à comprendre l'impact d'institutions clés comme le fédéralisme, le système de partis et ainsi de suite[6].

L'histoire de la science politique et de l'institutionnalisme est légèrement différente aux États-Unis. Quand Woodrow Wilson a obtenu son PhD en science politique de l'Université Johns Hopkins en 1886, il passait d'une formation en droit à la science politique, une trajectoire assez courante à l'époque. Du reste, son meilleur ouvrage de science politique est une analyse de droit constitutionnel intitulée *Constitutional Government : A Study in American Politics* et publiée en 1885.

C'est à partir des années 1930 que les institutionnalistes commencèrent à publier les travaux comparant des institutions de différents pays. Pour saisir ce qu'a été et est encore l'institutionnalisme pour la politique comparée, il est nécessaire de revenir sur ses objets, sa démarche et son héritage.

Les objets de l'ancien institutionnalisme

Les institutionnalistes étaient des chercheurs qui étaient souvent impliqués eux-mêmes dans la politique. Ce fut le cas de W. Bagehot et de Woodrow Wilson, tout comme de nombreux Canadiens qui donnaient des conseils par le biais des commissions royales[7] ou étaient actifs dans le mouvement souverainiste au Québec. De ce fait, ils établissaient une frontière perméable entre la politique et la science politique[8]. Cette position eut des conséquences importantes pour l'approche institutionnelle, dans le sens où globalement, ce furent les préoccupations politiques qui devinrent les objets de la science politique elle-même. Par exemple, l'institutionnalisme se concentra sur la démocratie et ses institutions, dans le but « de l'universaliser, de l'instaurer partout où elle est absente et de la réformer de manière à en assurer l'autonomie, tant fonctionnelle que morale[9] », selon les termes de David Apter. Le fédéralisme était également une préoccupation dans des pays comme le Canada où les relations entre les différents groupes culturels composant le pays étaient un sujet de débats politiques.

Au début, les institutionnalistes s'intéressaient donc essentiellement à la démocratie, avec la conviction que sa solidité dépendait d'abord de la qualité des normes juridiques et des formules institutionnelles, et évidemment de leur bon fonctionnement. La comparaison consistait à identifier les avantages politiques des institutions bien conçues et les risques inhérents à celles qui ne le sont pas. En 1940, un certain nombre de textes classiques comparant les démocraties libérales de l'époque furent publiés sous des titres évocateurs: *Constitutional Government and Democracy: Theory and Practice in Europe and America*[10], et *Democratic Government and Politics*[11].

Très souvent, les héritiers de cette approche, qui guide encore de nombreuses recherches, ont une démarche très proche de celle du droit constitutionnel. Leurs analyses sont alors axées sur les conséquences des dispositifs institutionnels dans le domaine politique. Ainsi, quand le juriste et politiste institutionnaliste français Maurice Duverger publia son ouvrage classique intitulé *Les partis politiques* en 1951, il lança un débat sur l'impact des systèmes électoraux sur le type de gouvernement et la vie politique qui perdure encore. Son argument selon lequel le mode de scrutin majoritaire à un tour conduit au bipartisme a été testé par d'autres chercheurs, alors que ceux qui utilisent une approche institutionnelle sont encore intéressés par l'impact des systèmes électoraux sur les résultats des élections et la configuration de la scène politique en général[12].

Dans la perspective qui est celle des institutionnalistes, la définition des institutions renvoie globalement à l'État, ses structures formelles, ses lois et règlements, tout comme aux structures et règles des démocraties libérales, à savoir les partis politiques et les modes de scrutin. Ces objets restent, aujourd'hui encore, les centres d'intérêt des tenants de l'institutionnalisme. Le fait que ceux-ci mettent l'accent sur des aspects formels entraîne des conséquences méthodologiques importantes dans leur démarche.

La démarche des institutionnalistes

La démarche des anciens institutionnalistes était affectée en premier lieu par leur conception idéaliste de l'action des institutions, au sens où, pour ses adeptes, ce sont les institutions qui, par leur qualité, garantissaient la stabilité démocratique. Sigmund Neumann parle «d'idéalisme rationaliste » pour qualifier leurs postulats de base, puisqu'ils croyaient à la rationalité des acteurs dont les interactions conduiraient presque automatiquement au consensus et partant, au renforcement des institutions[13].

En second lieu, la démarche des premiers institutionnalistes était façonnée par sa filiation au droit. Leur conception de ce que pouvait être une institution pertinente et leur croyance dans son efficacité poussèrent les chercheurs à se concentrer sur les structures et normes constitutionnelles, celles qui sont objectives et officielles, c'est-à-dire instituées par des textes, dotées d'attributions et de caractéristiques censées permettre une régulation sans encombres de la vie politique.

L'héritage de l'ancien institutionnalisme

L'institutionnalisme a conservé son hégémonie jusqu'à la veille de la Seconde Guerre mondiale. David Apter relève que des connaissances importantes ont été tirées de cette démarche, notamment sur le constitutionnalisme, les techniques juridiques, les modes de scrutin, les partis politiques, les techniques parlementaires, les processus gouvernementaux, les administrations publiques[14]. D. Apter va même jusqu'à voir une filiation entre les travaux des institutionnalistes et la politique comparée américaine en estimant que :

> À eux quatre, un Wilson, un Friedrich, un Laski et un Finer disposaient d'une connaissance encyclopédique confondante des mécanismes et des pratiques politiques, sans compter qu'elle s'étendait à de nombreuses parties du monde. C'est par là que l'institutionnalisme, élargissant son analyse de l'évolution interne de la démocratie dans un pays donné, est devenu le point de départ de la politique comparée[15].

Cependant, puisqu'il était formel dans ses objets, descriptif dans sa démarche, et qu'il considérait les acteurs comme raisonnables et obéissant à l'encadrement imposé par les règles institutionnelles, l'ancien institutionnalisme s'est retrouvé cruellement inadapté à l'analyse des phénomènes politiques à la suite de deux événements : la montée des régimes totalitaires dans les années 1930 et 1940 d'une part, et l'accession à l'indépendance de nouveaux États après le Seconde Guerre mondiale d'autre part. En effet, avec l'arrivée au pouvoir des régimes fasciste et nazi en Italie et en Allemagne, on s'est vite rendu compte que les explications traditionnelles ne permettaient pas de rendre compte de phénomènes extrainstitutionnels comme l'idéologie et le pouvoir séducteur de la propagande. Par ailleurs, alors que la foi dans l'efficacité des institutions était le pilier de l'édifice bâti par les institutionnalistes autour de la solidité de la démocratie, le renversement de régimes démocratiques n'a pu que sonner le glas d'une approche qui s'est révélée désarmée face à des défis de nature nouvelle. D'autre part, avec l'accession à l'indépendance, après la guerre, de nombreux pays jusque-là sous tutelle coloniale, un autre défi s'est posé à l'institutionnalisme : comment rendre compte du politique dans ces nouveaux pays qui ne présentaient pas les mêmes institutions complexes que leurs homologues occidentaux[16] ? Là aussi, les outils des institutionnalistes se révélèrent inadaptés puisque, contrairement à ce que croyaient les tenants de cette tradition, ces nouveaux pays ne semblaient pas du tout confirmer l'expansion démocratique attendue. Au contraire, leurs cheminements contredisaient l'idéal démocratique.

Les critiques formulées contre l'institutionnalisme sont fort nombreuses. On reprocha à ses adeptes leur ethnocentrisme, puisque l'idéal-type démocratique valorisé était très souvent soit le modèle parlementaire de Westminster, soit le modèle présidentiel des États-Unis. On leur reprocha aussi leur ambition universalisante qui les amenait à vouloir exporter ces modèles vers d'autres pays. Cependant, les critiques les plus sérieuses étaient de nature épistémologique et visaient le formalisme et le caractère descriptif de la démarche institutionnelle. Roy Macridis note ainsi qu'en dehors de quelques études portant sur la représentation proportionnelle ou les modes de scrutin, cette façon de faire de la politique comparée restait insensible à la question des hypothèses et de leur vérification. Par ailleurs, la nature purement descriptive des travaux n'a pas permis de déboucher sur des élaborations conceptuelles et théoriques[17].

La critique ne s'arrête pas à ces aspects. On a aussi reproché à l'institutionnalisme de ne pas prendre en compte les aspects non formellement institutionnels du politique, comme l'économie, et d'occulter le rôle de la société, l'impact des comportements individuels et collectifs, la force de l'idéologie et de la propagande. C'est sur ce dernier point que s'est construit le behaviorisme, qui a fini par supplanter l'ancien institutionnalisme dans l'après-guerre, pour devenir à son tour hégémonique dans les années 1950 et 1960.

De la remise en cause de l'hégémonie de l'institutionnalisme... au retour de l'État

Les critiques les plus farouches et féroces de l'institutionnalisme étaient les jeunes loups qui cherchaient à faire une place pour leur génération par le biais de leur propre mouvement intellectuel, qu'ils ont baptisé « la révolution behavioriste ». Comme l'a dit Bernard Berelson, expert des sondages et de l'étude des comportements politiques, « le champ d'étude de l'opinion publique a stimulé l'émergence d'un "nouvel" intérêt […] pour les comportements politiques — et la constitution d'une avant-garde de chercheurs qui tente de porter à leurs confrères la bonne parole professée par l'approche empirique et behavioriste du politique[18] ». L'utilisation d'un vocabulaire qui rappelle la ferveur religieuse n'est pas le fait du hasard ici, compte tenu de la foi quasireligieuse qui a animé les promoteurs du behaviorisme…

Bien que la plupart des behavioristes s'intéressassent aux comportements politiques aux États-Unis — l'accès aux données quantitatives fiables l'exige —, il y avait un sous-groupe qui s'occupait de politique comparée. Gabriel Almond (voir le chapitre 3), qui en était un des chefs de file, et ses étudiants furent les premiers à revendiquer le titre de « comparatistes ». L'appellation *Comparative Government,* utilisée jusqu'alors, fit place à celle de *Comparative Politics.* La première recouvre l'étude des seules institutions formelles, alors que la seconde traduit un élargissement des objets de la politique comparée. Les adeptes de ce sous-champ s'intéressaient à un grand éventail de pays, aux aspects non rationnels du pouvoir, aux comportements politiques de tous genres ainsi qu'à l'idée de « modernisation », telle qu'elle a été vue au chapitre 5.

Les behavioristes tentèrent d'établir une hégémonie au sein de la science politique en démontrant leur scientificité. En fait, cette tendance à revendiquer une scientificité était liée, aux États-Unis, aux batailles en vue de l'accès aux subventions des fondations. Au début des années 1950, la National Science Foundation rejette la revendication des politologues qui voulaient que la science politique bénéficie aussi de subventions. Les dirigeants de la Fondation décrivent alors la science politique comme trop liée aux débats politiques controversés, manquant de normes d'objectivité scientifique et dépourvue de méthodes quantitatives, entre autres critiques. En revanche, tout en acceptant l'idée que la science politique méritait aussi d'obtenir des subventions, la Fondation Ford décide néanmoins de ne soutenir que les sciences behavioristes. De ce fait, les politologues commencèrent à adopter les méthodes des sciences sociales, telles que celles de la psychologie sociale, de l'anthropologie sociale et de la sociologie, considérées comme plus scientifiques. David Reisman a décrit comme suit la situation en 1956 dans un ouvrage faisant le point sur l'état des sciences sociales :

> La science politique trouve à présent son objet d'étude, l'État, moins clairement séparé des objets des autres disciplines. Avec l'expansion des activités étatiques et la découverte de relations de pouvoir dans toute la société, les frontières séparant auparavant clairement la clientèle de la science politique de celle des sciences sociales plus récentes se dissipent. La science politique jusque-là fortement institutionnalisée est envahie par de nouveaux acteurs appelés les behavioristes. Ces hommes prennent leurs objets dans le fonds commun des politistes, mais empruntent leurs méthodes à la psychologie et à la sociologie[19].

Les études basées sur les techniques quantitatives se multiplient sous l'impulsion des fonds de recherche versés par les fondations américaines. Celles-ci étaient séduites par une science politique qui gagne en scientificité puisque, preuve d'objectivité, elle étaye ses analyses par des données quantitatives[20].

La révolution behavioriste a incontestablement donné une nouvelle impulsion à la science politique en général et a favorisé plus spécifiquement la multiplication des travaux comparatifs. Mais progressivement, certains chercheurs plus attentifs à l'importance de l'État et des institutions disqualifiés par le behaviorisme ont entrepris une critique résolue de ses avatars et de ses lacunes. Ces travaux vont provoquer un retour des institutions, mais avec une vision tout à fait différente qui va renouveler l'approche institutionnelle à partir des années 1970 et 1980. Ce renouvellement est au cœur de l'émergence du néo-institutionnalisme.

Il faut noter cependant que ce déclassement de l'institutionnalisme est moins prononcé en France et au Canada. Comme le montre clairement Miriam Smith, il a toujours existé une forte tradition de recherches institutionnelles chez les politologues canadiens contemporains, de sorte que « le besoin d'un "néo-institutionnalisme" ne s'est pas fait sentir, dans la science politique anglo-canadienne, l'institutionnalisme n'ayant jamais vieilli ou été négligé autant qu'il l'a été aux États-Unis pendant la révolution du behaviorisme[21] ».

LE NÉO-INSTITUTIONNALISME

Parler de néo-institutionnalisme (ou nouvel institutionnalisme) ne revient pas à faire un simple jeu de mots, pas plus qu'à appeler l'ancien institutionnalisme par un autre nom, sachant que cette approche traverse peut-être plus que toutes les autres l'histoire de la politique comparée[22]. Parler uniquement d'approche institutionnelle revient à simplifier une réalité bien plus complexe dans la mesure où de manière historique comme thématique, cette dénomination ne désigne pas une approche homogène. De ce fait, il est nécessaire de distinguer le néo-institutionnalisme de l'ancien institutionnalisme tout court car les deux variantes diffèrent aussi bien dans la définition que leurs adeptes donnent de l'institution que dans les objets qu'ils étudient.

Le retour des institutions

Les courants actuels les plus importants en politique comparée sont ceux qui font des institutions leur objet d'étude, sans se limiter à l'État. L'ampleur de l'intérêt pour les institutions transparaît dans la littérature qui fait le point sur l'état de la discipline. C'est le cas de l'ouvrage dirigé par Mark Lichbach et Alan S. Zuckerman[23]. Les trois « approches » identifiées dans cet ouvrage — le choix rationnel, la culture et les structures — se rejoignent sur l'idée que le meilleur moyen de faire progresser la politique comparée consiste à accorder une attention soutenue aux institutions replacées dans leur contexte spatial et temporel. De nombreux auteurs concluent ainsi que la politique comparée a besoin de méthodes permettant d'intégrer la variable institutionnelle dans l'analyse plutôt que de se limiter à des variables quantitatives ou stratégiques qui, elles, ne permettent pas de prendre en compte l'impact des différences spatiales et temporelles sur les résultats politiques[24].

Avant d'examiner les différentes variantes du néo-institutionnalisme, il est nécessaire de comparer les définitions qu'elles proposent à celle proposée par l'ancien institutionnalisme.

Les *anciens institutionnalistes* « mettent l'accent sur les institutions étatiques formelles et [...] tendent à considérer qu'il est possible de mettre au jour l'essentiel de la nature politique d'un pays en décrivant son système légal et son histoire nationale[25] ».

Pour les *institutionnalistes historiques*, sont considérées comme institutions :

> les procédures, protocoles, normes et conventions officiels et officieux inhérents à la structure organisationnelle de la communauté politique ou de l'économie politique. Cela peut aller des règles d'un ordre constitutionnel ou des procédures habituelles de fonctionnement d'une administration jusqu'aux conventions gouvernant le comportement des syndicats ou les relations entre banques et entreprises[26].

Les *institutionnalistes sociologiques* ont une définition culturelle des institutions. Elle est donc beaucoup plus large car elle prend en compte « non seulement les règles, procédures ou normes formelles, mais les systèmes de symboles, les schémas cognitifs et les modèles moraux qui fournissent les "cadres de signification" guidant l'action humaine[27] ».

Pour les *institutionnalistes du choix rationnel*, les institutions sont considérées comme « des paramètres de l'action produits par les acteurs. En termes méthodologiques, cela revient à rechercher comment les institutions influencent l'interaction entre acteurs, les choix disponibles pour chaque acteur et les intérêts retirés par les individus et les groupes[28] ».

La multiplicité des définitions et la faiblesse du consensus à ce sujet ont conduit à faire naître des critiques telles que celles émises par Erhard Friedberg qui considère cette diversité des significations données à la notion d'institution comme une preuve de la confusion qui entoure le néo-institutionnalisme[29]. Il est important de reconnaître néanmoins que de plus en plus de comparatistes se tournent vers des analyses institutionnelles en rejetant soit le holisme inhérent au structuralisme, soit le réductonnisme de l'individualisme méthodologique, qu'il prenne ou non la forme d'une analyse en termes de choix rationnels.

Le fait de mettre l'accent sur les institutions permet aux comparatistes de corriger certaines insuffisances identifiées dans la littérature à la suite de l'intermède behavioriste et de la prédominance du structuralisme. En effet, les néo-institutionnalistes ont développé leurs approches pour répondre à trois limites inhérentes aux approches comparatives existantes : leur caractère fonctionnaliste, la faible attention qu'elles accordent à l'État et leur incapacité à reconnaître que l'État a ses propres intérêts[30]. Pour les politologues américains à l'origine de ce mouvement intellectuel, il s'agissait de remettre l'accent sur l'État afin de compenser la tendance des behavioristes à préférer étudier des objets tels que la société civile ou les activités d'acteurs non politiques, non formels et non bureaucratiques. Par ailleurs, ce désintérêt pour les institutions s'explique par le fait que de l'entre-deux-guerres aux années 1970, et au cœur de la révolution behavioriste, il y avait aux États-Unis une préférence politique traditionnelle pour le libéralisme et la limitation du rôle de l'État.

Les comparatistes commencèrent d'abord à accorder de l'attention aux processus d'institutionnalisation à défaut de s'intéresser aux institutions en tant que telles. C'est ainsi que dès la fin des années 1960, Samuel Huntington, par exemple, élabore sa notion de l'institutionnalisation[31], grâce à laquelle il met l'État et l'autorité politique au centre de l'analyse. S. Huntington était intéressé par la question du développement politique, mais, comme le montre B. Badie, il trouvait les théories développementalistes classiques trop linéaires, centrées uniquement sur les sociétés contemporaines et ignorant les sociétés antiques, alors qu'il était nécessaire de définir le développement selon un critère universel et autonome, applicable à toutes les sociétés, modernes comme antiques. Ce critère, c'est l'institutionnalisation, qui devient le dénominateur commun à tous les processus de développement politique[32]. S. Huntington accorde certes une place aux institutions étatiques, car ce sont elles qui servent à protéger la société, à réguler les conflits et à éviter l'instabilité. C'est cependant cette ambition universalisante qui exclut S. Huntington des adeptes du néo-institutionnalisme. Ceux-ci évitent précisément de chercher des lois universelles. Le projet néo-institutionnaliste s'est bâti en réaction contre la tendance à construire des théories de grande portée caractéristiques des recherches behavioristes et néomarxistes des années 1950 et 1960. Alors que les théories de grande portée soulignent les similarités et les convergences dans les processus qui prennent place dans l'espace et dans le temps, les néo-institutionnalistes tentent au contraire de comprendre les variations entre pays et les configurations institutionnelles qui expliquent ces variations[33].

Pour mieux comprendre l'apport des néo-institutionalistes de ce point de vue, rappelons que pour les fonctionnalistes, par exemple, chaque phénomène s'explique par les conséquences qu'il produit. Dans cette perspective, la présence d'un dispositif institutionnel dans l'État moderne comme dans un système tribal s'explique par sa contribution au fonctionnement efficient du système politique ou social. De ce fait, les fonctionnalistes se contentent de repérer un nombre limité d'institutions sur la base des fonctions de légitimation ou de représentation des intérêts, par exemple. Comme le dit Peter A. Hall, « le holisme caractéristique des visions dominantes du système politique dans l'après-guerre a favorisé la montée en force du fonctionnalisme[34] ».

Pour les institutionalistes intéressés à faire ressortir plutôt les contrastes entre pays[35], un des objets d'élection était le rôle de l'État. Il existait déjà dans les années 1960 une tradition théorique forgée par les néomarxistes — en France, en Allemagne et en Grande-Bretagne — qui analysaient le rôle de l'État dans les sociétés capitalistes. Il y avait des échanges entre ceux-ci et certains des universitaires américains qui sont devenus ensuite les fers de lance du néo-institutionnalisme[36]. Toutefois, en dépit de l'idée émise par des marxistes européens, tels Nicos Poulantzas, Ralph Miliband et Claus Offe[37] qui considéraient (révisant déjà en cela la théorie marxiste) que l'État a une « autonomie relative » par rapport à la bourgeoisie et au système capitaliste, les néo-institutionnalistes nord-américains n'étaient pas satisfaits[38]. Ils préféraient le concept « d'autonomie de l'État » qui leur permettait d'analyser véritablement les rôles de l'État au lieu de souscrire à la thèse que les néomarxistes continuaient à soutenir et selon laquelle, en dernière instance, toute l'action étatique se ramène à répondre aux besoins imposés par le système capitaliste. C'est pourquoi on peut dire que le néo-institutionnalisme s'est bâti en réaction contre la tendance du marxisme à ne s'intéresser qu'aux rapports de classe et à la domination économique au détriment de l'analyse du rôle des institutions, notamment l'État.

Un autre courant néo-institutionnaliste étudiait l'émergence de l'État providence en expliquant les variations de formes par les différences en matière de mobilisation des ressources et par les rapports de forces entre les classes sociales. Tout en critiquant les théories marxistes qui considèrent que l'État providence ne conduit à rien d'autre qu'à permettre au capitalisme de perdurer, elles continuent donc à analyser les rapports de classes[39]. Cependant, elles considèrent que l'État providence est capable de peser sur le capitalisme. En effet, les droits sociaux conquis par les travailleurs dans un contexte démocratique peuvent contrecarrer les intérêts capitalistes et plus encore, influencer la structure de classes en renforçant la position des travailleurs qui, en retour, luttent pour obtenir encore plus de droits.

Cependant, tout en considérant l'État comme un objet de luttes politiques et les politiques publiques comme les résultats de ces luttes, cette tradition ne voulait pas étudier l'État lui-même, en tant qu'entité obéissant à sa propre logique. Elle a été critiquée par ceux qui voulaient mettre l'État au cœur de l'analyse au lieu de le considérer seulement à travers la grille des luttes entre classes. Ce dernier mouvement, dit « stato-centré », va clairement dans le sens du retour des institutions comme variables premières d'analyse.

Quand l'approche « stato-centrée » s'est mise à étudier les politiques publiques, elle a critiqué les théories expliquant l'avènement de l'État providence comme le résultat des mobilisations de la classe ouvrière. Dans son chapitre écrit en collaboration avec Margaret Weir dans l'ouvrage *Bringing the State Back In*, publié en 1985, T. Skocpol a essayé de montrer le rôle des élites œuvrant au sein des institutions étatiques dans

---

THEDA SKOCPOL ET L'APPROCHE STATO-CENTRÉE

Le rejet du fonctionnalisme[40] et du marxisme et l'adoption de la notion d'autonomie de l'État (malgré l'attention accordée par ailleurs aux forces sociales comme les classes) transparaissent clairement dans deux des premiers travaux de Theda Skocpol qui est sans conteste une des têtes de file de ce mouvement de retour aux institutions[41]. Ces travaux sont considérés comme au fondement de ce que l'on a appelé l'approche stato-centrée dans l'analyse néo-institutionnelle. Dans son premier ouvrage *État et révolutions sociales, la révolution en France, en Russie et en Chine*[42], publié pour la première fois en 1979, elle estime entre autres arguments que « si l'on veut expliquer les causes et le dénouement des révolutions, il est essentiel de concevoir les États comme des organes administratifs et coercitifs potentiellement indépendants des intérêts et des structures socioéconomiques ». Dans cette perspective, l'État et les institutions sont dotés d'une autonomie et d'intérêts propres qui expliquent leur capacité à influencer et structurer les jeux et situations politiques. Dans cet ouvrage, elle a critiqué la sociologie politique marxiste. Considérant que les institutions étatiques sont autonomes par rapport aux classes, elle reproche à ses adeptes de ne pas s'interroger sur la possibilité que les organisations et les élites étatiques puissent entrer en opposition avec les intérêts capitalistes.

le façonnement des différentes trajectoires empruntées par la Suède, la Grande-Bretagne et les États-Unis en matière de politiques sociales[43].

Une immense littérature de politique comparée a été produite dans le cadre de cette approche stato-centrée, qui postule que l'État (et les institutions en général) contribue à la stabilité ou au changement social, au bien-être ou à la paupérisation des citoyens. C'est ainsi que l'analyse du rôle de l'État dans le développement à Taiwan, en Afrique, en Amérique latine tout comme en Europe occidentale a été au cœur de cette première offensive polémique entreprise dans *Bringing the State Back In*. L'étude de la relation entre l'État et la société est devenue ensuite une problématique qui a conduit à une floraison de recherches[44].

À ce plan, il convient de noter que dès son lancement, le néo-institutionnalisme a été pluriel. Non seulement il n'y a pas qu'une variante, mais aucune des variantes n'est aussi stato-centrée que la première vague de travaux.

Variations et convergences autour du néo-institutionnalisme

Le néo-institutionnalisme ne désigne pas une approche unifiée, mais plusieurs perspectives. Plutôt que de distinguer des perspectives « stato-centrées » ou « sociéto-centrées », Peter A. Hall et Rosemary Taylor, qui sont parmi ceux qui ont essayé de mettre de l'ordre dans un univers complexe, ont proposé de distinguer trois perspectives revendiquant toutes l'appellation néo-institutionnalisme : l'institutionnalisme historique, l'institutionnalisme du choix rationnel et l'institutionnalisme sociologique[45].

Par rapport aux anciens institutionnalistes, les néo-institutionnalistes s'intéressent à des thématiques plus variées et plus complexes, qui peuvent couvrir[46] l'État et les institutions formelles comme les anciens institutionnalistes ; mais aussi la démocratisation et les luttes pour le pouvoir politique ; le rôle des grandes entreprises, des firmes multinationales et des flux transnationaux ; les politiques publiques ainsi que la problématique de l'État providence.

Chacune des perspectives du néo-institutionnalisme aborde ces questions avec un appareil conceptuel relativement différent et en donne des explications tout aussi différentes. Ces différences s'expliquent par l'histoire de chacune des perspectives, selon qu'elles sont héritières de l'histoire, de la sociologie ou de l'économie. P. Hall et R. Taylor démontrent cependant qu'en dépit de leurs divergences, des points de convergence existent car ces différentes perspectives « cherchent toutes à élucider le rôle joué par les institutions dans la détermination des résultats sociaux et politiques[47] ».

Toutes ces perspectives placent les institutions au centre de l'analyse, en tant que variables dépendantes (phénomène à expliquer), mais surtout en tant que variables indépendantes (facteurs explicatifs). De façon plus précise, on pourrait dire que les chercheurs de chaque perspective se préoccupent de la place qu'occupent les institutions dans les processus politiques dans une démarche dialectique.

D'une part, ils cherchent à expliquer les processus de création d'institutions et la façon dont les institutions sont affectées par les mutations et les processus sociaux et politiques, étant entendu qu'elles ne naissent pas seules, comme le montre Mary Douglas[48]. Cette problématique revient à chercher comment les institutions émergent, se modifient ou se maintiennent.

D'autre part, ils cherchent à expliquer comment les institutions structurent les processus sociaux et politiques, influencent leur aboutissement et provoquent les mutations. En d'autres termes, cela revient à chercher comment une fois créées, les institutions deviennent objectives, ordonnent leur contexte, structurent les choix opérés par les acteurs, rendent possibles certains scénarios et trajectoires et pas d'autres.

Cependant, comme le démontrent P. Hall et R. Taylor, ces différentes perspectives du néo-institutionnalisme « dépeignent le monde politique sous des couleurs très différentes[49] ». Autrement dit, elles apportent des réponses différentes à ces préoccupations incontournables.

L'explication de l'origine et du maintien des institutions

Les différentes perspectives néo-institutionnelles ont des positions divergentes lorsqu'il s'agit de se prononcer sur la façon dont les institutions émergent, et pourquoi et comment elles perdurent. Sur la base de la typologie de P. Hall et R. Taylor, nous pouvons décrire ces différences :

L'*institutionnalisme historique* est plus attentif à la continuité historique et à l'influence que les formes institutionnelles antérieures exercent sur les formules du présent. Elle donne une conception mi-volontaire, mi-structurelle de la naissance des institutions. Celles-ci sont « des composantes relativement stables du paysage politique et résultent de trajectoires particulières, de situations critiques et de conséquences imprévues[50] ».

Les institutions sont créées durant certaines conjonctures favorables. Ces périodes d'innovation sont ensuite suivies de périodes de consolidation, d'immobilisme ou de fermeture. Durant ces périodes, les institutions perdurent jusqu'à ce que des chocs exogènes provoquent de nouveaux déséquilibres entraînant de nouvelles innovations[51]. Cela explique que les institutionnalistes historiques commencent souvent leurs analyses à partir de moments cruciaux, comme les guerres ou les révolutions.

Cette insistance sur les innovations n'empêche pas les institutionnalistes historiques d'insister aussi sur la stabilité institutionnelle, qu'ils conçoivent de deux manières. La notion de dépendance au sentier (*path dependency*) est la première et elle est particulièrement populaire chez les

---

LA DÉPENDANCE AU SENTIER D'APRÈS PAUL PIERSON

Paul Pierson s'est intéressé à l'étude des politiques menées par deux leaders néolibéraux, Margaret Thatcher de la Grande-Bretagne et Ronald Reagan des États-Unis. Ces leaders de la nouvelle droite ont été les premiers, dans les années 1980, à engager des politiques de retrait de l'État, notamment dans le domaine social. P. Pierson remarque que leurs engagements électoraux de démantèlement de l'État providence ont produit des résultats plutôt maigres au regard des objectifs poursuivis. Cet échec relatif est alors expliqué grâce au concept de *path dependency*. Les institutions sociales (pensions de retraite, assurance-chômage, système de santé et ainsi de suite) mises en place au cours des décennies précédentes ont favorisé l'émergence de groupes ayant un énorme intérêt pour la protection des droits sociaux acquis. C'est le cas, par exemple, de l'Association américaine des personnes retraitées, créée pour revendiquer de nouveaux droits, qui a eu certains succès. Ensuite et en conséquence, l'Association est devenue un lobby capable de mener des actions de mobilisation massive lorsque le gouvernement Reagan a voulu diminuer les pensions de retraite. L'institution de l'État providence a donc structuré la vision de ce groupe et d'autres qui sont devenus, avec le temps, des acteurs dorénavant incontournables. L'institution crée ainsi les conditions de sa permanence par le biais de ces acteurs s'opposant aux politiques de démantèlement qui mettent en péril leurs intérêts[52].

institutionnalistes historiques. Elle signifie que les institutions durent parce qu'une fois créées, elles génèrent les conditions de leur permanence en engageant la dynamique de leur reproduction. Une fois qu'elles existent, elles acquièrent une consistance telle et créent des intérêts tels qu'elles ne peuvent plus être supprimées aisément. Certes, les institutions sont quelque peu malléables à leur naissance, mais elles deviennent rapidement solides et difficiles à modifier car elles structurent les règles du jeu politique, les modes de mobilisation politique, voire les modes de pensée et d'action des citoyens. L'encadré précédent donne un exemple d'utilisation du concept de dépendance au sentier par Paul Pierson, un de ses plus importants promoteurs.

Une seconde manière de concevoir la continuité institutionnelle, mais qui accorde plus d'importance au changement intra-institutionnel est celle de « sédimentation » (*layering*). De nouvelles institutions créées par de nouvelles coalitions sont considérées comme ajoutant leur marque à l'architecture institutionnelle déjà existante. Cela signifie qu'il y a innovation, mais que celle-ci est affectée par les formes existantes sur lesquelles elle se superpose[53].

LES EFFETS DE LA SÉDIMENTATION INSTITUTIONNELLE D'APRÈS KATHLEEN THELEN

Kathleen Thelen propose une explication du changement différente de celle de la dépendance au sentier[54]. Travaillant également sur les systèmes de pensions, elle accepte l'idée qu'ils sont sujets aux effets de dépendance. Ceux-ci constituent des facteurs de blocage des tentatives de démantèlement en raison de la constitution de groupes et d'intérêts qui représentent un grand obstacle au changement. Cependant, au lieu de tenter de démanteler le système existant, les hommes politiques peuvent choisir de créer un système de pensions privé parallèle. Cette superposition d'un système privé sur le système public existant peut changer les intérêts des acteurs clés. Les citoyens fortunés capables d'investir dans le système privé peuvent, par exemple, manifester dorénavant moins d'attachement au système public et investir leur énergie politique pour protéger leurs nouveaux intérêts dans le système de pensions privé. Dans cette perspective, les groupes défendant le système public peuvent se trouver affaiblis par cette perte de soutiens, voire entrer en conflit avec ceux qui trouvent leur compte dans le système privé.

L'institutionnalisme du choix rationnel (voir la théorie du choix rationnel au chapitre 10) propose deux conceptualisations des institutions. La première, qui a conduit au plus grand nombre de travaux, tient les institutions pour acquises. Elle s'interroge non pas sur l'origine, mais sur les conséquences de leurs règles sur les comportements des acteurs. Ainsi, comparant les puissants systèmes présidentiels latino-américains au système présidentiel américain où le Congrès dispose de pouvoirs inhabituels, Barry Weingast a conclu que les règles permettant au Congrès américain d'amender les projets de lois présidentiels expliquent une situation de rapports de forces souvent très équilibrés ainsi que des blocages institutionnels. Au Chili, par contre, les projets de loi présidentiels sont à prendre ou à laisser par le parlement. Les députés chiliens n'ont que deux choix : le *statu quo* ou le projet présidentiel. Dans le système américain, par contre, le Congrès peut élaborer diverses stratégies en amendant, par exemple, le projet du président, le forçant à choisir entre le compromis ou l'utilisation de son veto. Le Congrès a donc plus de chances de faire prévaloir ses options[55]. Cette comparaison montre bien les conséquences des dispositifs institutionnels et légaux sur les choix opérés.

L'ÉTAT EN AFRIQUE SUB-SAHARIENNE ET LA RATIONALITÉ DES ACTEURS ÉTATIQUES SELON ROBERT BATES

Utilisant une approche institutionnelle basée sur la théorie du choix rationnel, Robert Bates a tenté de rendre compte des microfondations de l'échec du développement économique en Afrique, une des questions les plus épineuses en politique comparée. Dans son livre intitulé *Markets and States in Tropical Africa*[56], il commence par relever le paradoxe suivant : les dirigeants africains connaissent les types de politiques économiques dont leurs pays ont besoin pour se développer, mais ils ne les adoptent pas, et parfois même les rejettent explicitement, préférant certaines politiques malgré leurs effets négatifs. Selon l'analyse de R. Bates, la structure des intérêts des leaders leur impose une ligne de conduite qui ruine l'économie. Ainsi, en se concentrant sur les préférences des dirigeants qui agissent certes dans des contextes institutionnels particuliers, mais qui sont rationnels — si l'on se réfère à leur intérêt qui est de conserver le pouvoir —, R. Bates prétend rendre compte des difficultés traversées par des États.

Dans son livre suivant, intitulé *Beyond the Miracle of the Market*[57], il tente de rendre compte du développement agricole au Kenya. Il met l'accent d'abord sur les intérêts des classes sociales dominantes axées davantage sur l'accumulation que sur la redistribution. Il insiste ensuite sur la manière dont les institutions politiques permettent à cette classe de fournir des avantages (matériels par exemple) aux politiciens. En retour, ces politiciens soutiennent les préférences des classes dominantes au détriment de celles des autres classes.

La seconde manière d'aborder les institutions chez les institutionna-listes du choix rationnel est de se demander pourquoi les institutions existent et pourquoi les relations entre les acteurs doivent être régies par des dispositifs institutionnels et des règles. De nombreux modèles de jeux, comme celui du dilemme du prisonnier (voir chapitre 10), démontrent la difficulté de faire des choix dans des contextes d'incertitude. Les institu-tions peuvent aider à réduire les dangers et les coûts liés à l'incertitude en rendant le comportement de tous prévisible, rendant ainsi possible la coo-pération entre les acteurs. Par exemple, nous attendons des conducteurs

L'INSTITUTIONNALISME DU CHOIX RATIONNEL : MARGARET LEVI À PROPOS DE L'ÉTAT ET DES IMPÔTS

Dans son livre intitulé *Of Rule and Revenue*[58], Margaret Levi considère que l'objectif des gouvernants est de maximiser les ressources de l'État. En partant de ce postulat, elle arrive à démontrer que les gouvernants vont changer les règles de taxation pour répondre aux changements qui inter-viennent dans ses exigences budgétaires, dans les coûts de collecte ou de mise en œuvre de certains types de taxes et dans la marge de manœuvre des contribuables potentiels. Ainsi, de nouveaux impôts ne sont pas insti-tués si les coûts de création ne sont pas suffisamment bas pour rendre l'initiative rentable. Cela suppose, par exemple, un nombre élevé d'em-plois salariés plutôt que de travailleurs à leur propre compte, de gros plutôt que de petits employeurs ainsi qu'un système informatique four-nissant un filet suffisamment serré pour éviter l'évasion fiscale. En l'ab-sence de ces conditions, les gouvernants choisiront de proposer des taxes sur les activités commerciales, ce qui en retour aura pour conséquence de provoquer des tentatives de fraude ou de contrebande et ainsi de suite.

de véhicule qu'ils s'arrêtent au feu rouge bien qu'il soit plus rationnel pour chaque individu pris séparément de continuer son chemin sans perdre de temps. L'institution (le code de la route) permet ici la coopération.

L'institutionnalisme sociologique est axé sur des explications culturelles de l'origine, du sens et de la nature des institutions. Celles-ci s'incarnent dans des systèmes de symboles, des schémas cognitifs, des modèles moraux socialement légitimes. Dans cette définition basée sur une démarche sociologique, les institutions sont la traduction des normes sociales et modèles dominants. Ici, la persistance des institutions à travers le temps est expliquée par leur conformité au contexte social dans lequel elles existent.

Dans une analyse influente des politiques sociales en Grande-Bretagne et en Suède, Hugh Heclo a estimé que la mise en œuvre de politiques n'est pas juste le résultat de luttes de pouvoir (*powering*) entre acteurs, comme le supposent les institutionnalistes historiques, ou du choix rationnel. C'est aussi une affaire de bricolage (*puzzling*) car les acteurs apprennent ce qu'il y a lieu de faire dans des environnements sociaux complexes[59]. Cette conception a influencé la production d'une importante littérature sur l'apprentissage social (*policy learning* ou *social learning*) qui signifie « des tentatives délibérées en vue d'adapter les objectifs et les techniques des politiques à la lumière des conséquences des politiques passées et des nouvelles informations en vue d'obtenir les meilleurs moyens de gouvernance[60] ». Sans laisser de côté une analyse des institutions et des acteurs qui transmettent, imposent ou diffusent des idées, la notion de *social learning* reconnaît un impact spécifique au processus intellectuel à la base de la construction de nouvelles visions politiques.

Comment les néo-institutionnalistes conçoivent-ils l'action des institutions ?

Dans les différentes variantes du néo-institutionnalisme, les institutions sont utilisées en tant que variables explicatives des résultats sociaux et politiques, mais avec des nuances quant au sens et au degré de détermination qu'elles exercent sur ces résultats. L'institutionnalisme historique est plus attentif aux structures et à une conception plus structurante des institutions, comme on le voit dans les travaux d'auteurs pionniers.

LE RÔLE DE L'ÉTAT SELON PETER KATZENSTEIN

Dans *Bringing the State Back In*, Peter Katzenstein décrit le rôle de l'État dans des petits pays (l'Autriche et la Suisse) qui tentent d'atténuer leur vulnérabilité économique et leur dépendance vis-à-vis du marché mondial. Ces pays ont développé des politiques internes qui fonctionnent bien en mettant en place des dispositifs institutionnels permettant d'allier d'une part, la nécessaire ouverture sur le monde et d'autre part, des mesures internes compensatoires ainsi que des politiques de développement industriel flexibles. Selon lui, les stratégies adoptées par ces pays, les capacités étatiques qu'ils ont développées et leur manière de lier l'État aux autres acteurs sociaux distinguent clairement les petits États européens des grands pays industrialisés du continent européen.

L'on peut dire, comme Peter A. Hall, que les institutions ont une influence sur les comportements des individus de deux manières : d'une part, c'est l'organisation institutionnelle qui détermine les rapports de forces entre acteurs — par exemple, les relations décrites par P. Katzenstein. D'autre part, la position institutionnelle de chaque acteur influe sur la façon dont il conçoit ses intérêts en définissant son rôle et ses interactions avec d'autres acteurs[61]. Ce sont donc les institutions — les règles du commerce international dont parle P. Katzenstein, par exemple — qui structurent les contextes et les options qui y sont disponibles. Ce sont elles qui placent les acteurs en position de force ou de faiblesse et rendent possibles certaines configurations au détriment d'autres. Par exemple, selon qu'un pays adopte un régime présidentiel ou parlementaire, les acteurs politiques qui seront portés aux commandes de l'État auront des positions de pouvoir définies par les institutions particulières du régime. Le même acteur mis dans la position de président de la République aura tantôt des pouvoirs simplement honorifiques (régime parlementaire), tantôt la réalité du pouvoir exécutif (régime présidentiel). Cela ne relève pas de sa volonté, mais est le fruit d'une définition opérée par le type d'institution au sein de laquelle il évolue.

Il est important de noter ici toutefois que les institutionnalistes historiques ne considèrent pas les institutions comme des facteurs explicatifs exclusifs. D'abord, ses adeptes prennent en compte les explications classiques en termes de lutte des classes ou de conflits entre groupes sociaux[62].

Ensuite, ils croient en la force des idées qui, en se renouvelant, amènent les acteurs à se repositionner[63]. Denis Saint-Martin a travaillé dans cette perspective en montrant «comment le savoir produit par des groupes sociaux et réseaux d'experts a alimenté les récentes réformes de l'État providence au Canada et en Grande-Bretagne[64]». Enfin, ils accordent une importance à l'histoire et à la force discriminante du *timing* et de la séquence des évènements. Par exemple, P. Pierson et T. Skocpol montrent que l'ordre dans lequel certains phénomènes surviennent historiquement détermine le type de résultat politique[65]. Par exemple, un pays qui parvient à l'indépendance en ayant déjà résolu la formation d'une identité nationale fait face à des défis différents de ceux qu'affronte un pays qui arrive à l'indépendance d'abord et essaye ensuite de forger un sentiment national au sein d'ethnies différentes.

Même si les institutionnalistes historiques admettent l'effet d'autres facteurs, ils estiment que les institutions sont beaucoup plus que de simples variables à côté de ceux-ci. En fin de compte, ce sont elles qui structurent ces luttes, de sorte que les intérêts de classe deviennent les reflets de la position institutionnelle de la classe. Les institutions façonnent non seulement les stratégies, mais aussi les choix des acteurs et les relations qu'ils entretiennent entre eux, laissant ainsi leur marque sur ce qui résulte de ces interactions.

Dans l'institutionnalisme sociologique, tel que le montrent P. Hall et R. Taylor, les institutions agissent en donnant des cadres de signification à partir desquels l'action des acteurs peut se déployer en conformité avec les schémas et normes en vigueur dans le contexte. Cela revient à dire, dans leurs termes, que les individus qui agissent utilisent les modèles institutionnels fournis par la vie sociale. Dans cette perspective, les structures et les idées socialement légitimes dans le contexte déterminent les formes institutionnelles. C'est donc une perspective qui met l'accent sur la culture. C'est dans cette perspective que Sophia Mappa estime illusoire l'idée que des institutions démocratiques pourraient être instaurées en Afrique. Selon elle, «c'est cette illusion qui est véhiculée par les politiques de la conditionnalité démocratique. L'adoption des procédures électorales sert de masque qui empêche la prise de conscience, au sein des sociétés concernées, des changements culturels immenses qui sont nécessaires pour accéder à la démocratie[66]».

On voit nettement la différence entre ces deux perspectives et l'institutionnalisme du choix rationnel. Alors que dans les deux premières perspectives, on s'interroge sur la manière dont les préférences ou les intérêts des acteurs se forment (et elles dépendent en général du contexte institutionnel), l'institutionnalisme des choix rationnels présuppose que les intérêts et les préférences des acteurs ne dépendent pas de facteurs extérieurs, mais sont les fruits de choix calculés[67]. Dans l'institutionnalisme du choix rationnel, en effet, la rationalité des acteurs est postulée. Par conséquent, les institutions agissent en structurant les stratégies, mais les acteurs sont conscients des solutions disponibles et surtout de l'option optimale qu'ils poursuivent en se servant du cadre institutionnel. Les institutions sont donc plus des aspects organisationnels d'un contexte stratégique que des variables fortement structurantes, comme dans le cas de l'institutionnalisme historique. Elles imposent des contraintes aux acteurs, mais ceux-ci restent maîtres de stratégies orientées vers la maximisation de leur utilité[68]. On voit ce type d'analyse lorsqu'il s'agit, par exemple, d'expliquer des arrangements institutionnels ou juridiques dans des moments de recomposition politique. Ainsi, le choix du mode de scrutin proportionnel conduit certes à un éclatement de la représentation, puis à une configuration plus hétéroclite du parlement, imposant des alliances entre partis pour la constitution d'une majorité. Mais dans cette optique, ce choix de mode de scrutin est lui-même le fruit de calculs opérés par des acteurs placés dans une situation particulière. Certains auteurs ont ainsi essayé de montrer que ce choix s'opère surtout dans un contexte où une opposition hétérogène est en position d'imposer ses préférences face au pouvoir. Pour tenir compte des intérêts de toutes les composantes de l'opposition, celles-ci s'entendent sur le scrutin proportionnel qui leur donne à toutes des chances d'avoir des élus au parlement.

L'institutionnalisme comme perspective prédominante en politique comparée

Le néo-institutionnalisme représente, comme on le voit, une approche hétérogène, même si des ponts existent entre ses différents courants. P. Hall et R. Taylor se prononcent pour un rapprochement entre ces écoles.

L'institutionnalisme historique est placé dans une position particulièrement cruciale. Nombre de thèses récemment proposées par cette école pourraient facilement être traduites dans le langage du choix rationnel, tandis que d'autres présentent une tendance certaine à s'ouvrir au néo-institutionnalisme socio-logique. Les meilleures de ces analyses intègrent déjà des éléments empruntés aux autres écoles, par exemple lorsque, à la façon des théoriciens du choix rationnel, elles montrent comment les acteurs historiques sélectionnent de nouvelles institutions dans un but instrumental, mais en les choisissant dans une liste d'alternatives historiquement déterminée par les mécanismes que décrit l'institutionnalisme sociologique […]. D'autres travaux sont allés encore plus loin en laissant entendre que les réactions stratégiques à un environne-ment institutionnel donné peuvent finir par engendrer des visions du monde et des pratiques organisationnelles qui continuent à conditionner l'action alors que l'environnement initial s'est modifié[69].

Cet appel semble avoir été entendu, car D. Boniface et J. C. Sharman se sont demandés si on n'assistait pas à une révolution analytique en politique comparée. Ils ont remarqué que des auteurs cruciaux assimilés à l'institutionnalisme du choix rationnel ont récemment proposé une approche plus équilibrée, accordant une place aux stratégies, mais atten-tive aux facteurs historiques et institutionnels, relativisant quelque peu les excès de l'approche en termes de pure rationalité[70]. Pour ajouter à la convergence, les institutionnalistes historiques et sociologiques accordent de plus en plus d'importance aux microfondations de l'action, aux acteurs et à leur capacité à faire des choix. Ces convergences de plus en plus évi-dentes actuellement sont en grande partie le résultat du rejet des grandes théories universalistes et structuralistes en œuvre dans les analyses histo-riques et culturelles, comme nous le verrons dans les chapitres suivants.

NOTES

1. Pierre Favre, « Histoire de la science politique », dans Madeleine Grawitz et Jean Leca, *Traité de science politique*, t. 1, Paris, PUF, 1986, p. 35.
2. David Apter, « Un regard neuf sur l'institutionnalisme », *Revue internationale des sciences sociales*, n° 129, août 1991, p. 493.
3. Dans son analyse de « l'institutionnalisme traditionnel », Peter A. Hall (formé au Canada, en Grande-Bretagne et aux États-Unis) présente aussi bien W. Bagehot que W. Wilson comme étant les leaders de l'institutionnalisme au xixe siècle. Voir Peter A. Hall, « Aligning Ontology and Methodology in Comparative Research », dans James Mahoney et Dietrich Rueschemeyer (dir.), *Comparative Historical Analysis in the Social Sciences*, New York, Cambridge University Press, 2003, p. 376.

4. David E. Smith, « Bagehot, the Crown and the Canadian Constitution », *Canadian Journal of Political Science*, vol. 28, n° 4, 1995, p. 619-636.
5. Sur la tradition anglophone de l'institutionnalisme, voir Miriam Smith, « L'héritage institutionnaliste de la science politique au Canada anglais », *Politique et Sociétés*, vol. 21, n° 3, 2002, p. 113-138.
6. Voir par exemple leurs publications du milieu à la fin des années 1960 : Gérard Bergeron, *Fonctionnement de l'État*, Québec/Paris, PUL/Colin, 1965 ; Edmond Orban, *Le Conseil législatif du Québec, 1867-1967*, Bruges/Montréal, Desclée de Brouwer, 1967 ; Alan C. Cairns, « The Electoral System and the Party System in Canada, 1921-1965 », *Canadian Journal of Political Science*, vol. 1, 1968, p. 55-80 ; Robert Boily, *La réforme électorale au Québec*, Montréal, Éditions du Jour, 1970 et Richard Simeon, *Federal-Provincial Diplomacy : The Making of Recent Policy in Canada,* Toronto, University of Toronto Press, 1972.
7. À partir de la Commission Rowell-Sirois dans les années 1940, on fit appel à l'expertise de spécialistes des sciences sociales sur des questions politiques dans de nombreuses commissions royales qui contribuèrent à façonner les institutions canadiennes. Des générations successives de politologues, notamment ceux utilisant l'approche institutionnelle ou étudiant les politiques publiques, ont travaillé dans d'importantes commissions, telles la Commission royale sur les relations entre le Dominion et les provinces (dite Commission Rowell-Sirois) en 1940, la Commission royale sur le bilinguisme et le biculturalisme au Canada (dite Commission Laurendeau-Dunton) en 1968, la Commission royale sur la situation de la femme au Canada (dite Commission Bird) en 1970 ou encore la Commission royale sur l'union économique et les perspectives d'avenir du Canada (dite Commission MacDonald) en 1985.
8. Il faut noter que les institutionnalistes n'étaient pas les seuls à être des acteurs politiques. Talcott Parsons, influent sociologue, définissait son œuvre comme une vocation stratégique aussi importante que la profession de son père, missionnaire protestant au Colorado. Voir William Buxton, *Talcott Parsons and the Capitalist Nation-State : Political Sociology as a Strategic Vocation*, Toronto, University of Toronto Press, 1985 (notamment le chapitre 2).
9. D. Apter, 1991, p. 493-494.
10. C'est le titre de l'ouvrage classique de Carl J. Friedrich, publié en 1946, Boston, Ginn.
11. C'est le titre de l'ouvrage de J. A. Corry en institutions politiques comparées, publié en 1946, Toronto, University of Toronto Press.
12. Voir, par exemple, André Blais et Louis Massicotte, « Mixed Electoral Systems. A Conceptual and Empirical Survey », *Electoral Studies*, vol. 18, n° 3, 1999, p. 341-366.
13. Sigmund Neumann, « Comparative Politics : A Half-Century Appraisal », dans Louis J. Cantori et Andrew H. Ziegler (dir.), *Comparative Politics in the Postbehavioral Era*, Boulder, Lynne Rienner Publishers, 1988, p. 7.
14. D. Apter, 1991, p. 498-501.
15. *Ibid.*, p. 498.
16. Voir, à propos de ces questions, l'ouvrage synthétique et maintenant classique de Bertrand Badie, *Le développement politique*, Paris, Economica, 3ᵉ édition, 1984.

17. Roy Macridis et Bernard E. Brown (dir.), *Comparative Politics: Notes and Readings*, Chicago, The Dorsey Press, 6ᵉ édition, 1986, p. 3.
18. Bernard Berelson, « The Study of Public Opinion », dans Leonard White (dir.), *The State of the Social Sciences*, Chicago, University of Chicago Press, 1955.
19. David Reisman, cité dans W. Buxton, 1985, p. 173.
20. S. Neumann, 1988, p. 14.
21. M. Smith, 2002, p. 113-138.
22. Ainsi que le montrent K. Thelen et S. Steinmo, il existe en effet un grand scepticisme quant à la pertinence du concept et du contenu du néo-institutionnalisme. Voir « Historical Institutionalism in Comparative Politics », dans Sven Steinmo, Kathleen Thelen et Frank Longstreeth (dir.), *Structuring Politics. Historical Institutionalism in Comparative Analysis*, Cambridge, Cambridge University Press, 1992, p. 3.
23. Mark I. Lichbach et Alan S. Zuckerman, *Comparative Politics: Rationality, Culture and Structures*, Cambridge, Cambridge University Press, 1997.
24. P. A. Hall, 2003, p. 379-387.
25. *Ibid.*, p. 375-376.
26. Peter A. Hall et Rosemary Taylor, « La science politique et les trois néo-institutionnalismes », *Revue française de science politique*, vol. 47, nᵒˢ 3-4, 1997, p. 471.
27. *Ibid.*, p. 482.
28. Barry R. Weingast, « Rational Choice Institutionalism », dans Ira Katznelson et Helen Milner (dir.), *Political Science: State of the Discipline*, New York, Norton/Washington, American Political Science Association, 2002, p. 661.
29. Erhard Friedberg, « En lisant Hall et Taylor : néo-institutionnalisme et ordres locaux », *Revue française de science politique*, vol. 48, nᵒˢ 3-4, juin-août 1998, p. 507.
30. Ces critiques ne sont pas acceptées par tous. Voir la réplique de Gabriel Almond, cité par André Lecours, « L'approche néo-institutionnelle en science politique : unité ou diversité ? », *Politique et Sociétés*, vol. 21, nᵒ 3, 2002, p. 6.
31. Samuel Huntington, *Political Order in Changing Societies*, New Haven/Londres, Yale University Press, 1968. Voir aussi, du même auteur, « Political Development and Political Decay », *World Politics*, vol. 17, nᵒ 3, 1965, p. 386-430.
32. B. Badie, 1984, p. 84.
33. S. Steinmo *et al.*, 1992, p. 4-13.
34. P. A. Hall, 2003, p. 377.
35. S. Steinmo et K. Thelen, « Historical Institutionalism in Comparative Politics », dans S. Steinmo *et al.*, 1992, p. 6.
36. Voir la synthèse de Martin Carnoy, *The State and Political Theory*, Princeton, Princeton University Press, 1984, ainsi que la présentation de débats dans Peter B. Evans, Dietrich Rueschemeyer et Theda Skocpol (dir.), *Bringing the State Back In*, New York, Cambridge University Press, 1985 ou Leslie Pal, *Interests of State: The Politics of Language, Multiculturalism and Feminism in Canada*, Montréal/Kingston, McGill-Queen's University Press, 1993 et de nombreuses autres analyses.
37. Voir M. Carnoy, 1984.
38. Voir, par exemple, le chapitre d'introduction de *Bringing the State Back In*, 1985, p. 5 et suivantes ainsi que I. Katznelson, « Structure and Configuration in Comparative Politics », dans M. I. Lichbach et A. S. Zuckerman, 1997, p. 90 et suivantes.

39. Voir, par exemple, Gøsta Esping-Andersen, *Politics Against Markets: The Social Democratic Road to Power*, Princeton, Princeton University Press, 1985. Voir aussi Walter Korpi, *The Working Class in Welfare Capitalism: Work, Unions, and Politics in Sweden*, Londres, Routledge & Kegan Paul, 1978 et John Myles, *Old Age in the Welfare State: The Political Economy of Public Pensions,* Boston, Little Brown, 1984.

40. Pour une critique du fonctionnalisme, voir Paul Pierson et Theda Skocpol, « Historical Institutionalism », dans I. Katznelson et H. Milner (dir.), 2001, p. 708-709.

41. Sur ce retour des institutions, voir James C. March et Johan P. Olsen, *Rediscovering Institutions*, New York, Free Press, 1989 et P. B. Evans, D. Rueschemeyer et T. Skocpol (dir.), 1985.

42. T. Skocpol, *État et révolutions sociales. La révolution en France, en Russie et en Chine*, Paris, Fayard, 1985.

43. Theda Skocpol et Margaret Weir, « State Structures and the Possibilities for "Keynesian" Responses to the Great Depression in Sweden, Britain, and the United States », dans P. B. Evans, D. Rueschemeyer et T. Skocpol (dir.), 1985, p. 107-168.

44. Pour une revue incluant un regard sur le Sud comme sur le Nord, voir Atul Kohli, « State, Society, and Development », dans I. Katznelson et H. Milner, 2001, p. 84-117.

45. P. A. Hall et R. Taylor, 1997, p. 469. Voir aussi A. Lecours, 2002, p. 3-20.

46. D. Apter, 1991, p. 505.

47. P. A. Hall et R. Taylor, 1997, p. 469.

48. Mary Douglas, *Ainsi pensent les institutions*, Paris, Usher, 1989.

49. P. A. Hall et R. Taylor, 1997, p. 469.

50. *Ibid.*, p. 472.

51. K. Thelen, « How Institutions Evolve: Insights From Comparative Historical Analysis », dans J. Mahoney et D. Rueschemeyer, 2003, p. 209.

52. P. Pierson, *Dismantling the Welfare State?*, Cambridge, Cambridge University Press, 1994, p. 39-50.

53. K. Thelen, « How Institutions Evolve: Insights From Comparative Historical Analysis », dans J. Mahoney et D. Rueschemeyer, 2003, p. 226 et suivantes.

54. *Ibid.*, p. 226-227.

55. B. Weingast, 2001, p. 663-665.

56. Robert H. Bates, *Markets and States in Tropical Africa: The Political Basis of Agriculture Policies*, Berkeley, University of California Press, 1981.

57. R. H. Bates, *Beyond the Miracle of the Market: The Political Economy of Agrarian Development in Kenya*, Cambridge/New York, Cambridge University Press, 1989.

58. Margaret Levi, *Of Rule and Revenue*, Berkeley, University of California Press, 1998.

59. Hugh Heclo, *Modern Social Policy in Britain and Sweden*, New Haven, Yale University Press, 1974.

60. P. A. Hall, « Policy Paradigm, Social Learning and the State: The Case of Policy Making in Britain », *Comparative Politics*, vol. 25, n° 2, p. 278.

61. P. A. Hall, *Governing the Economy: The Politics of State Intervention in Britain and France*, New York, Oxford University Press, 1986, p. 19.

62. *Ibid.*, p. 3.

63. S. Steinmo *et al.*, 1992, p. 22-26. Voir notamment dans le même ouvrage, M. Weir, « Ideas and the Politics of Bounded Innovation », p. 188-216 ; P. A. Hall, « The

Movement from Keynesianism to Monetarism : Institutional Analysis and British Economic Policy in the 1970's », p. 90-113.

64. Denis Saint-Martin, « Apprentissage social et changement institutionnel : la politique d'investissement dans l'enfance au Canada et en Grande-Bretagne », *Politique et Sociétés*, vol. 21, n° 3, 2002, p. 43. Voir aussi D. Saint-Martin, *Building the New Managerialist State : Consultants and the Politics of Bureaucratic Reform in Britain, Canada and France*, Oxford, Oxford University Press, 2000.

65. P. Pierson et T. Skocpol, 2001, p. 698 et suivantes.

66. Sophia Mappa, « L'injonction démocratique dans les politiques européennes de développement », dans S. Mappa (dir.), *Développer par la démocratie ? Injonctions occidentales et exigences planétaires*, Paris, Karthala, 1995, p. 121.

67. S. Steinmo *et al.*, 1992, p. 9.

68. *Ibid.*, p. 7.

69. P. A. Hall et R. Taylor, 1997, p. 494.

70. Dexter Boniface et Jason C. Sharman, « An Analytic Revolution in Comparative Politics ? », *Comparative Politics*, juillet 2001, p. 475-493. Les ouvrages qui semblent annoncer cette « révolution » sont ceux de Robert H. Bates, Avner Grief, Margaret Levi, Jean-Laurent Rosenthal et Barry Weingast, *Analytic Narratives*, Princeton, Princeton University Press, 1998 ; Robert H. Bates, *Open-Economy Politics : The Political Economy of World Coffee Trade*, Princeton, Princeton University Press, 1997 ; Lee J. Alston, Trainn Eggertsonn et Douglas North (dir.), *Empirical Studies in Institutional Change*, Cambridge, Cambridge University Press, 1996. Parmi ces auteurs, R. H. Bates, M. Levi, D. North et B. Weingast ont particulièrement contribué à l'émergence de l'institutionnalisme du choix rationnel.

7

L'APPROCHE HISTORIQUE

L'approche historique, appelée aussi l'analyse historique comparative, consiste, pourrait-on dire en simplifiant, à étudier l'histoire ainsi que les phénomènes contemporains en vue de montrer comment les sociétés fonctionnent et se transforment[1]. Ce type d'analyse a une longue tradition dans plusieurs sciences sociales. Dès le XIXᵉ siècle, les pères fondateurs comme Alexis de Tocqueville, Karl Marx, Max Weber et Émile Durkheim, ont tous eu recours à cette approche dans leurs travaux. Ensuite, au début du XXᵉ siècle, d'éminents chercheurs européens comme Otto Hintze ou Marc Bloch ont produit des analyses historiques de grands phénomènes de transformation sociale. Les travaux d'Otto Hintze sur l'État ont inspiré de nombreuses recherches durant les dernières décennies du XXᵉ siècle, alors que ceux de Marc Bloch sur l'histoire de la société féodale ont stimulé les analyses macrohistoriques en général.

C'est seulement après 1945 que certaines approches ont réussi à concurrencer l'analyse historique comparative en ce qui a trait à l'explication des changements sociaux. Si l'ancien institutionnalisme décrit au chapitre 6 était important en science politique, il n'avait absolument pas la prétention de rendre compte de la question vaste et fondamentale de savoir comment les sociétés fonctionnent et se transforment. De ce fait, bien qu'il eût existé parallèlement à l'analyse historique comparative jusqu'au milieu du XXᵉ siècle, il ne la concurrençait pas. Le terrain d'étude des grands objets d'analyse, tels le développement, l'industrialisation et la modernisation, était laissé à l'approche historique jusqu'à l'émergence du behaviorisme dans les sciences sociales en général et du structuro-fonctionnalisme en politique comparée en particulier.

Dans les années 1980 et 1990 cependant, on a assisté à un renouveau des perspectives historiques chez les comparatistes. De jeunes auteurs ont commencé à produire des travaux importants. Ils ont commencé à dialoguer entre eux sur des enjeux théoriques fondamentaux, mais aussi à débattre avec ceux qui utilisent d'autres approches (stratégique, économique) sur des problèmes ontologiques et épistémologiques[2]. Comme le disaient récemment deux observateurs, en dépit (ou peut-être en raison) de ces débats « le renouveau de l'analyse historique comparative montre peu de signes d'essoufflement[3] ».

Les travaux menés dans cette perspective se concentrent sur plusieurs thèmes allant de la protection sociale en Europe au XIXe siècle à la formation de l'État en Amérique latine, au Moyen-Orient et dans d'autres régions du monde, sans oublier le développement économique ou les révolutions. Malgré la variété des problématiques, un point commun existe, et il consiste toujours à proposer des explications historiquement fondées de grands processus et de leurs résultats. En résumé, il s'agit d'étudier des objets macrosociologiques comme l'État, la démocratie ou le développement qui sont considérés par Daniel-Louis Seiler comme « les gros rochers de science politique », avec une perspective méthodologique selon laquelle, dans les mots de Theda Skocpol[4], il faut penser grand (*think big*).

Dans ce chapitre, nous passons en revue les principes de base de cette approche de même que les mutations opérées au fil du temps par les chercheurs dans leurs stratégies d'analyse, notamment le passage d'une stratégie concentrée sur les grands processus à une version proche de l'institutionnalisme historique décrite dans le chapitre 6 comme la variante dominante de l'approche institutionnelle. Certes, nombre de chercheurs continuent de mener des analyses macroscopiques en politique comparée, mais, comme l'ont montré les auteurs de l'ouvrage-bilan publié en 2003 et intitulé *Comparative Historical Analysis*, il y a une tendance significative à se concentrer sur les institutions.

D'où vient cette approche et quelle est sa place en science politique ? Quels sont ses objets de choix et quelles sont ses différentes perspectives internes ? Pourquoi circonscrit-elle son horizon temporel et délimite-t-elle ses ambitions explicatives ? Quels sont les mérites qui lui sont reconnus et les faiblesses qui lui sont reprochées ?

LA REDÉCOUVERTE DE L'HISTOIRE EN POLITIQUE COMPARÉE

La réémergence de l'approche historique en politique comparée s'est faite, comme cela arrive souvent en sciences sociales, en réaction contre les perspectives explicatives dominantes du moment. Rejetant aussi bien l'ancien institutionnalisme, qu'elle accusait de naïveté, que le behaviorisme, auquel elle reprochait d'être ahistorique et trop universalisant, une nouvelle génération de chercheurs se regroupe autour de l'idée que l'histoire doit être prise au sérieux et mise au centre des analyses en politique comparée. Comme le dit Theda Skocpol, parler de l'histoire avant 1970 était tout à fait inhabituel dans les milieux universitaires américains, à part dans les départements d'histoire. On considérait alors que seuls quelques patriarches érudits étaient capables de mener des travaux de grande envergure historique[5].

À ce moment, de même que les behavioristes s'étaient tournés vers d'autres disciplines comme la psychologie sociale ou la sociologie après 1945 pour trouver des concepts et des méthodes, de même firent les auteurs qui tentaient de mener des travaux historiquement fondés en politique comparée. Pour ce faire, ils retournèrent aux traditions établies par les pères fondateurs.

Plus concrètement, la redécouverte de l'histoire par la science politique traduisait une insatisfaction face à une posture de recherche partagée par plusieurs courants de la science politique comme le structurofonctionnalisme et la version évolutionniste du marxisme. Ceux-ci avaient en commun de faire abstraction, dans l'analyse, des dimensions historiques des contextes étudiés au profit de constructions conceptuelles *a priori* et de théories de grande portée, à prétention universelle. Bertrand Badie et Guy Hermet accusèrent ces approches d'avoir provoqué « une crise du rapport à l'histoire ». Or, notent-ils, « l'ignorance de cette dimension rend toute comparaison artificielle et illusoire puisqu'en ne tenant compte que des manifestations immédiatement contemporaines, l'analyse risque de laisser de côté tout ce que la profondeur historique révèle d'exceptionnel et de singulier[6] ».

L'occultation de l'histoire en politique comparée

L'occultation de l'histoire en politique comparée après 1945 est curieuse lorsqu'on sait que les pères fondateurs de la politique comparée — Émile Durkheim, Karl Marx, Alexis de Tocqueville et Max Weber (voir le chapitre 1) — ont toujours manifesté de l'intérêt pour une perspective historique. Ils se sont penchés sur les conséquences des transitions du féodalisme au capitalisme, de l'industrialisation, de la modernité, cherchant toujours à mettre en lumière les macrofondations de l'action humaine et du changement social. Il suffit pour cela de penser entre autres au *18 Brumaire de Louis Bonaparte* de K. Marx ou à *Économie et société* de M. Weber.

Par ailleurs, dans l'entre-deux-guerres, des auteurs européens avaient produit d'importants travaux de sociologie historique. Parmi les plus importants de ces auteurs, figure Marc Bloch. Son livre *La société féodale*[7] décrit le passage à la féodalité et les relations de dépendance en Europe (ainsi que leur transformation historique), s'expliquant essentiellement par la dislocation de l'Empire romain et l'insécurité subséquente qui oblige les hommes à se mettre sous la protection de seigneurs. On pourrait ensuite citer Norbert Elias et son souci de rendre compte de *La dynamique de l'Occident* (publié pour la première fois en 1939), c'est-à-dire de la sociogenèse de l'État au sortir de l'Europe féodale. Celle-ci s'est faite à travers le processus de monopolisation — c'est-à-dire de constitution de vastes ensembles territoriaux — par des seigneurs de moins en moins nombreux contrôlant les fiefs jusque-là fragmentés qu'étudiait Marc Bloch. On pourrait penser aussi à Karl Polanyi, dont le regard est tourné, dans *La grande transformation*[8] (publié pour la première fois en 1944), vers l'étude du processus historique d'émergence et de crise de l'économie capitaliste dans l'Angleterre du XIXe siècle. Enfin, on peut mentionner T. H. Marshall, qui a écrit *Citizenship and Social Class* (publié en 1950). Même si son ouvrage a été publié après la Seconde Guerre mondiale, il s'inscrit dans la lignée des travaux d'entre-deux-guerres et a vite été classé parmi eux. De ce fait, il n'a été redécouvert par les comparatistes intéressés par la perspective historique que dans les années 1980.

Comment expliquer alors l'occultation de l'histoire dans la période d'après-guerre ? Elle se comprend pour deux raisons différentes, mais qui se recoupent. D'une part, elle s'explique par la manière dont le marxisme orthodoxe a traité l'histoire. Conformément à la thèse du matérialisme historique, le changement social est considéré comme inscrit dans la structure générale et abstraite des rapports entre classes sociales, et indépendant de l'histoire particulière de la société en question. En effet, ce sont les contradictions inscrites dans le mode de production qui constituent les moteurs d'un développement historique inévitable. C'est ainsi que s'explique le passage d'un mode de production à un autre : du mode antique au mode féodal, du mode féodal au mode capitaliste et de ce dernier au mode ultime de production communiste. Cette version simpliste du matérialisme historique laisse peu de place aux dynamiques propres aux différentes sociétés, indépendamment de tout processus global.

Même si Marx constate que la lutte des classes est historiquement située, les processus sociaux perdent de leur historicité locale. Cette

---

LA DIMENSION AHISTORIQUE DU MARXISME

Alors que la préoccupation du marxisme orthodoxe concernait les processus de transformation politique, le niveau d'analyse holiste ainsi que les postulats téléologiques conduisent pourtant ses adeptes à produire des analyses ahistoriques, en particulier parce qu'ils postulent une fin de l'histoire avec l'avènement du communisme. C'est là que l'on retrouve l'impasse sur *l'histoire particulière des sociétés* au nom d'un sens postulé de l'Histoire. Cette perspective acontextuelle se retrouve aussi chez Karl Marx et Friedrich Engels dès le début du *Manifeste du parti communiste*, où ils affirment que « l'histoire de *toute société jusqu'à nos jours* (l'italique est de nous) est l'histoire de la lutte des classes. Homme libre et esclave, patricien et plébéien, baron et serf, maître de jurande et compagnon — en un mot oppresseurs et opprimés en perpétuelle opposition, ont mené une lutte ininterrompue, tantôt secrète, tantôt ouverte et qui finissait toujours soit par une transformation révolutionnaire de toute société, soit par la ruine commune des classes en lutte[9] ».

L'existence de ces classes et de leur antagonisme est elle-même liée à un phénomène crucial, l'apparition de la propriété privée, qu'Engels a bien étudiée dans *L'origine de la famille, de la propriété privée et de l'État*. C'est cette forme économique qui rend l'exploitation d'une classe par une autre inévitable et l'État, quant à lui, apparaît en raison de *l'impossibilité* de concilier les classes.

façon d'aborder l'histoire est rejetée par les néomarxistes comme Perry Anderson dont les analyses se concentrent précisément sur les variations dans les formations sociales, à savoir les sociétés concrètes, et l'impact de ces variations sur les rapports sociaux.

Dans son ouvrage *L'État absolutiste, ses origines, ses voies*, Perry Anderson[10] montre, par exemple, comment, au-delà d'une similitude structurelle du féodalisme en tant que forme générale en Europe et au Japon, non seulement les voies d'accès au féodalisme, mais surtout ses résultats divergent profondément. L'explication réside dans l'avènement de la Renaissance qui fut le pivot de l'ensemble de l'histoire européenne : ce fut à la fois une période d'expansion territoriale sans précédent et de retrouvailles avec le passé. Cette configuration ne se produisit pas au Japon, qui ne partageait pas le passé classique de l'Europe, avec lequel il aurait pu renouer pour créer de nouveaux dispositifs institutionnels. En Europe, au contraire, on pouvait renouer avec le droit romain.

PERRY ANDERSON À PROPOS DE L'ABSOLUTISME EUROPÉEN

« La Renaissance fut la période où la combinaison de l'Antiquité et du féodalisme produisit ses effets les plus importants et les plus singuliers, et en même temps le moment critique où le dynamisme et l'expansion de l'Europe dépassèrent ceux de tous les autres continents. Le type d'État nouveau et spécifique qui apparut à cette époque fut l'absolutisme. Les monarchies absolues du début des Temps modernes furent un phénomène purement européen. Elles représentent sans aucun doute la forme politique correspondant à l'avance prise par cette région du monde [...]. L'évolution du Japon s'arrêta à ce stade. Le féodalisme extrême oriental ne se transforma jamais en absolutisme [...]. Produit de la Renaissance, le développement de l'absolutisme fut rendu possible par la longue histoire antérieure qui remontait bien au-delà du féodalisme et fut ravivée à l'aube des Temps modernes[11]. »

D'autre part, l'occultation de l'histoire en politique comparée coïncida avec l'âge d'or des théories behavioristes, notamment le structuro-fonctionalisme, le systémisme et le développementalisme dominants dans les années 1950 et 1960. Ces théories sont caractérisées par une dévalorisation de la dimension historique des phénomènes étudiés, et donc par une éclipse de l'approche historique. La publication de l'ouvrage de Talcott Parsons intitulé *The Social System*[12], en 1951, période marquée par la victoire des Alliés sur l'Allemagne, fut un moment clé. Largement abstrait, influencé par cette atmosphère de suprématie du modèle américain et ambitionnant d'aboutir à une théorie générale qui s'en inspire au moins implicitement, cet ouvrage fit école et influa énormément sur des auteurs comme Robert Merton et Gabriel Almond, les promoteurs du structuro-fonctionnalisme, ainsi que David Easton, connu pour son analyse systémique, ou encore S. M. Lipset en sociologie politique[13]. Leurs analyses se voulant générales et applicables à tous les pays, l'on comprend que la prise en compte des configurations historiques particulières ne fut pas une préoccupation[14].

Paradoxalement, ces approches bien différentes — le développementalisme est surtout une célébration du modèle américain que précisément le marxisme combat — partagent une vision évolutionniste des sociétés. Comme le note Bertrand Badie, dans ces perspectives, «l'histoire est marginalisée au nom de l'Histoire ; celle-ci ayant un sens connu par avance, échappant au contrôle des hommes et à l'effet de leurs pratiques sociales[15]... ».

Oubli et redécouverte de l'histoire en politique comparée

Cette occultation de l'histoire a fait l'objet de vives critiques, dès les années 1950, même si ce n'est qu'après les années 1970 que l'analyse historique comparative connaît un renouveau[16]. Les reproches adressés par les adeptes de cette approche aux théories dominantes d'alors sont nombreuses, mais elles ont en commun la dénonciation de leur prétention à l'universalisme[17]. De même, leur tendance à privilégier un très grand niveau d'abstraction et une construction *a priori* et ahistorique du politique[18] était critiquée. Il est bien connu qu'en matière de comparaison, plus on monte dans le niveau d'abstraction, moins les concepts sont chargés d'histoire et plus ils sont généraux et applicables à n'importe quel cas, contemporain ou choisi dans le passé[19]. C'était là l'objectif qu'avait Gabriel Almond quand il a remplacé le concept historiquement situé d'État moderne par le concept plus abstrait et supposé universel de système (voir chapitre 5). Cette volonté de trouver des concepts permettant de mener des comparaisons très vastes n'est donc pas sans conséquences et on pourrait remarquer, avec Michel Bergès, que « de fait, plus on gagne en extension, en grossissement de l'objet, plus on perd en netteté, en détail, en information, en historicité[20] ».

Ces théories se caractérisent également par leur vision statique et transhistorique du politique. Des phénomènes qui relèvent bien souvent de la simple conjoncture sont traités comme s'ils avaient toujours existé et comme s'ils continueraient toujours d'exister. Dans les mots de B. Badie et G. Hermet, cette manière de faire de la politique comparée conduit « à tenir les pratiques politiques pour transhistoriques, donc à négliger ou à sous-estimer les transformations subies par celle-ci[21] ».

Face à tous ces avatars, certains auteurs sont passés de la critique à l'entreprise de travaux qui, d'un point de vue méthodologique, réintroduisent l'approche historique au cœur de l'analyse[22]. L'offensive est venue d'horizons divers. Certains auteurs étaient des développementalistes à l'origine alors que d'autres étaient affiliés à un marxisme revisité. Dans les deux cas, l'aventure historique a nécessité que les visions habituelles soient dépouillées des avatars évoqués plus haut. En ce qui a trait au développementalisme, le tournant correspond à la crise de la théorie intervenue dès le milieu des années 1960 et décrite au chapitre 5. Quant au marxisme, sa contribution a été décisive une fois qu'il a été dépouillé de l'intérêt strict pour l'Histoire au profit d'un intérêt pour les processus concrets (à savoir *les* histoires). On le voit dans les travaux pionniers comme, par exemple, ceux de Perry Anderson, de Nicos Poulantzas[23] et d'Étienne Balibar[24] en Europe et d'Anne Légaré[25] au Québec.

Toutefois, un autre élément permet de comprendre pourquoi, à partir des années 1970, les « positions tenues pour acquises » de la génération de l'après-guerre regroupant les jeunes loups de l'époque ont été prises d'assaut aussi bien de l'intérieur que de l'extérieur des universités et ce, des deux côtés de l'Atlantique. Cela tient en partie à la particularité des années 1960, qui ont produit une génération d'universitaires en rupture avec l'ordre établi, fondé sur l'idée de suprématie du capitalisme et du modèle américain. D'un point de vue épistémologique, cette posture irrévérencieuse conduit à étudier non pas les comportements politiques attachés aux « confortables démocraties », mais les classes sociales, les rapports de forces entre hommes et femmes, la domination et l'État et ainsi de suite[26]. Les efforts conjugués d'auteurs provenant de ces différents courants ont progressivement contribué à la renaissance de l'approche historique au point d'en faire un des paradigmes dominants de la politique comparée[27].

L'ouvrage qui a transformé les objectifs et les aspirations de l'analyse historique comparative est incontestablement celui de Barrington Moore, à savoir *Les origines sociales de la dictature et de la démocratie*, publié en 1965[28]. La distinction qu'il opère entre trois trajectoires distinctes d'entrée dans le monde moderne constituait une réponse directe à la perspective ahistorique, évolutionniste et téléologique de ses contemporains qui s'inspiraient de la tradition parsonienne[29].

Contrairement à ces auteurs, B. Moore a démontré qu'il pouvait exister plusieurs trajectoires menant aussi bien à des formes démocratiques que non démocratiques, y compris en Europe et même en présence d'un haut niveau de développement économique. Il a établi ses généralisations sous la forme d'une grande carte couvrant de vastes terrains sur la base d'enquêtes détaillées sur des cas spécifiques. Cela signifie qu'il prête une attention soutenue aux détails historiques qui expliquent le répertoire limité de configurations qu'il observe.

Ce faisant, B. Moore a donné un modèle d'analyse historique comparative. Dans ce modèle, le chercheur traite l'histoire de chaque cas comme unique et complexe, et les processus qui l'intéressent le plus — la révolution, les luttes de classe — comme des processus concrètement situés dans l'espace et dans le temps. Il a entrepris sa recherche pour montrer comment chaque histoire est dominée par une *configuration* particulière de classes, de régime politique et de révolution.

L'étude des configurations continue de façonner l'analyse historique comparative. C'est une approche orientée vers l'explication de résultats politiques de grande ampleur. Elle s'intéresse à l'analyse causale, aux processus au fil du temps et à l'utilisation de la comparaison systématique et contextualisée[30]. Alors que certains de ses pionniers peuvent être qualifiés de structuralistes — notamment Theda Skocpol dans son premier livre sur l'État et les révolutions —, il y a toujours eu, depuis le début du renouveau de l'analyse historique comparative, une volonté de comprendre le rôle des acteurs dans l'histoire.

OBJETS PRIVILÉGIÉS ET DÉMARCHES
DE L'ANALYSE HISTORIQUE COMPARATIVE

Dans une célèbre introduction aux méthodes de l'analyse comparative, Charles Tilly nous propose une première manière d'identifier les objets de l'analyse historique comparative. Il a constaté que l'analyse historique comparative est plus appropriée pour les grandes structures, les vastes processus et les immenses comparaisons (*big structures, large processes, huge comparisons*[31]). Il entend par là que l'analyse historique est une continuation des travaux des pères fondateurs, intéressés par les contours et l'évolution vers la modernité. Mais cette méthode est aussi utile pour répondre à des problématiques plus actuelles, relatives, par exemple, à la postmodernité.

Les problématiques des pères fondateurs découlaient des processus de transformation qui avaient lieu à leur époque, telles la commercialisation et l'industrialisation en Europe. À cette liste encore actuelle, il faut ajouter des processus ultérieurs tels que la décolonisation, la chute de l'empire soviétique, la mondialisation, la mise en place de formes d'organisation postnationales, comme l'Union européenne. Ce sont là des défis de grande ampleur de notre époque, qui sont autant débattus et autant constitutifs des rapports sociaux, politiques et culturels que ceux analysés par les pères fondateurs.

Ces vastes processus et ces grandes structures ont été — et sont encore — analysés par le biais de comparaisons explicites qui transcendent les frontières d'un pays ou d'une région. Pour Max Weber, en 1905, cela prend la forme d'une comparaison des sociétés protestantes et non protestantes dans leur rapport au capitalisme alors que pour Dietrich Rueschemeyer, Evelyne Huber Stephens et John Stephens, écrivant en 1992, la même ambition conduit à comparer les pays où la classe ouvrière a réussi à se mobiliser pour la conquête du pouvoir politique avec ceux où cette mobilisation n'a pas eu lieu[32]. En général, ces processus fondamentaux ne peuvent pas être analysés sans une attention aux séquences temporelles, c'est-à-dire aux événements se produisant au fil du temps.

La spécificité de l'analyse historique comparative ne réside cependant pas dans la taille de l'objet d'analyse car un analyste peut s'intéresser à un des vastes processus sans faire de l'analyse historique comparative. Samuel Huntington a utilisé une approche culturelle dans les années

1990 pour prédire un possible choc des civilisations sans soutenir son argumentation par une analyse historique comparative[33]. La thèse de la «fin de l'histoire» défendue par Francis Fukuyama soulève une vaste question, mais son titre même révèle un rejet de l'analyse historique comparative[34].

On le voit, on peut avoir des problématiques de grande portée tout en leur donnant une portée géographique et temporelle limitée. L'analyse historique comparative a comme première caractéristique de s'interroger sur de grandes questions sans nécessairement chercher de réponses trop générales. Elle n'a pas pour objet de produire une connaissance universelle. Ceux qui l'utilisent ne visent pas à étudier un État ahistorique mais plutôt, par exemple, le processus par lequel des phénomènes historiques ont conduit à la formation de l'État moderne en Europe occidentale.

Dans son ouvrage *Contrainte et capital dans la formation de l'Europe : 990-1990*, Charles Tilly s'interroge sur une problématique de grande portée : pourquoi l'État est-il devenu la forme d'organisation prédominante en Europe occidentale ? Pourquoi a t-il pris le dessus sur toutes les autres formes d'organisation territoriale, tels les cités-États ou les empires, dans cette région[35] ? C. Tilly propose une analyse portant sur mille ans de l'histoire européenne en vue de repérer les conditions d'émergence de l'État national sur la base de deux concepts, à savoir l'accumulation et

---

TABLEAU 15

L'effet de la concentration et de l'accumulation de la contrainte sur la formation de l'État d'après Charles Tilly

	Accumulation de la contrainte	
	IMPORTANTE	FAIBLE
Concentration de la contrainte	empire	super-États
	Système des États nationaux	
	pas d'État	cités-États
	FAIBLE	IMPORTANTE

Source : Charles Tilly, *Contrainte et capital dans la formation de l'Europe : 990-1990*, Paris, Aubier, 1992, p. 52.

la concentration du capital et de la contrainte. Le tableau 15 résume la relation entre la contrainte et la formation de l'État.

Après son analyse historique, C. Tilly arrive à la généralisation suivante : le système d'États nationaux émerge en gros dans des conditions d'accumulation et de concentration de la contrainte moyenne. Il n'émerge ni en cas d'inexistence de ces facteurs, ni lorsque la concentration et l'accumulation de la contrainte sont trop fortes et trop faibles. Dans ces deux dernières conditions, en effet, on voit l'émergence d'autres formes territoriales, comme les cités, les empires ou les super-États[36].

Une seconde caractéristique distinctive de l'analyse historique comparative est qu'elle est axée essentiellement sur l'explication et l'identification de *configurations causales*[37]. L'ambition généralisante est donc présente ici, bien que des différences importantes existent à ce sujet entre les auteurs.

Dès le début de son livre, Barrington Moore prévient le lecteur que « ce livre tente d'expliquer les divers rôles politiques qu'ont joué les aristocraties foncières et les classes paysannes au cours du processus qui a transformé les sociétés agraires[38] ». B. Moore ne cherche pas tant à mettre simplement en exergue des voies distinctives (démocratique, communiste et fasciste) qu'à trouver des transformations structurelles qui expliquent les différentes trajectoires. Pour atteindre cet objectif, B. Moore allie la chronique historique des configurations de classes et la comparaison des cas sur la base de moments historiques précis, à savoir les révolutions et les guerres civiles, qui deviennent ainsi des passerelles permettant de passer d'un cas à un autre[39]. Au terme de son investigation, Moore peut alors généraliser, considérant la commercialisation de l'agriculture comme un facteur causal clé. Quand cette commercialisation se produit, l'aristocratie foncière s'allie aux classes urbaines bourgeoises pour limiter l'appétit absolutiste et mener à une révolution démocratique. En l'absence de commercialisation de l'agriculture, deux autres cas de figure sont possibles : soit persiste une masse rurale qui sera mobilisée dans une révolution communiste, soit l'aristocratie assujettit les paysans et les contraint à rester sur les terres, situation qui, en présence d'une croissance industrielle, mène au fascisme[40].

LA RÉVOLUTION ET L'EXPLICATION DU PASSAGE À LA SOCIÉTÉ MODERNE SELON BARRINGTON MOORE

« Il s'agit maintenant de caractériser à grands traits les trois modes d'apparition de la société moderne. La première a conjugué le capitalisme et la démocratie parlementaire après une série de révolutions (dites bourgeoises) : révolution puritaine, Révolution française et guerre de Sécession américaine [...]. La seconde voie a été elle aussi une voie capitaliste, mais n'ayant pas été portée par un puissant soulèvement révolutionnaire, elle a mené au fascisme en passant par une série de moments réactionnaires. Il faut souligner que, grâce à cette révolution par le haut, l'industrie a pu s'épanouir en Allemagne et au Japon. La troisième est celle du communisme. En Russie et en Chine, des révolutions à forte participation paysanne ont rendu possible la variante communiste[41]. »

Dans une perspective similaire, Theda Skocpol entreprend dans son livre *États et révolutions sociales : la révolution en France, en Russie et en Chine*[42] une comparaison susceptible de lui permettre d'aboutir à des généralisations causales. À cet objectif, elle ajoute une troisième caractéristique de l'analyse historique comparative, à savoir la comparaison systématique et contextualisée de cas similaires et différents.

Dans cet ouvrage, l'objectif de T. Skocpol est de déterminer les causes communes de la réussite des trois révolutions, en dépit du fait qu'elles sont intervenues dans des espaces et dans des temps différents. Elle procède en comparant constamment les cas où la révolution sociale a réussi à d'autres cas où elle n'a pas réussi (y compris deux révolutions dans le même pays, comme en Russie où elle a avorté en 1905 et réussi en 1917). Elle explique alors les révolutions dans ces trois pays par la combinaison de crises extérieures (existence de rivaux militaires plus développés économiquement) et de tendances structurelles internes. Cette combinaison mène à la crise des appareils étatiques centraux, à de vastes révoltes paysannes et à des tentatives de consolidation d'un pouvoir révolutionnaire sous la houlette de dirigeants reconnus par les masses mobilisées.

Pour démontrer cette causalité, elle s'inspire de la méthode des variations de J. S. Mill.

LA DÉMARCHE CAUSALE DE THEDA SKOCPOL

« Comment l'analyse historique comparative peut-elle logiquement fonctionner ? On essaie pour l'essentiel d'associer au phénomène à expliquer des causes potentielles valides en procédant de deux manières. Pour chacun des cas où l'on retrouve le phénomène à expliquer, on peut d'abord tenter de montrer qu'ils ont aussi en commun un ensemble de facteurs de causalité, même si leurs dissemblances par ailleurs auraient pu suggérer une causalité différente. C'est ce que Mill appelle la "méthode de concordance". On peut ensuite leur opposer d'autres exemples avec leurs causes hypothétiques, qui par bien des aspects, ressemblent aux cas positifs, mais qui ne comprennent pas le phénomène à expliquer ni les éléments de causalité communs. C'est, selon Mill, la "méthode des différences". En elle-même, cette méthode est plus efficace que la seule méthode de concordance pour établir des rapports de causalité valides (étant entendu que l'on trouve des cas négatifs appropriés pour mettre en lumière ces contrastes). Mais en pratique il est souhaitable et souvent possible de combiner ces deux logiques comparatives. On peut le faire en opposant simultanément plusieurs cas positifs à des cas négatifs exemplaires. Telle sera la démarche de ce livre. La France, la Russie et la Chine apparaîtront comme trois exemples positifs de révolutions sociales réussies[43]. »

La comparaison systématique est indispensable lorsque l'on poursuit une analyse causale. Parce que l'analyse historique comparative se base généralement sur un échantillon limité, il devient encore plus crucial que la comparaison soit bien construite, et avec un devis de recherche solide[44].

Une quatrième caractéristique distinctive de l'analyse historique comparative, qui la rapproche de l'institutionnalisme historique, réside dans le fait qu'elle étudie explicitement les séquences historiques et prend au sérieux le déroulement des processus dans le temps et dans l'espace. En conséquence, elle intègre la structure temporelle des événements dans l'explication. Par exemple, dans leur analyse portant sur l'Amérique latine, Ruth Berins Collier et David Collier[45] mettent au jour les effets des « différentes périodes d'incorporation » sur la relation entre l'État et les travailleurs. Le rôle des syndicats diffère selon qu'ils sont traités comme des représentants légitimes des travailleurs très tôt dans le processus de démocratisation ou si leur participation est d'abord refusée, puis acceptée beaucoup plus tardivement et avec réticence. Le *timing* est également important pour comprendre les changements de politiques publiques. Rianne Mahon explique que la décision canadienne de fournir des places en garderies seulement aux enfants à risque en matière de pauvreté et non à tous ceux dont les mères sont actives n'a été possible que parce qu'elle a été prise dans les années 1960, avant que les mouvements féministes deviennent puissants[46].

Ces quatre caractéristiques distinguent l'analyse historique comparative des autres approches avec lesquelles elle est parfois confondue. Par exemple, l'objectif de trouver des rapports causaux la distingue de la plupart des travaux des historiens qui eux, sont idiographiques. En outre, la volonté de mener des comparaisons portant sur des processus identifiables — construction de l'État, démocratisation, traitements de la question sociale, industrialisation — montre que l'analyse historique comparative est très différente des études régionales qui postulent une spécificité géographique des processus étudiés.

APPORTS ET LIMITES DE L'APPROCHE HISTORIQUE

Qu'ils soient ou non des adeptes de l'approche historique, la plupart des auteurs admettent que cette approche est particulièrement indiquée pour l'étude des objets macrohistoriques. C'est sur ce terrain qu'elle a fait ses preuves, mais qu'elle rencontre aussi des limites.

Les vertus de l'approche historique

Parmi les objets macrohistoriques étudiés par les sociohistoriens, l'État a occupé une place particulièrement importante. Même si ce stato-centrisme a été critiqué, son apport a été crucial car c'est grâce à cet objet que les chercheurs ont pu rebâtir l'approche historique. Comme le remarque Charles Tilly :

> [L]a fascination […] pour l'État aura eu un certain nombre d'avantages : contrer la tendance structuro-marxiste à faire descendre directement, entièrement et sans difficulté, les caractéristiques de l'État des exigences de la production ; redonner vie aux versions historiques plus riches du marxisme après le morne interlude du structuralisme marxiste ; susciter des recherches historiques et

comparatives sérieuses ; replacer les États contemporains dans des perspectives à long terme ; enfin, combattre les arguments téléologiques du développementalisme, forçant ainsi les macrosociologues à se demander plus lucidement comment et à quel point le passé contraint le présent et l'avenir[47].

Par ailleurs, l'analyse historique comparative est une approche fertile en matière de généralisation, même si ses adeptes divergent quant à l'étendue de cette prétention. Tous admettent que les généralisations ne doivent arriver qu'après un solide travail de terrain : « [L]'historien comparatiste cherche d'abord à identifier les détails. Leur signification et leurs rapports n'apparaissent que peu à peu[48]. » De plus, tout en essayant de généraliser, les adeptes de l'approche s'imposent toujours de restreindre leur prétention quant à la porté des résultats obtenus. Tout en considérant que son approche est capable de mener à des généralisations et de rester historiquement pertinente, T. Skocpol nous rappelle les limites qui s'imposent à une généralisation des schémas de causalité établis sur la base des trois pays qu'elle étudie. Les autres révolutions interviennent dans des contextes historiques différents et exigent une étude particulière[49].

L'analyse historique comparative offre aussi l'avantage de bousculer les certitudes établies en déviant notre regard de l'instantané vers la genèse des phénomènes, une tendance qui, Paul Pierson nous le rappelle, est courante dans la science politique contemporaine[50]. L'on s'aperçoit alors que ce qui semble intemporel est le fruit de processus historiques. Par conséquent, les changements et l'innovation prennent le pas sur la constance.

L'analyse historique comparative permet en outre au chercheur de relativiser la rigidité de certaines perspectives culturalistes ou structuro-économiques extrêmes. Il en est ainsi de la théorie subordonnant l'avènement de la démocratie à l'atteinte préalable d'un certain niveau de développement, sur laquelle nous reviendrons au chapitre suivant. Guy Hermet remarque à ce sujet les vertus de l'analyse historique, qui aurait permis d'éviter certaines conclusions en fournissant des repères temporels aux auteurs de cette théorie :

> En effet, tous les indicateurs économiques, sociaux, éducatifs, voire culturels, artistiquement entrelacés à ce propos [pour expliquer l'impossibilité de la démocratie dans certains pays dans l'ère contemporaine], n'avaient fourni à mes yeux qu'un enseignement : celui de l'impossibilité absolue de la démocratie là où elle est née. C'est-à-dire dans cette Europe du siècle passé (le XIXe) où

régnaient la misère et l'analphabétisme, où dominaient les masses rurales apa-thiques […]. C'était donc cette ignorance de la réalité [historique] qui faisait la beauté des schémas a-historiques actuels, non leur pertinence scientifique[51].

Paul Pierson, dans le même chapitre mentionné plus haut, fait une remarque similaire en montrant que la plupart des processus sociaux se développent sur le long terme. Ils évoluent de manière lente, que l'on ne perçoit souvent pas. Cela ne signifie pas cependant qu'ils sont exclus de l'analyse. Mais l'on ne peut les saisir qu'à partir d'une analyse historique bien construite, prêtant attention aux configurations et aux changements au cours du temps.

Les limites de l'approche historique

Cette approche n'est pas sans limites. Les critiques touchent notamment à son épistémologie, à sa méthode ainsi qu'à sa valeur heuristique. Les chercheurs utilisant l'analyse historique comparative sont généralement conscients des problèmes posés par le faible nombre de cas, par les covariations des variables qu'ils utilisent et par le manque de données fiables. Ils sont largement avertis, même s'ils manquent de solution facile[52]. James Mahoney et Dietrich Ruechemeyer décrivent la concurrence iné-vitable entre ceux qui prônent une étude quantitative sur plusieurs cas, suivant en cela une ligne tracée par S. M. Lipset, et ceux dont l'objectif est de donner la priorité à l'histoire détaillée, dans la lignée de Barrington Moore. Bien qu'il soit possible parfois de concilier les méthodes[53], de réelles tensions et de profonds désaccords existent toujours entre ces deux tendances.

Sur le plan épistémologique, on reproche aux adeptes de l'analyse historique comparative de privilégier les structures au détriment des acteurs. Cet enjeu a reçu une moins grande attention de la part des adeptes de l'approche. Theda Skocpol ne dit-elle pas dans son premier ouvrage à propos des révolution que « toute explication véritable dépendra de la capacité du chercheur à "s'élever au-dessus" des points de vue particu-liers des acteurs » et à favoriser une perspective structurale[54] ? Selon Guy Hermet, cette démarche « néglige trop souvent l'impact quelquefois capital d'acteurs décisifs qui spécifient les tournants d'un processus politique pour le rendre distinct dans chaque société[55] ». Même si certaines analyses plus

234 . LA POLITIQUE COMPARÉE

récentes ont tenté d'adopter une perspective qui tienne compte du rôle des acteurs, Ira Katznelson reconnaît que l'analyse historique comparative a « été marquée par une grande prédilection pour les structures et un silence remarquable au sujet des acteurs[56] ». Par exemple, le concept de dépendance au sentier (*path dependency*), si important dans nombre d'analyses historiques comparatives, tend à minimiser le rôle des acteurs. Néanmoins, d'autres auteurs travaillant sur les institutions les considèrent comme le produit de la jonction entre les acteurs et les structures, d'où l'intérêt grandissant pour l'institutionnalisme historique[57].

Par ailleurs, le choix des variables explicatives et des variables à expliquer nourrit le scepticisme. B. Badie estime qu'il se fait *a priori*, sans que soient pris en compte les contextes culturels et Guy Hermet montre la difficulté du travail en estimant que l'histoire elle-même « demeure toujours un récit contingent, nourri des éléments [que l'historien] connaît, biaisé par ceux qu'il privilégie, et appauvri des données qu'il ignore ou veut ignorer[58] ». Élaborer des interprétations ou des explications sur la base de cette histoire pose à l'évidence des problèmes, dont Charles Tilly est conscient quand il incite à s'efforcer de restituer l'histoire aussi fidèlement que possible[59].

Résultat d'une aventure intellectuelle entamée à la fin des années 1970, l'analyse historique comparative occupe aujourd'hui une place de choix parmi les approches en politique comparée en dépit des limites que l'on peut lui trouver. Comme nous l'avons souvent noté dans cet ouvrage, certains des enjeux principaux de la politique comparée concernent l'étude de l'État, des institutions et des grands processus de transformation politique. L'approche historique mise en œuvre pour étudier ces problématiques par B. Moore, C. Tilly, T. Skokpol et bien d'autres, a marqué la politique comparée et reste très actuelle. En effet, pour mieux connaître ces objets de grande dimension, c'est cette approche qui offre encore la meilleure garantie de succès.

NOTES

1. Dennis Smith, *The Rise of Historical Sociology*, Philadelphie, Temple University Press, 1991, p. 3.
2. Voir à ce sujet les travaux d'Atul Kohli, « The Role of Theory in Comparative Politics : A Symposium », dans *World Politics,* vol. 48, nº 1, 1995 et d'Ira Katznelson, « Structure and Configuration in Comparative Politics », dans Mark I. Lichbach et

Alan S. Zuckerman, *Comparative Politics: Rationality, Culture, and Structure*, Cambridge, Cambridge University Press, 1997, p. 81-112. Voir aussi l'ouvrage de synthèse récent dirigé par James Mahoney et Dietrich Ruechemeyer, *Comparative Historical Analysis in the Social Sciences*, New York, Cambridge University Press, 2003.

3. J. Mahoney et D. Ruechemeyer, « Comparative Historical Analysis : Achievements and Agendas », dans J. Mahoney et D. Ruechemeyer, 2003, p. 3.

4. Theda Skocpol (dir.), *Vision and Method in Historical Sociology*, Cambridge, Cambridge University Press, 1984.

5. T. Skocpol, « Emerging Agendas and Recurrent Strategies in Historical Sociology », dans T. Skocpol, 1984, p. 356.

6. Bertrand Badie et Guy Hermet, *Politique comparée*, Paris, Armand Colin, 1990, p. 22-28.

7. Marc Bloch, *La société féodale*, Paris, Albin Michel, 1978.

8. Karl Polanyi, *La grande transformation*, Paris, Gallimard, 1983.

9. Karl Marx et Friedrich Engel, *Le manifeste du parti communiste*, Paris, Union Générale d'Éditions, 1962, p. 19.

10. Perry Anderson, *L'État absolutiste, ses origines, ses voies*, Paris, François Maspero, 1978.

11. P. Anderson, « Féodalisme, héritage de l'Antiquité et absolutisme en Europe », dans Pierre Birnbaum et François Chazel, *Sociologie politique*, Paris, Armand Colin, 1978, p. 69-74.

12. Talcott Parsons, *The Social System*, New York, Free Press, 1968.

13. Voir William Buxton, *Talcott Parsons and the Capitalist Nation-State : Political Sociology as a Strategic Vocation*, Toronto, University of Toronto Press, 1985.

14. C'est plus tard cependant, à la fin des années 1950 et non dans l'ouvrage cité, que l'intérêt pour l'histoire apparaît chez T. Parsons. Voir D. Smith, 1991, p. 10-13.

15. B. Badie et Guy Hermet, 1990, p. 363.

16. Voir « Éditorial », dans *Revue internationale des sciences sociales*, n° 133, 1992, p. 361.

17. T. Skocpol, 1984, p. 375-376.

18. Stephen Kalberg, *Max Weber's Comparative-Historical Sociology*, Chicago, The University of Chicago Press, 1994, p. 4.

19. C'est la question de l'élasticité conceptuelle qui est posée ici. Elle consiste à savoir jusqu'à quel point les concepts peuvent rendre compte de cas éloignés de ceux dont l'étude a permis leur création. Voir Giovanni Sartori, « Bien comparer, mal comparer », *Revue internationale de politique comparée*, vol. 1, n° 1, 1994, p. 19-36.

20. Michel Bergès, « Les conflits paradigmatiques de la comparaison : science politique ou sociologie historique ? », *Revue internationale de politique comparée*, vol. 1, n° 1, 1994, p. 120.

21. B. Badie et G. Hermet, *La politique comparée*, Paris, Armand Colin, 2001, p. 22.

22. S. Kalberg, 1994, p. 4.

23. Nicos Poulantzas, *La crise des dictatures : Portugal, Grèce, Espagne*, Paris, François Maspero, 1975.

24. Étienne Balibar et Immanuel Wallerstein (dir.), *Race, nation, classe : les identités ambiguës*, Paris, Éditions La Découverte, 1988.

25. Anne Légaré et Nicole Morf, *La société distincte de l'État : Québec-Canada 1930-1980*, Ville LaSalle, Hurtubise HMH, 1989.

26. T. Skocpol, « An "Uppity Generation" and the Revitalization of Macroscopic Sociology: Reflections at Mid-Career by a Woman from the Sixties », *Theory and Society*, vol. 17, n° 5, 1988, p. 627-631.

27. Charles Tilly, *Big Structures, Large Processes, Huge Comparisons*, New York, Russell Sage Foundation, 1984.

28. Barrington Moore, *Les origines sociales de la dictature et de la démocratie*, Paris, François Maspero, 1969.

29. Sa méthode était en directe opposition avec celle des ouvrages produits au même moment par *Social Science Research Committee on Comparative Politics*. Ceux-ci se concentraient sur la conceptualisation des systèmes politiques, l'identification des fonctions universelles qu'ils remplissent et la description des processus de modernisation et de développement politique supposés prendre place partout dans le monde. Voir I. Katznelson, dans M. I. Lichbach et A. S. Zuckerman, 1997, p. 88-89.

30. J. Mahoney et D. Ruechemeyer, 2003.

31. C. Tilly, 1984.

32. Max Weber, *L'éthique protestante et l'esprit du capitalisme*, Paris, Plon, 1985 et Dietrich Ruechemeyer, Evelyne Huber Stephens et John Stephens, *Capitalist Development and Democracy*, Chicago, University of Chicago Press, 1992.

33. Samuel Huntington, *Le choc des civilisations*, Paris, Odile Jacob, 2000.

34. Francis Fukyama, *La fin de l'histoire et le dernier homme*, Paris, Flammarion, 1992.

35. C. Tilly, *Contrainte et capital dans la formation de l'Europe : 990-1990*, Paris, Aubier, 1992.

36. Cette identification des caractéristiques de l'analyse historique comparative est tirée de J. Mahoney et D. Ruechemeyer, 2003, p. 10-15. Les exemples sont de nous.

37. Sur l'idée de configurations, voir la discussion de B. Moore ci-dessus ainsi que I. Katznelson, dans M. I. Lichbach et A. S. Zuckerman, 1997.

38. B. Moore, 1969, p. 7.

39. D. Smith, « Discovering Facts and Values: The Historical Sociology of Barrington Moore », dans T. Skocpol, 1984, p. 317, 328, 338 et 347.

40. B. Moore, 1969, p. 339.

41. *Ibid.*, p. 333.

42. T. Skocpol, *États et révolutions sociales : la révolution en France, en Russie et en Chine*, Paris, Fayard, 1985.

43. *Ibid.*, p. 63-64.

44. Mamoudou Gazibo, « La démarche comparative binaire : éléments méthodologiques à partir d'une analyse de trajectoires contrastées de démocratisation », *Revue internationale de politique comparée*, vol. 9, n° 3, 2002, p. 441-444.

45. Ruth B. Collier et David Collier, *Shaping the Political Arena : Critical Junctures, the Labour Movement, and Regime Dynamics in Latin America*, Princeton, Princeton University Press, 1991.

46. Rianne Mahon, « Une histoire sans fin : l'implantation des services de garde pour enfants au Canada durant les années 1970 », dans *Lien social et Politiques*, n° 47, 2002, p. 17-28.

47. C. Tilly, « Prisonniers de l'État », *Revue internationale des sciences sociales*, n° 133, 1992, p. 374.

48. B. Moore, 1969, p. 9-10.

49. T. Skocpol, 1985, p. 62 et p. 369-370.

50. Paul Pierson, « Big, Slow-Moving and… Invisible : Macrosocial Processes in the Study of Comparative Politics », dans J. Mahoney et D. Ruechemeyer, 2003, p. 180.

51. G. Hermet, « À propos de l'obstination historique », *Revue internationale des sciences sociales*, n° 133, 1992, p. 389.

52. Voir J. Mahoney et D. Ruechemeyer, 2003, p. 15-19 et Ann Orloff, *The Politics of Pensions : A Comparative Analysis of Britain, Canada, and the United States, 1880-1940*, Madison, University of Winsconsin Press, 1993, ch. 1.

53. Voir D. Ruechemeyer, E. Huber Stephens et J. Stephens, *Capitalist Development and Democracy*, Chicago, University of Chicago Press, 1992. Ces auteurs combinent les méthodes qualitatives et quantitatives.

54. T. Skocpol, 1985, p. 34 et 39.

55. G. Hermet, 1992, p. 390.

56. I. Katznelson, « Periodization and Preferences : Reflections on Purposive Action in Comparative Historical Social Science », dans J. Mahoney et D. Ruechemeyer, 2003, p. 271.

57. *Ibid.*, p. 272.

58. G. Hermet, 1992, p. 394.

59. C. Tilly, 1984, p. 76-79.

L'APPROCHE ÉCONOMIQUE

L'idée selon laquelle il existe un lien entre les formes politiques et économiques est profondément enracinée dans l'œuvre des penseurs politiques, et donc en politique comparée. Par exemple, Aristote avait déjà fait du critère économique un des éléments permettant de distinguer deux de ses types corrompus de régime (voir chapitre 1). Il estime en effet que « l'oligarchie (forme corrompue de l'aristocratie) s'entend du gouvernement des riches ; et la démocratie (forme corrompue de la république) de celui des pauvres ou des gens peu fortunés […]. Ce sont la liberté et l'opulence qui se disputent l'administration de la chose publique[1]. » Les modes de redistribution économique demeurent une préoccupation centrale en économie politique, mais comme nous le verrons, il existe plusieurs autres problématiques qui montrent ce lien que les analystes établissent entre l'économie et le politique.

Cette préoccupation analytique a donné naissance à plusieurs perspectives souvent regroupées sous l'appellation d'économie politique comparée que nous utilisons parfois pour désigner l'approche économique en politique comparée. Dans certaines analyses, l'économie exerce un pouvoir de détermination — ou au moins de contrainte — sur le politique[2]. En d'autres termes, ses tenants considèrent que pour comprendre les phénomènes politiques, il faut s'intéresser à leurs ressorts économiques. Il y a cependant une autre perspective analytique qui traite les phénomènes politiques, notamment l'État, comme variables indépendantes permettant d'expliquer les phénomènes économiques. Depuis quelques années, une forte tendance consiste en plus à analyser l'économie politique en termes d'interaction. L'État et les autres phénomènes politiques sont considérés autant comme façonnant les phénomènes économiques que façonnés par ces derniers, qu'ils soient nationaux ou internationaux.

Dans ce chapitre, nous nous interrogeons sur les origines de cette approche, sur ses différentes variantes, sur ses apports ainsi que sur les limites qui lui ont valu le recul qu'elle connaît actuellement.

AUX ORIGINES DE L'APPROCHE ÉCONOMIQUE

Au moins deux grandes perspectives analytiques peuvent revendiquer le statut de terreau à partir duquel les différentes variantes d'économie politique se sont développées. Il y a une perspective libérale qui cherche à comprendre les fondements économiques — en termes de structures ou de distribution des biens et richesses — des formes politiques. Les développementalistes, qui ont cherché à montrer comment les *conditions économiques* déterminaient les phénomènes politiques de grande ampleur, tels la démocratie, le développement politique ou la construction de l'État, font partie de l'aile « classique » de cette variante. Dans les années 1960, des auteurs qui travaillaient dans le cadre du développementalisme se sont concentrés surtout sur la relation entre le développement économique (mesuré par des indicateurs comme le PNB par habitant ou les niveaux d'alphabétisation) et la démocratie.

La seconde perspective analytique est celle qui préfère mettre l'accent sur les *structures* socioéconomiques comme des modèles ou des modes de production économiques. La tradition d'analyse la plus longue dans cette perspective est celle de marxisme. Nous avons déjà vu comment Karl Marx et Friedrich Engels analysent les processus politiques comme étant structurés par des rapports inégalitaires et surtout, comme catalysés par des luttes entre classes dominantes et classes dominées. Ce primat donné à la structuration économique traverse toute la pensée marxiste, traditionnelle et néo-marxiste. Il a conduit à une littérature riche sur le rôle de l'État dans les sociétés capitalistes, considéré comme un instrument au service de la défense des intérêts des classes dominantes. Toutefois, toutes les analyses sur les conséquences des structures économiques sur les résultats politiques ne dérivent pas du marxisme. Bien des analyses privilégiant la variable « économie politique » ont été développées par des comparatistes non marxistes. Il en est ainsi des analyses sur le néo-corporatisme[3]. Une manifestation récente de cette variante analytique se trouve dans la littérature sur les « variétés de capitalisme » présentée plus loin dans ce chapitre. Elle compare plusieurs types de réactions face à la mondialisation à partir de la manière dont les relations entre syndicats et patronat s'organisent.

Il convient de noter, avant de classer les problématiques et les objets, que la dimension économique est présente dans la *plupart* des autres approches en politique comparée. C'est le cas notamment chez des auteurs de l'approche historique, par exemple. La structure de classes et les rapports économiques jouent un rôle important dans la voie politique suivie par les différents pays étudiés par Barrington Moore. Dans le travail de Theda Skocpol sur les révolutions, la position de chaque pays dans la structure économique mondiale joue un rôle important dans la possibilité qu'y survienne une révolution. Chez Charles Tilly comme chez Norbert Elias, par ailleurs, la concentration du capital est importante car elle nourrit l'appareil guerrier sans lequel le processus d'émergence de l'État ne peut se produire. De la même manière, de nombreux institutionnalistes ont analysé les processus et les politiques économiques. C'est le cas de Peter Hall, qui travaille également sur la manière dont les idées se diffusent et influencent les orientations politiques comme on le voit dans son ouvrage *The Political Power of Economic Ideas*. Mais dans l'ouvrage intitulé *Governing the Economy*, Peter A. Hall s'est concentré sur l'économie en comparant plusieurs politiques macroéconomiques en Grande-Bretagne et en France[4].

Nous avons classé les travaux cités ci-dessus dans les approches historiques ou institutionnelles, non pas en fonction des objets qu'elles analysent, mais en fonction des méthodes et des variables qu'elles utilisent. Dans ce chapitre, nous nous intéresserons plus aux objets tels que la démocratie, le développement et le rôle de l'État pour examiner la façon dont les différentes perspectives de l'approche économique les abordent.

OBJETS ET PERSPECTIVES DE L'APPROCHE ÉCONOMIQUE

Les perspectives qui peuvent être regroupées sous ce label ont en commun de privilégier les variables économiques dans leur explication du politique. Elles partent du postulat selon lequel le politique et l'économique sont interdépendants. Cependant, elles sont souvent très différentes, voire anti-thétiques, en raison aussi bien de la diversité de leurs prémisses théoriques que des types de structures économiques considérées. Par exemple, les ana-lyses quantitatives menées dans les années 1960 s'inscrivent clairement dans la lignée du développementalisme, qui valorise le modèle capitaliste occidental et évalue les autres pays selon ce modèle vers lequel ils sont censés se diriger. À l'inverse, les théories de la dépendance développées à partir d'une critique des précédentes, dans le but d'expliquer la relation de dépendance économique des pays du Tiers-Monde par rapport aux pays développés, s'inspirent directement de l'analyse marxiste du capita-lisme mondial.

En ce qui a trait aux conditions et aux structures économiques considé-rées dans les différentes perspectives, elles prennent plusieurs formes qui peuvent aller de la structure de classes (fondée sur les rapports de pro-duction) à la distribution des revenus, en passant par le type d'économie (agricole, industrialisée) ou encore les formes de régulation (fordiste ou postfordiste). Chacune de ces conditions ou structures va conduire à un impact particulier sur le type de système politique, les chances d'instaura-tion de la démocratie ou l'avènement d'un processus de changement politique. Les configurations différentes dans l'espace et le temps détermi-nent aussi pour beaucoup les différences constatées entre les pays. Deux variantes étudiant deux thématiques différentes illustrent particulièrement ces approches : l'analyse libérale en termes de préalables économiques de la démocratie et l'analyse marxiste des déterminants économiques de la dépendance et du changement.

Les perspectives libérales des déterminants économiques de la démocratie

Ces perspectives ont été utilisées notamment pour comprendre les con-ditions économiques favorables à l'instauration d'une démocratie stable. Le promoteur le plus connu de cette approche est Seymour Martin Lipset qui, dans le sillage des analyses développementalistes dominantes des années 1950, a lancé le débat avec son article sur les préalables de la démocratie[5]. Son analyse a donné lieu à des travaux quantitatifs destinés à établir des corrélations entre le développement économique et la démocratie. Bien qu'il mentionne des « prérequis sociaux » dans le titre de son texte, il s'est occupé en fait de mesurer le développement économique. Il établit une corrélation entre un nombre important d'indicateurs économiques, comme la production industrielle ou l'accès à la technologie (le téléphone, par exemple) d'une part, et les indicateurs politiques de la stabilité démocratique d'autre part.

La plupart des auteurs des travaux s'inscrivant dans cette perspective considèrent le développement économique comme étant en amont de la démocratie. En général cependant, ils ont tendance à confondre développement et capitalisme, présumant que c'est par l'adoption du capitalisme que peut advenir le développement économique[6] et ensuite la démocratie.

Selon une typologie de Guy Hermet, dont nous nous inspirons ici, au moins quatre perspectives se sont disputé l'explication de la relation entre démocratie et développement dans cette perspective libérale. En dépit de leur diversité, G. Hermet les regroupe cependant toutes sous l'appellation de « thèses de la prédestination autoritaire[7] », l'idée de prédestination soulignant bien leur dimension structurelle[8].

La thèse des préalables économiques de la démocratie. – L'argument principal véhiculé par cette thèse est qu'il existe une corrélation très forte, qui n'est pas loin du lien de causalité, entre le développement économique et la démocratie, le premier engendrant la deuxième. C'est la thèse déjà citée de S. M. Lipset, qui affirme que « plus le niveau de vie d'ensemble d'une nation se trouve élevé, plus grandes sont les chances que s'instaure un régime démocratique[9] ». Les indices du développement économique utilisés par S. M. Lipset sont le niveau de PNB par habitant, l'industrialisation, l'urbanisation et l'éducation. Toutes les quatre variables sont plus élevées dans les pays démocratiques que dans les pays à tendance autoritaire[10].

L'argumentation est basée sur une analyse quantitative. Lipset a constaté à l'époque que la plupart des pays démocratiques étaient des pays développés avec un revenu moyen élevé : certains, comme le Royaume-Uni, les États-Unis, l'Australie, le Canada, avaient un revenu annuel par habitant pouvant atteindre 1 500 $ à l'époque. À l'inverse, la plupart des dictatures comme Cuba, Haïti, le Paraguay, étaient des pays économiquement sous-développés, avec un revenu annuel moyen par habitant de 119 $, pouvant baisser à 40 $ pour certains. Les différences sont aussi marquées en ce qui concerne les taux d'industrialisation, le niveau d'éducation et ainsi de suite.

La corrélation qu'il établit ainsi sur des bases quantitatives s'approche tellement du lien de causalité que David Beetham estime qu'on peut résumer la thèse de S. M. Lipset par la formule «plus de téléphones, plus de démocratie», le nombre de téléphones par habitant devenant ici un indicateur du niveau de développement économique et partant, des chances d'être un pays démocratique[11]. Cette vision est partagée par Samuel Huntington qui établit un lien étroit entre le niveau du PNB d'un pays et ses chances d'être démocratique. Robert Dahl va tout aussi loin en faisant de la polyarchie (forme préférée de la démocratie chez lui), «la forme politique de la société industrielle la plus moderne[12]».

Tous les trois ont établi des corrélations entre les chances de connaître un régime démocratique et des *seuils* économiques. Par exemple, Bertrand Badie nous dit à propos de l'analyse de R. Dahl, que

> au-dessous d'un certain seuil (200 ou 250 dollars), la variation du PNB par habitant n'a pas d'effet sur la démocratisation des structures politiques, tellement les conditions favorables à celle-ci s'y trouvent réduites. De même, au-delà d'un certain seuil (700 à 800 dollars), cette même variation perd à nouveau de son importance, les conditions préalables à la polyarchie se trouvant d'ores et déjà réunies[13].

Ces seuils ont été récemment actualisés. Adam Przeworski et ses collègues ont établi un seuil inférieur à 1 000 $ de revenu par habitant en deçà duquel la démocratie est fragile et un seuil de 6 000 $ au-dessus duquel elle est dite inébranlable[14]. Malgré ces nouvelles données, un enjeu reste non résolu. On voit rapidement que le problème consiste à prendre un constat évident pour une époque (le fait que les pays démocratiques étaient alors aussi les pays développés) et à établir une forte corrélation, voire un lien de causalité entre les deux phénomènes pour d'autres lieux et d'autres temps. Cette thèse, longtemps critiquée pour son déterminisme qui condamne en quelque sorte les pays pauvres à la fatalité autoritaire, semble revenir à l'actualité. S. M. Lipset et d'autres auteurs l'ont reprise et affinée récemment. Ils arrivent à la conclusion que l'«on ne saurait postuler un effet mécaniste de la croissance qui favoriserait le pluralisme, mais il faut bien voir aussi que les pays qui réussissent à élever le niveau de vie et d'éducation de leurs populations posent les fondements de structures démocratiques et augmentent les chances de voir l'action démocratique s'institutionnaliser et acquérir une légitimité[15] ».

Cependant, cette thèse a beaucoup perdu de sa capacité explicative en raison de certains démentis empiriques. D'une part, le développement économique est survenu dans plusieurs pays, mais les gouvernements sont demeurés résolument autoritaires, comme en Chine ou en Tunisie. D'autre part, peu après que ces thèses eurent été soutenues, dans les années 1960 et 1970, de nombreux pays, notamment en Afrique, abandonnèrent les institutions démocratiques léguées par les puissances coloniales. En réponse à ces démentis, d'autres perspectives ont pris le relais.

La thèse de l'opposition entre la démocratisation et le développement. – À la fin des années 1960, apparaît ce que Guy Hermet appelle « l'école réaliste de la conditionnalité économique ». Dans cette perspective, il s'agit de montrer que le développement économique est un objectif inconciliable avec la démocratisation car celle-ci le freine. Cette perspective a émergé en même temps que celle de S. M. Lipset avec notamment les travaux de Walter Galenson[16], mais elle n'a été popularisée par S. Huntington qu'en 1968[17].

L'idée sur laquelle elle repose est la suivante : si un pays pauvre se démocratise, il devient difficile aux gouvernants d'arbitrer en faveur de l'investissement nécessaire au maintien de la croissance économique. En effet, dans la mesure où les syndicats, les partis et les citoyens sont à même de s'organiser et de faire pression sur les gouvernants en faveur de l'élévation de leur niveau de vie, ils vont privilégier la subsistance quotidienne sur les questions de croissance à long terme pourtant plus propice à la durabilité de la démocratie. Or, celle-ci reposant sur le vote, les dirigeants risquent de céder aux pressions, soit pour éviter de subir des sanctions électorales, soit en raison de l'ampleur des mouvements de revendication[18]. Certains auteurs estiment que les régimes démocratiques peuvent être peu performants, car ils hésitent à mettre en œuvre des politiques de croissance susceptibles de heurter les intérêts des élites[19]. Au contraire, les régimes autoritaires peuvent procéder à des arbitrages favorisant les investissements au détriment de la consommation immédiate parce qu'ils sont autonomes vis-à-vis des intérêt sectoriels et n'ont pas d'électorat à séduire[20].

D'un point de vue empirique, cette thèse est effectivement confirmée par certains pays autoritaires comme la Corée du Sud, Taiwan, le Ghana ou le Chili du général Augusto Pinochet, qui ont effectivement amorcé un décollage économique. Les comparatistes ont contribué également à mettre au jour le fait que l'industrialisation et le développement économique surviennent dans les pays non démocratiques. On rappelait fréquemment cette situation pour plaider en faveur de l'instauration d'une économie de marché et de politiques économiques néolibérales et pour discréditer le protectionnisme et la politique de substitution des importations par la promotion d'une industrie locale préconisée dans certains pays d'Amérique latine[21]. Le consensus de Washington a alors émergé aussi bien dans les analyses des comparatistes appartenant à l'approche économique que dans la gestion politique des affaires mondiales[22].

Mais force est aussi de constater que dans plusieurs régions en Afrique comme en Asie, l'introduction des politiques néolibérales n'a pas produit la croissance attendue. Néanmoins, et de manière contradictoire — ce que Barbara Geddes, adoptant les termes de Max Weber, a appelé le « fait gênant » dans les travaux des comparatistes basés sur l'économie politique — on a noté l'émergence en chaîne de nouvelles démocraties en Afrique, en Europe centrale et en Europe de l'Est à un moment où certains comparatistes tentaient toujours d'analyser et de classer sur la base du lien supposé entre autoritarisme et développement. Manifestement, la troisième vague de démocratisation qui se répandait sur ces régions contredisait les analyses du moment[23].

La thèse de la complémentarité entre démocratie et économie de marché. – Entre autres réponses à ces grands bouleversements des années 1990, apparaît donc ce que Guy Hermet appelle « l'école de la démocratie de marché » qui repose sur la conviction que ce type d'économie apporte la garantie primordiale d'un avenir démocratique[24]. Ce n'est pas du tout un hasard si cette thèse néolibérale a fait son apparition au moment où, précisément, les expériences de transitions démocratiques ont atteint leur paroxysme dans un nombre de pays qui n'a jamais été aussi important à travers le monde, notamment en Afrique et en Europe centrale et de l'Est. Dans le premier cas, les pays en transition faisaient face à un épuisement de leur système politique et économique dominé par des pratiques néopatrimoniales[25] et dans le deuxième cas, ces pays sortaient d'un système d'économie dirigée dont la réforme pose des défis particulièrement difficiles[26]. Compte tenu des conditions de faillite économique de départ, la transition devait être soutenue par une aide économique que seuls les pays occidentaux capitalistes pouvaient fournir, ce qui leur a donné la possibilité de promouvoir leur système économique libéral.

Il est donc logique que cette thèse soit soutenue non seulement par ces pays donateurs, mais aussi par les institutions financières internationales, notamment le Fonds monétaire international et la Banque mondiale. Dans l'application de cette perspective à l'Afrique, par exemple, la « politique de conditionnalité »[27] a été lancée à partir d'un rapport de la Banque mondiale[28] qui considérait la crise africaine comme une crise de gouvernance. Ce terme implique non seulement le renforcement des réformes économiques par le biais de programmes d'ajustement structurel, mais

---

LA POLITIQUE DE CONDITIONNALITÉ DÉMOCRATIQUE : LE CAS DU BÉNIN

En 1991, le gouvernement du Bénin, jusque-là d'idéologie marxiste-léniniste, s'est trouvé en situation de faillite économique. Pour sortir de la crise, il s'est tourné vers la France et les institutions financières internationales pour obtenir de l'aide en vue de payer les salaires des fonctionnaires et restructurer l'économie. Les partenaires sollicités se disent prêts à aider le gouvernement béninois, mais seulement s'il accepte de mettre en œuvre des réformes politiques et économiques. Parmi les conditionnalités imposées au pays, figurent :

- L'autorisation des activités associatives et politiques, notamment le multipartisme ;
- L'organisation d'un forum national chargé de réfléchir sur l'avenir du pays ;
- La tenue d'élections libres ;
- La réduction du nombre de fonctionnaires ;
- La libéralisation de l'économie par le démantèlement des monopoles d'État ;
- La privatisation des entreprises publiques.

aussi un environnement politique et institutionnel de type occidental. Au contraire de la thèse précédente, on postule ici une complémentarité entre développement économique (sous la forme de réformes structurelles) et démocratie. La transition démocratique s'est donc dédoublée d'une transition économique (abandon de l'économie dirigée et adoption de politiques néolibérales), considérée comme un préalable ou du moins une composante indispensable de la démocratie.

Cette thèse n'est pas exempte de problèmes non plus. Elle ne prend pas sérieusement en compte les importantes incertitudes que cette double transition implique. Très rapidement, en effet, à partir de 1990, dans la plupart des pays engagés dans ce double processus, des ratés se sont fait sentir, montrant la difficulté qu'il y avait à vouloir en même temps démocratiser les pays sur le plan politique et les réformer sur le plan économique. L'expérience de quelques pays, comme la Russie, qui fait face à des tensions économiques et sociales, ou la République centrafricaine, qui a connu plusieurs cycles de violences politiques, le montre bien. On se rend compte que la démocratie se construit avec beaucoup de difficulté, et que la libéralisation économique, au lieu de garantir l'avenir démocratique comme cela est postulé, complique au contraire le processus, car elle implique des mesures d'austérité difficiles à accepter par les populations et les secteurs sociaux.

La thèse privilégiant les dictatures qui respectent le marché. – Dans la plupart des pays qui se sont engagés dans la double transition économique et politique, la démocratie rencontre d'énormes difficultés et le développement économique n'est pas au rendez-vous. Dans d'autres pays, à l'inverse, notamment les « miracles » asiatiques tels Singapour, la Malaisie et maintenant la Chine, la dernière décennie s'est achevée sur une formidable croissance économique qui se poursuit encore malgré la crise de l'année 1998. L'exemple de ces pays, dont les économies ont résisté à ces chocs beaucoup mieux que d'autres, comme le Japon qui ne se relève toujours pas encore en 2003, a produit un nouveau revirement dans la littérature sur le lien entre démocratie et développement, mais toujours dans une veine structurelle.

Selon Guy Hermet, la hiérarchie des priorités a été redéfinie. Il démontre que l'on relègue désormais la démocratie au troisième plan, après la stabilité politique et le marché, et que l'on préfère en fait les dictatures respectant le marché[29]. On revient donc en réalité à la seconde thèse, celle de l'incompatibilité entre développement économique et démocratie, mais aussi aux thèses des « soldats modernisateurs » défendues dans la années 1960. Nombre d'analystes voyaient alors dans les coups d'État survenant dans les pays pauvres des entreprises de modernisation économique menées par le seul corps organisé de la société, à savoir l'armée.

Le revirement des années 1990 s'explique, pour certains, par le fait que les investisseurs et possesseurs de capitaux — dont les institutions financières internationales — sont des banques ; ils sont par conséquent plus attachés aux profits qu'aux libertés qu'apporte la démocratie[30]. Ils se sont vite rendu compte de la difficulté à faire des affaires dans un contexte ouvert, mais caractérisé par des politiques d'austérité économique difficilement acceptables par les populations.

Une autre explication complémentaire de ce revirement des années 1990 et du désintérêt pour les institutions politiques met l'accent sur les idées défendues par les intellectuels qui conseillent les gouvernants[31]. Alors que dans les décennies précédentes, l'économie en tant que discipline comportait un sous-champ légitime, mais modeste, à savoir celui de l'économie du développement, elle a stagné ou a quelque peu perdu de sa crédibilité. Avec l'échec économique désastreux connu aussi bien par le socialisme que par les économies mixtes (celles qui font une place importante au secteur étatique) dans les années 1980 et 1990, l'économie du développement a pratiquement disparu. Cette situation a eu deux conséquences évidentes. D'une part, le lien existant jusqu'alors entre politologues et économistes travaillant sur le développement s'est rompu. D'autre part, les économistes néoclassiques ont émergé en tant que conseillers des gouvernants et des agences internationales. Or, l'économie néoclassique n'a jamais accordé une grande attention aux institutions politiques, sauf à les considérer comme des entraves au marché.

Les programmes d'ajustement structurel, les privatisations, les réductions des effectifs et des subsides étatiques provoquent en effet des grèves et des remous sociaux préjudiciables aux performances économiques. Par conséquent, l'analyse s'est orientée vers l'hypothèse qu'il est peut-être préférable de donner d'abord la priorité à la relance économique grâce à des régimes capables d'imposer des politiques d'ajustement et de croissance. L'on a même recommandé parfois de créer un État de droit des entreprises dans les pays en développement à défaut d'un État de droit tout court. On veut ainsi mettre ces dernières à l'abri de l'absence du droit qui prévaut dans ces États grâce à des enclaves juridiques. Elles y seraient protégées par des juges locaux émargeant sur des budgets extérieurs. Cette formule garantirait ainsi la défense des intérêts des entreprises par un personnel juridique à l'abri des tentations[32].

Les perspectives étudiant le lien entre la démocratie et le développement économique se sont diversifiées au gré des progrès et des régressions de la démocratisation. Ceux-ci sont attribués aux possibilités et aux contraintes découlant de l'économie, considérée parfois comme la variable explicative. Mais dans certains cas, nous l'avons vu, les analystes renversent le lien de causalité. Les conditions politiques (trop de démocratie à la manière de Huntington ou une grande résistance à l'ajustement structurel) peuvent être considérées comme des variables indépendantes freinant le développement. Pour certains, les régimes autoritaires apparaissent même comme des facteurs favorables à la mise en œuvre et à la protection de la croissance économique.

De la perspective marxiste de l'économie mondiale à l'analyse du sous-développement

L'analyse marxiste a une longue tradition d'analyse comparée des situations de développement économique. Dans tous les cas, les formes politiques sont le résultat direct ou indirect des relations économiques, notamment les relations de production et d'échange. C'est le marxisme qui a donné les grands thèmes, les outils et l'élan à partir desquels les premiers travaux structurels ou macro-analytiques ont été produits parce qu'il contient une théorie du changement dont la base est la succession des modes de production et parce qu'il propose une perspective causale à partir de la lutte des classes[33]. Il s'agit d'une théorie globale, qui prétend expliquer essentiellement sur la base de l'économie la naissance des États, les rapports sociaux inégalitaires ainsi que les processus de transformations historiques. Les fondateurs de cette tradition, Karl Marx et Friedrich Engels, se concentraient sur le capitalisme dans des contextes nationaux, mais parmi les marxistes orthodoxes, il y a une longue tradition fortement ancrée fondée sur les questions de développement.

La perspective marxiste va plus s'ouvrir sur ces problématiques, avec des auteurs marxistes comme Rudolf Hilferding, Nicolaï Boukharine et Vladimir I. Lénine, qui orientent résolument l'analyse vers l'étude de l'impérialisme[34]. L'Autrichien Hilferding est l'un des premiers à diviser le monde en deux types d'économies, celles du centre dominant constitué des pays capitalistes développés et celle de la périphérie dominée constituée des autres pays. Selon lui, le centre pénètre la périphérie et la domine, car il a besoin de débouchés commerciaux pour ses produits. Pour sa part, Boukharine est un des précurseurs des analyses marxistes de la mondialisation, car il a été le premier à percevoir l'internationalisation du capitalisme. En effet, avant lui, les marxistes «faisaient toujours référence au capital par rapport aux nations [...]. Boukharine affirme l'existence d'un système mondial[35] ».

Vladimir I. Lénine s'inspira de ces travaux entre autres pour proposer une théorie de l'impérialisme. La domination des capitalistes à l'interne est projetée à l'externe, car le capitalisme, selon Lénine, passe par plusieurs phases au terme desquelles il se produit une surproduction industrielle suivie d'une chute tendancielle du taux de profit. La seule possibilité d'éviter l'effondrement est de trouver des débouchés extérieurs. C'est cette raison qui explique les politiques économiques agressives qui vont jusqu'à la colonisation de l'ensemble des nations faibles[36].

Cette perspective analytique est poursuivie par plusieurs auteurs en économie politique après 1945. Toutefois, la recherche qui a le plus influencé l'analyse d'économie politique comparée est venue d'Amérique latine et d'Afrique autour de la notion de «sous-développement». Cette analyse comparative des causes du développement et du sous-développement a été portée notamment par les promoteurs des théories de la dépendance. Ceux-ci ont émergé sur la base de deux apports: le néomarxisme et les politiques économiques en vigueur en Amérique latine dans les années 1950 et 1960.

Les dépendantistes partagent généralement l'ontologie néomarxiste car comme les marxistes orthodoxes, ils continuent d'analyser le monde de manière dichotomique, considérant la place des pays dans l'économie capitaliste mondiale comme déterminante de leur position dans les rapports de domination. Ils pensent que l'insertion des sociétés du Tiers-Monde dans l'économie mondiale est la cause de leur sous-développement. Mais les dépendantistes révisent aussi profondément le marxisme des générations antérieures puisqu'ils ne croient plus ni à la thèse des contradictions internes du capitalisme qui mèneraient à sa chute ni à celle de l'affrontement généralisé entre impérialistes de Lénine. Au contraire, ils pensent que le capitalisme s'est affermi, notamment en réussissant à transposer dans les rapports Nord-Sud, les mécanismes d'appropriation de la plus-value que Marx analysait au plan national. Cela leur permet de comparer, mais aussi de lier le développement des pays du Nord au sous-développement des pays du Sud. En effet, pour paraphraser Samir Amin, un des principaux adeptes de la théorie de la dépendance, Karl Marx avait tort de penser que la même forme de capitalisme se répandrait dans le monde entier et préparerait le terrain au socialisme.

COMMENT KARL MARX S'EST TROMPÉ, SELON SAMIR AMIN

Auteur égyptien, Samir Amin a étudié le sous-développement de l'Afrique. Dans l'ouvrage qui contient la colonne vertébrale de sa réflexion, publié dès 1973, il propose de démontrer le processus explicatif du développement et du sous-développement. Pour ce faire, S. Amin se démarque de Marx, qui pensait que la colonisation de l'Orient déboucherait sur une transition vers la constitution de pays capitalistes concurrentiels. Au contraire, S. Amin soutient la thèse de la transition vers le capitalisme périphérique : « [E]n fait, les monopoles dont Marx ne pouvait imaginer l'essor vont empêcher qu'un capitalisme local, qui se constitue effectivement, puisse les concurrencer : le développement du capitalisme à la périphérie restera extraverti, fondé sur le marché extérieur ; il ne pourra dès lors pas conduire à un épanouissement achevé du mode de production capitaliste à la périphérie[37]. »

Les théories de la dépendance ont émergé par ailleurs dans un contexte marqué, en Amérique latine, par l'échec des stratégies de développement fondées sur la réforme agraire, l'industrialisation et la production locale de biens qui se substitueraient aux biens importés[38]. Raisonnant à partir des notions de centre et de périphérie, des auteurs travaillant sur l'Amérique latine et l'Afrique ont utilisé le cadre d'analyse de dépendance pour prendre le contre-pied des perspectives dominantes de l'époque.

Les dépendantistes reprennent le schéma dialectique marxiste pour mettre au jour le jeu à somme nulle qu'impliquait cette insertion pour les pays du Sud dans le mode de production capitaliste. Selon eux, le sous-développement du Sud n'est autre chose que la contrepartie du développement du Nord qui, pour citer le titre d'un des ouvrages les plus connus de cette école, engendrerait *Le développement du sous-développement*[39]. L'un n'étant pas concevable sans l'autre, le simple fait de participer au système économique mondial crée et maintient la dépendance et le sous-développement du Sud. La seule manière d'éviter ces conséquences est d'adopter une stratégie autarcique que peu d'États (à l'exception peut-être de la Corée du Nord) ont réussi à imposer à leurs populations.

En général, les dépendantistes identifient deux causes des situations économiques et des défis auxquels l'État fait face en concevant une politique de développement économique. La première, que nous avons déjà mentionnée, concerne la position de dépendance de chaque pays dans l'économie internationale. La seconde, qui permet de comprendre les processus politiques, est liée au fait que la dépendance donne d'immenses pouvoirs aux firmes transnationales et à leurs alliés internes, appelés dans la terminologie dépendantiste les élites *compradores*. Ces acteurs sont plus intéressés à poursuivre leurs propres intérêts, comme l'exportation de matières premières, qu'à améliorer l'économie nationale, créer des emplois ou réduire la pauvreté. De nombreux comparatistes, parfois non dépendantistes, ont alors commencé à étudier les conséquences politiques de cette structure d'intérêts. Par exemple, Guillermo O'Donnell a montré l'affinité entre la situation de dépendance économique et l'instabilité politique en Amérique latine. Il a remarqué en effet que les « régimes bureaucratiques autoritaires[40] » émergent pour protéger les intérêts de la bourgeoisie *compradore* locale et étrangère. Le coup d'État du général Pinochet au Chili en 1973, intervenu à la satisfaction de la bourgeoisie locale avec la bénédiction américaine contre un gouvernement de gauche, peut parfaitement illustrer cette thèse.

En tant que structuralistes, certains dépendantistes ont considéré que les situations qu'ils ont observées étaient universelles. Selon Samir Amin, par exemple, même du temps de la guerre froide, les pays de l'Est étaient en réalité insérés dans le marché capitaliste mondial bien qu'ils ne faisaient pas partie du système capitaliste[41]. D'autres ont cependant utilisé une version de la théorie de la dépendance qui était plus attentive aux spécificités historiques. Par exemple, Fernando Enrique Cardoso, qui est représentatif de ce qu'Alvin So appelle la « nouvelle école dépendantiste », s'intéresse aux dimensions internes de la dépendance et conçoit la possibilité d'un développement dans la dépendance-association[42]. Il entend par ce terme que le développement peut survenir dans des situations marquées par une alliance entre élites internes et externes et qui sont susceptibles d'agir en faveur du développement économique.

La réflexion des dépendantistes a aussi évolué avec le temps et au gré des évènements. Ainsi, plus récemment, Samir Amin a décrit trois voies vers le développement autocentré au Sud qui ont suivi la création du mouvement des non-alignés en 1955 : les pays capitalistes de l'Asie orientale et du Sud-Est, qui sont dynamiques sur le plan économique, intégrés sur le plan de la coopération régionale et qui ont un État intervenant efficacement ; les pays d'Amérique latine et l'Inde, qui disposent de capacités industrielles importantes, mais moins intégrés sur le plan régional, qui connaissent de faibles taux de croissance et sont marqués par un État peu efficace ainsi que de fortes inégalités ; enfin les pays d'Afrique et des mondes arabes et islamiques, qui sont restés dans une division internationale du travail en vertu de laquelle ils demeurent de simples pourvoyeurs de matières premières ne connaissant ni croissance ni intégration et donc marginalisés[43].

Le système monde

La théorie de la dépendance a perdu de la vigueur dans les années 1980 à l'image de plusieurs autres perspectives structurelles. Cependant, plusieurs des chercheurs ayant travaillé dans cette perspective ont joint leurs efforts à ceux d'auteurs travaillant à partir d'un concept clé, celui du *système monde*, en vue de comprendre les situations de développement et de sous-développement. Le promoteur de cette perspective est Immanuel Wallerstein, qui a développé le cœur de son modèle dès 1974[44]. On y trouve plusieurs concepts familiers aux marxistes, tels ceux de centre et de périphérie, tout comme une insistance sur les structures économiques considérées comme la source des formes sociales et politiques.

I. Wallerstein adopte une perspective de long terme, cherchant les origines des formes contemporaines de pouvoir politique et économique dans la formation d'un système mondial dominé par l'Europe de l'Ouest à partir du xve siècle. Cette domination s'est accélérée avec l'expansion européenne et l'exploitation des pays tombés sous sa domination. On se trouve alors dans une situation d'inégalité profonde entre l'Occident et son économie capitaliste et les autres pays, notamment l'Amérique latine et l'Europe de l'Est, relégués dans un rôle de simples pourvoyeurs de matières premières. Le contact avec l'Europe a donc dérouté ces pays de leur processus endogène et les a transformés en simples périphéries ou semi-périphéries, réagissant aux stimuli des économies du centre. Ce dernier s'enrichit sans cesse en exploitant les périphéries qui n'ont aucune possibilité de se développer.

Immanuel Wallerstein partage clairement de nombreux concepts avec la théorie de la dépendance. En particulier, l'idée que *l'échange inégal* est un trait saillant des relations Nord-Sud est aussi avancée par Samir Amin, qui a décrit un système mondial réduisant les pays du Sud au statut de pourvoyeurs de matières premières peu chères au Nord qui les transforme pour les revendre au prix fort[45]. D'autre part, André Gunder Frank avait déjà écrit dès le début des années 1960, comme nous l'avons vu, l'ouvrage intitulé *Le développement du sous-développement en Amérique latine*, un processus qui dépend non pas du niveau national, mais du fonctionnement du système économique mondial.

Le sort de la perspective du système monde était lié au sort des analyses structurelles. À mesure que les comparatistes se démarquaient des macro-analyses, les approches stratégique et institutionnelle gagnaient en importance. Néanmoins, certains demeurent convaincus de la validité de cette perspective et parmi eux, I. Wallerstein, qui s'est associé à Étienne Balibar pour analyser une variété de rapports sociaux formant le système capitaliste mondial, y compris ceux de race, de nation et de classe[46]. Samir Amin s'est également tourné, dans ses travaux récents, vers la mondialisation. Il s'interroge sur son impact sur l'accentuation des inégalités économiques, sur leurs conséquences négatives dans les pays du Sud, particulièrement ceux de l'Afrique[47]. Il constate d'abord que si l'Afrique est marginalisée du fait de son poids économique, elle est cependant plus intégrée que toute autre région du monde dans le système mondial et ce, depuis la période mercantiliste du XVIᵉ siècle avec le commerce des esclaves, puis avec la colonisation qui débute au XIXᵉ siècle. Toutefois, cette insertion de l'Afrique dans le système mondial a posé les bases du sous-développement du continent en empêchant toute révolution agricole et en lui assignant un rôle de pourvoyeuse de matières premières[48].

Partant de ce constat, il remarque que la mondialisation est loin de se traduire par un «retour» de l'Afrique parce que la triade capitaliste (Union européenne, Japon, États-Unis) dispose de monopoles dans cinq domaines qui assurent sa suprématie sur les autres pays : la technologie, le contrôle des flux financiers d'envergure mondiale, l'accès aux ressources naturelles de la planète, la communication et les médias, les armements. Ces monopoles fonctionnent comme des conditionnements qui

> annulent la portée de l'industrialisation des périphéries, dévaluent le travail productif incorporé dans ces productions tandis qu'elles surévaluent la prétendue valeur ajoutée attachée aux activités par lesquelles opèrent les monopoles nouveaux au bénéfice des centres. Ils produisent donc une nouvelle hiérarchie dans la répartition du revenu à l'échelle mondiale, plus inégale que jamais, subalternisent les industries de la périphérie et les réduisent au statut d'activités de sous-traitance[49].

Grâce au thème de la mondialisation, Amin semble avoir repensé récemment la question du changement en parlant de «déconnexion cohérente avec les défis nouveaux[50]». Il prône notamment une politique de régionalisation permettant de contrecarrer la domination de la triade dans les cinq domaines, un nouveau contrat avec l'Europe en vue de mettre en place une interdépendance contrôlée et surtout des forces sociales et des projets cohérents.

L'économie politique, l'État et la mondialisation

L'approche du *système monde* d'Immanuel Wallerstein est parfois classée dans l'analyse historique comparative car elle offre un balayage portant sur plusieurs siècles de l'histoire mondiale[51]. De plus, elle fait partie de la mouvance des années 1970 et 1980, qui voulait faire sa place dans un environnement intellectuel dominé par le behaviorisme[52]. De nombreux auteurs ont, dans cette perspective, mis l'accent sur l'État et ses interrelations avec l'économie. Ces travaux, notamment ceux en économie politique que Joel Migdal qualifie de «perspective accordant la primauté au système», adoptent un niveau d'analyse systémique. Ils analysent toujours les phénomènes économiques, mais dans la relation à l'État; celui-ci est traité comme un acteur cohérent. Son action est à la croisée des facteurs nationaux et internationaux, mais aussi orientée par sa capacité à opérer des choix. Ils traitent donc l'État comme un acteur autonome, même si l'environnement représente une contrainte sur ses actions. Il résulte donc de ces travaux un rejet explicite des approches exclusivement basées sur la dépendance et le *système monde*, comme l'indique le titre de l'ouvrage présenté dans l'encadré suivant.

QUITTER LA PÉRIPHÉRIE : UNE EXPLICATION DU COMPORTEMENT ÉTATIQUE

Dans son livre intitulé *Pathways from the Periphery : The Politics of Growth in the Newly Industrializing Countries*[53], Stephan Haggard tente d'expliquer pourquoi Hong Kong et les nouveaux pays industrialisés d'Asie du Sud-Est — la Corée du Sud, Taiwan, et Singapour— ont réussi à mettre en œuvre des stratégies de croissance basées sur l'exportation et à entrer ainsi sur le marché mondial. Il a montré qu'en 1990, « ce petit groupe de pays ont la part du lion dans l'ensemble des performances du Tiers-Monde en matière de production industrielle et d'échanges[54] ». Cette volonté de s'ouvrir au marché mondial est en contradiction directe avec la démarche adoptée par des plus grands pays comme le Brésil, l'Argentine, le Mexique et l'Inde. Ceux-ci, qui ont eu une réussite économique moins spectaculaire, ont essayé de s'industrialiser en comptant sur eux-mêmes ou en mettant l'accent sur la méthode de substitution des importations.

Le modèle proposé par S. Haggard confirme l'importance du contexte économique international en tant que source de contraintes. Cependant, il montre aussi que les chocs et les pressions domestiques que ce contexte engendre peuvent faciliter l'innovation. Par ailleurs, la configuration des forces sociales agit comme contrainte, comme le dirait un adepte du niveau d'analyse systémique. Toutefois, pour S. Haggard, les politiques réussies dépendent de la capacité des élites à construire et maintenir un soutien à leur action en réunissant des coalitions. Ces dimensions « ne sont pas données par les structures sociales ou par les contraintes internationales, mais sont le produit d'arrangements politiques et du leadership[55] » dans le cas des nouveaux pays industrialisés.

L'économie politique comparée est riche de ce type d'arguments. Stephan Haggard n'est qu'un exemple parmi tant d'autres de théoriciens qui ont renversé l'argument causal proposé par les marxistes, les dépendantistes et les adeptes du système monde. Ces auteurs montrent que l'État et des élites politiques habiles, qui profitent de leur marge de manœuvre, peuvent mettre en œuvre des politiques de développement susceptibles de changer le statut de leur pays dans l'économie internationale.

Les approches systémiques ont ainsi perdu en popularité tout comme les autres approches structurelles à mesure que l'analyse a été redirigée à un niveau d'analyse intermédiaire ou institutionnel[56], ainsi que nous l'avons montré dans d'autres chapitres. Dans les pages qui suivent, nous abordons quelques travaux de ce genre, qui maintiennent leur intérêt pour les relations entre l'État et l'économie, tout en s'éloignant du structuralisme.

La mondialisation a particulièrement amené les auteurs en économie politique à repenser le lien entre politique et économie. Comme nous l'avons vu plus haut, certaines des perspectives considèrent que c'est l'économie qui a le plus d'impact sur l'État, alors que d'autres laissent à ce dernier une marge de manœuvre. Dans ce dernier cas, on insiste sur le fait que le politique, notamment l'État, peut façonner la manière dont la mondialisation affecte les sociétés nationales. Nous examinons ici deux exemples : les recherches sur l'impact de la mondialisation sur les politiques sociales et celles consacrées à la manière dont les régimes de production s'adaptent aux effets de la mondialisation.

Mondialisation et politiques sociales. – Il n'y a pas de consensus sur les effets de la mondialisation de l'économie sur les politiques sociales et la gouvernance. Plus précisément, aucune réponse unique n'est apportée à la question de savoir si tous les régimes en la matière convergent vers un modèle unique ou s'ils continuent de diverger au plan de la mise en pratique de la sécurité sociale. À quel point ils divergent ou convergent, qui en sont les bénéficiaires et sous quelles conditions ils opèrent sont des questions qui ont des réponses multiples. Bruno Palier et Robert Sykes identifient trois perspectives théoriques[57] qui assignent des rôles particuliers à la mondialisation et prédisent soit une convergence, soit une divergence des politiques sociales.

La première perspective considère que la mondialisation a un impact significatif et uniforme sur les régimes d'État providence parce qu'elle renforce la domination de l'économie de marché. Ici, les nouvelles conditions économiques imposent la convergence des politiques. La mondialisation est un phénomène aussi bien idéologique qu'économique qui, à cause de l'économie néolibérale qui l'accompagne, affaiblit les États nationaux et réduit leur capacité à choisir des options progressives. Une autre version moins pessimiste dans cette même perspective annonce une convergence autour d'un ensemble de principes généraux qui organisent les politiques sociales, mais trouve des divergences dans la mise en œuvre des politiques. Cette perspective s'intéresse aux longues périodes historiques et s'inspire, entre autres, des travaux de Karl Polanyi[58]. Elle utilise des concepts comme ceux de « changement de régime » ou encore de « changement de paradigme »[59]. Elle tente d'identifier les grands changements dans les idées (comme l'adoption du keynésianisme), dans les pratiques (comme l'expansion du fordisme) ou dans la société (comme le passage à la modernité).

Une deuxième perspective donne une place relativement réduite à la mondialisation dans les politiques et les réformes sociales. Les politiques sociales sont considérées comme étant toujours façonnées par les facteurs internes tels que les coalitions politiques ou les projets sociétaux. Bien que certains changements puissent intervenir dans les politiques fiscales et de dépense des États, cette perspective reste attachée au concept de dépendance au sentier (*path dependency*), dont nous avons discuté au chapitre 6. Le changement est limité, prenant plus la forme de retraits que de redéfinition des régimes d'État providence et lorsqu'il intervient, il est plus explicable par la maturation des États providence et les phénomènes de mobilisation que par des phénomènes économiques comme ceux liés à la mondialisation.

Une troisième perspective est celle qui admet que la mondialisation a un impact, mais que cet impact passe par les institutions et par les réponses politiques nationales. Elle laisse donc une place à la possibilité que chaque pays s'adapte aux pressions de la mondialisation. Selon les circonstances, il peut résulter de cette situation aussi bien des convergences que des divergences. Cette position est résumée dans l'encadré suivant.

La perspective selon laquelle il peut y avoir aussi bien une convergence qu'une divergence est, actuellement, la plus courante dans la littérature sur l'impact de la mondialisation sur les politiques nationales.

L'IMPACT DES NOUVELLES RELATIONS ÉCONOMIQUES AU CANADA ET AUX ÉTATS-UNIS

Une étude canadienne sur les trajectoires en matière de politiques sociales au Canada et aux États-Unis s'inscrit clairement dans cette troisième perspective. Les auteurs, Richard Simeon, George Hoberg et Keith Banting, cherchent à savoir jusqu'à quel point ces deux pays convergent dans cette ère de mondialisation et plus spécifiquement, dans le contexte de l'ALENA. Ils arrivent à la conclusion qu'il est nécessaire de considérer que la culture et les institutions nationales influencent les institutions économiques du libre-échange et les structures économiques associées avec la mondialisation. Il estiment que ni les structures mondiales ni les changements sociaux internes ne conduisent automatiquement à des politiques données d'avance. Les pays conservent un degré important de liberté en réagissant face aux pressions du moment. Par ailleurs, les principales caractéristiques de chaque pays contribuent à expliquer la manière dont ce dernier se positionne entre les forces (externes) qui poussent pour le changement et les politiques publiques (internes)[60].

Mondialisation et variétés de capitalismes. – La perspective en économie politique comparée appelée « variétés de capitalismes » a émergé au cours de la dernière décennie. C'est un effort visant à répondre à certaines critiques dirigées contre les institutionnalistes historiques à qui on reprochait de ne pas expliquer pourquoi les pays ne convergent pas, en matière de choix de modèles institutionnels, vers ceux qui sont les plus efficaces pour assurer la croissance des économies capitalistes[61]. Peter A. Hall et David Soskice, les promoteurs de cette perspective, la relient directement aux enjeux centraux de l'économie politique comparée. Selon eux, « les chercheurs en économie politique ont toujours montré un intérêt pour les différences d'institutions politiques et économiques entre pays... L'économie politique comparée tourne autour du cadre conceptuel utilisé pour comprendre les différences institutionnelles entre les États[62] ».

Ils se concentrent sur les comportements des firmes. L'encadré qui suit décrit deux idéaux-types de régimes de production qui existent dans différents pays et qui régissent l'action des entreprises. Chaque pays a tendance à avoir l'une ou l'autre forme de régime, en grande partie en

LES VARIÉTÉS DE RÉGIMES DE PRODUCTION, SELON PETER A. HALL ET DAVID SOSKICE

P. A Hall et D. Soskice identifient deux régimes de production :

Les économies de marché libérales existent dans les pays dans lesquels les firmes coordonnent leurs activités principalement à travers des hiérarchies et des institutions commerciales fondées sur l'idée de compétition. Elles gardent leur distance par rapport à leurs concurrentes et partenaires et régulent leurs relations grâce à des contrats aussi bien avec les autres firmes qu'avec leurs employés.

Les économies de marché coordonnées existent dans les pays dans lesquels les firmes dépendent lourdement de relations non marchandes. Elles reposent moins sur des contrats, partagent plus de renseignements privés entre elles et avec les syndicats, et ont des relations de collaboration avec d'autres firmes. L'État (ou le gouvernement, mais il s'agit plutôt de l'État) et les syndicats peuvent également être impliqués dans des pactes sociaux d'envergure nationale.

raison de facteurs politiques comme le code du travail, les formes d'organisations syndicales, les régimes de politiques sociales et ainsi de suite.

En fait, la problématique de la perspective en termes de variétés de capitalismes est la suivante : puisque les régimes de production dans lesquels elles opèrent ont été conçus à une période où les conditions politiques et économiques étaient très différentes, qu'arrive-t-il aux entreprises — notamment aux profits qu'elles réalisent — à l'ère de la mondialisation ? Les auteurs soutiennent qu'il n'y a pas de réponse unique aux nouvelles conditions économiques. Cette position contraste avec celle des décideurs néolibéraux et des économistes néoclassiques qui soutiennent que toutes les firmes et toutes les économies doivent libéraliser leur code du travail et réduire les dépenses sociales, entre autres mesures. Au contraire, Hall et Soskice, tout comme d'autres auteurs utilisant la même approche qu'eux, concluent que la meilleure réponse est à trouver dans chaque type de régime de production au sein duquel les entreprises opèrent. Chaque régime peut s'adapter de différentes manières, ce qui contribue à maintenir les divergences entre les types de régimes. Comme l'ont écrit H. Kitschelt et ses collègues, «la divergence entre institutions a tendance à persister et à se reproduire d'elle-même[63] » en dépit des similarités de défis, en grande partie en raison de processus de dépendance au sentier (*path dependence*).

Nous pouvons ainsi voir, à partir de ces exemples, que lorsque son objet d'analyse consiste à s'interroger sur les effets de la mondialisation sur les États, l'économie politique comparée arrive à des conclusions similaires à celles des chercheurs s'intéressant au développement et à la démocratie. Dans aucune des perspectives on ne prête maintenant aux facteurs économiques un pouvoir de détermination univoque sur les choix et les résultats politiques. Pour plusieurs chercheurs, la relation causale peut même être inversée, de sorte que les stratégies et facteurs politiques acquièrent un rôle clé pour affronter de nouveaux défis économiques.

APPORTS ET LIMITES DE L'APPROCHE ÉCONOMIQUE

Nous avons décrit plusieurs perspectives sous la seule rubrique de l'approche économique (ou l'économie politique comparée). Plusieurs d'entre elles sont d'orientation structuraliste. Celles-ci ont perdu de leur intérêt, autant que d'autres perspectives structurelles utilisant par exemple des variables culturelles. Néanmoins, comme nous l'avons également montré en partant de la citation d'Aristote au début du chapitre, la tendance à lier les facteurs économiques et politiques en politique comparée a une longue et riche histoire. C'est pourquoi il est peu probable que le déclin des perspectives structurelles entraîne une éclipse de l'intérêt pour l'économie politique. Il y a eu des adaptations que nous avons décrites, plusieurs d'entre elles impliquant un glissement vers des formes d'analyses institutionnelles, voire stratégiques.

Les limites historiques de l'économie politique structuraliste

Le recul enregistré par les approches structurelles comme le développementalisme, la théorie de la dépendance et le *système monde* est en partie attribuable aux glissements intellectuels qui ont provoqué un grand scepticisme en ce qui a trait aux approches holistes en politique comparée et ailleurs. Certes, l'inégalité dans le système mondial demeure et certes, des auteurs comme Samir Amin continuent à écrire sur la dépendance. Mais la perspective a perdu de son éclat. Ces approches ont particulièrement été affectées par les changements politiques concrets des 50 dernières années. Peu de leurs prédictions sur les formes de changement politique se sont réalisées. En ce qui concerne les approches d'inspiration marxiste, l'évolution du capitalisme dans les pays développés et la trajectoire des pays sous-développés n'ont pas suivi le schéma prévu par la théorie. Non seulement la révolution n'a pas eu lieu dans les pays capitalistes avancés, mais certains pays sous-développés tels ceux de l'Asie du Sud-Est se sont développés depuis, démentant le schéma dépendantiste, pendant que, suprême démenti, les pays d'Europe de l'Est sont revenus vers une économie capitaliste. Par ailleurs, les rares tentatives visant à appliquer le modèle de développement endogène et coupé du système capitaliste promu par des auteurs tels que S. Amin ont débouché sur une plus grande paupérisation, comme en Albanie et en Corée du Nord.

En ce qui concerne la perspective économique de la démocratie, elle a également été confrontée à des défis théoriques et empiriques. D'un point de vue empirique, le contexte qui a permis l'éclosion de ses premières versions, notamment *la thèse des préalables économiques de la démocratie* avancée par Seymour Martin Lipset, Robert Dahl et Samuel Huntington, s'est radicalement modifié. À l'époque où S. M. Lipset écrivait, les corrélations qu'il établissait correspondaient clairement à un constat : les pays développés étaient des démocraties et les pays sous-développés ne l'étaient pas. Tant que la situation restait ainsi, la thèse avait tout son sens. Mais avec la vague de démocratisation qui a commencé en Europe méridionale en 1974, et s'est poursuivie en Amérique latine dans les années 1980 ainsi qu'en Europe de l'Est et en Afrique dans les années 1990, les hypothèses émises par cette perspective ont été bousculées. Nombre de nouveaux pays sont entrés en effet dans la vague sans satisfaire aux conditions supposées incontournables par la thèse des préalables économiques et il est communément admis maintenant qu'aucun contexte n'exclut la possibilité de démocratisation, même lorsque les structures économiques paraissent défavorables.

De nouvelles versions de cette perspective économique de la démocratie sont par ailleurs sans cesse remises en cause. Par exemple, la thèse liant la démocratie à l'existence d'une économie de marché a vite trouvé ses limites avec les contradictions entre les deux phénomènes constatées en Europe de l'Est. Il en est de même de celle privilégiant les dictatures respectant le marché, qui est confirmée par la Corée du Sud ou Singapour, mais démentie par l'Afrique.

Ces démentis empiriques et la non-prise en compte des variables historiques et stratégiques ont eu comme conséquence de remettre en question les hypothèses structurelles. Ce sont en partie sur ces faiblesses que l'approche stratégique s'est bâtie en émettant, notamment sur l'analyse de la démocratisation, des hypothèses privilégiant au contraire les acteurs et les interactions. Avec le retour des institutions, de l'histoire et des acteurs, l'approche structurelle d'inspiration économique a perdu de son poids en politique comparée.

Les apports de l'approche économique

En s'interrogeant sur les apports de ces approches, il convient de souligner qu'elles ont été développées essentiellement en réponse à des phénomènes prenant place dans le monde réel. Cela peut constituer une limite — être démenti par les faits comme nous venons de le voir —, mais aussi une force, notamment lorsque l'approche met au jour des positions qu'il n'aurait pas été possible de connaître autrement.

Dans leurs formes modernes, ces approches ont émergé dans une période de confrontation idéologique plongeant ses racines dans le débat entre le marxisme et le libéralisme, qui a également stimulé le débat théorique. En ce qui a trait à la théorie de la dépendance, par exemple, les chercheurs latino-américains, armés de leurs connaissances en économie politique, pouvaient ainsi critiquer l'occidentalo-centrisme des théories du développement. Ils l'ont fait en s'appuyant sur la crise durable évidente des pays du Tiers-Monde, situation que les approches développementalistes libérales n'avaient pas prévue.

D'un point de vue empirique, aussi bien la version des préalables de la démocratie que celle de la dépendance sont nées du besoin de trouver une explication à la différence entre les dynamiques politiques des pays avancés et celles des pays qui l'étaient moins. Elles avaient aussi une ambition normative, car les perspectives libérales faisaient la promotion du modèle économique occidental, alors que les dépendantistes la combattaient, à l'image d'André Gunder Frank qui disait expressément écrire «en guise de contribution à la révolution en Amérique latine et dans le reste du monde[64]».

Si la tendance à annoncer aussi clairement ses ambitions normatives a décliné ces dernières années, nous observons néanmoins que beaucoup d'adeptes d'économie politique comparée sont attachés à la recherche des variétés de stratégies permettant de répondre aux nouveaux défis posés par la mondialisation. Bien entendu, certains des auteurs partagent l'enthousiasme des néolibéraux pour l'universalisation du marché et de l'ouverture économique, même au prix d'une restriction des libertés démocratiques. Mais beaucoup d'autres montrent que les solutions proposées par les néolibéraux ne sont pas les seules disponibles et *a fortiori* les plus efficaces. Nous avons vu, dans cette perspective, des analyses empiriques minutieuses faisant ressortir que d'autres stratégies étatiques pouvaient être positives aussi bien pour l'économie que pour le bien-être des populations. Bien qu'Adam Smith soit un des fondateurs de l'économie politique comparée, ceux qui utilisent cette approche au XXIᵉ siècle ne le suivent pas toujours. Cette diversité est une des sources de la richesse de ces approches.

NOTES

1. Aristote, *Politique*, texte français présenté et commenté par Marcel Prélot, Paris, PUF, 1950, p. 86-87.
2. Bertrand Badie et Guy Hermet, *La politique comparée*, Paris, Armand Colin, 2001, p. 73.
3. Philippe Schmitter et Gerard Lehmbruch (dir.), *Trends Towards Corporatist Intermediation*, Londres, Beverly Hills, Sage Collections, 1979.
4. Peter A. Hall, *Governing the Economy : The Politics of State Intervention in Britain and France*, New York, Oxford University Press, 1986.
5. Seymour Martin Lipset, « Some Social Requisites of Democracy : Economic Development and Political Legitimacy », *American Political Science Review*, n° 1, 1959, p. 69-105.
6. Rattan Chand Bhardwaj et K. Vijayakrishnan, *Democracy and Development : Allies or Adversaries ?*, Ashgate, Aldershot, 1998.
7. G. Hermet, *Le passage à la démocratie*, Paris, FNSP, 1996, p. 88-93
8. Nous ne prenons en compte ici que l'approche économique du développement, laissant de côté, par exemple, l'approche basée sur l'idée de modernisation, qui insiste sur l'importance des aspects culturels des « nouveaux » pays dans la détermination de leur potentiel de développement. Certains auteurs y voient la ligne de démarcation la plus importante entre cette approche de la modernisation et celle que nous étudions ici. Voir, par exemple, J. Samuel Valenzuela et Arturo Valenzuela, « Modernization and Dependency : Alternative Perspectives in the Study of Latin American Underdevelopment », *Comparative Politics*, vol. 10, juillet 1978, p. 535-557.

9. S. M. Lipset, *L'homme et la politique*, Paris, Seuil, 1963, p. 62.
10. *Ibid.*, p.62.
11. David Beetham, « Conditions for Democratic Consolidation », *Review of African Political Economy*, vol. 21, n° 60, juin 1994, p. 161.
12. Robert Dahl, cité par B. Badie, *Le développement politique*, Paris, Economica, 1994, p. 16-17.
13. B. Badie, 1994, p. 20.
14. Adam Przeworski *et al.*, « What Makes Democracy Endure ? », *Journal of Democracy*, vol. 7, n° 1, 1996, cités par Andreas Schedler, « Comment observer la consolidation démocratique ? », *Revue internationale de politique comparée*, vol. 8, n° 2, 2001, p. 234-235.
15. Seymour Martin Lipset, Kyoung-Ryung Seong et Jean-Charles Torres, « Une analyse comparative des prérequis sociaux de la démocratie », *Revue internationale des sciences sociales*, n° 136, 1993, p. 199.
16. Walter Galenson, *Labor and Economic Development*, New York, Wiley, 1959.
17. Samuel Huntington, *Political Order in Changing Societies*, New Haven, Yale University Press, 1968. Avec Michel Crozier et Joji Watanuki, l'analyse a été étendue aux économies développées. L'argument de base consiste à montrer que trop de démocratie comporte des inconvénients et peut même tuer la démocratie car les excès de revendications sociales peuvent constituer des surcharges fatales au système politique. Voir *The Crisis of Democracy : Report on the Governability of Democracies to the Trilateral Commission*, New York, New York University Press.
18. Stephan Haggard et Robert Kaufman, *The Political Economy of Democratic Transitions*, Princeton, Princeton University Press, 1995.
19. Georg Sørensen, *Democracy, Dictatorship, and Development : Economic Development in Selected Regimes of the Third World*, New York, St. Martin's Press, 1990, p. 167.
20. *Ibid.*, p. 168.
21. Voir, par exemple, l'argument sur les interventions étatiques réussies à propos de la Corée du Sud, dans Alice Amsden, *Asia's Next Giant : South Korea and Late Industrialization*, New York, Oxford University Press, 1989. Cet argument de la compatibilité entre les régimes autoritaires et le marché est avancé explicitement par S. Haggard, *Pathways from the Periphery. The Politics of Growth in the Newly Industrializing Countries*, Ithaca (NY), Cornell University Press, 1990, p. 2-3.
22. Barbara Geddes, « The Great Transformation in the Study of Politics in Developing Countries », dans Ira Katznelson et Helen Milner (dir.), *Political Science : State of the Discipline*, New York, Norton/Washington, American Political Science Association, 2002, p. 349-350.
23. *Ibid.*, p. 342-343.
24. G. Hermet, 1996, p. 91.
25. Michael Bratton et Nicolas Van de Walle, *Democratic Experiments in Africa : Regime Transitions in Comparative Perspective*, Cambridge, Cambridge University Press, 1997.
26. A. Przeworski, *Democracy and the Market : Political and Economic Reforms in Eastern Europe and Latin America*, Cambridge, Cambridge University Press, 1991.
27. La conditionnalité implique que l'aide n'est attribuée aux pays qu'à la condition qu'ils acceptent de réaliser des réformes politiques (démocratisation) et économiques (adoption de l'économie de marché).

28. Banque mondiale, *L'Afrique subsaharienne : de la crise à la croissance durable*, Washington, Banque mondiale, 1989.

29. G. Hermet, 1996, p. 92-93.

30. Alice Sindzingre, « Conditionnalités démocratiques, gouvernementalité et dispositif du développement en Afrique », dans Sophia Mappa (dir.), *Développer par la démocratie ? Injonctions occidentales et exigences planétaires*, Paris, Karthala, 1995, p. 429-458.

31. Voir B. Geddes, 2002, p. 346-350.

32. Voir, par exemple, le Rapport Marchand, du nom du président de la commission chargée par le gouvernement français en 1996 de réfléchir sur les opportunités d'investissement en Afrique.

33. I. Katznelson, « Structure and Configuration in Comparative Politics », dans Marc Irving Lichbach et Alan S. Zuckerman (dir.), *Comparative Politics : Rationality, Culture and Structure*, Cambridge, Cambridge University Press, 1997, p. 86.

34. Rudolf Hilferding, *Le capital financier : étude sur le développement récent du capitalisme*, Paris, Éditions de Minuit, 1970 ; Nicolaï Boukharine, *L'économie mondiale et l'impérialisme*, Paris, Anthropos, 1967 ; Vladimir I. Lénine, *L'impérialisme, stade suprême du capitalisme*, Paris, Bureau d'Éditions, 1935. Voir la synthèse de Michael Doyle, *Ways of War and Peace*, New York, W. W. Norton and Company, 1997, p. 342 et suivantes.

35. Jacques Huntziger, *Introduction aux relations internationales*, Paris, Seuil, 1987, p. 67.

36. V. I. Lénine, 1935, p. 60-80.

37. Samir Amin, *Le développement inégal : essai sur les formations sociales du capitalisme périphérique*, Paris, Minuit, 1973, p. 171-172.

38. Alvin Y. So, *Social Change and Development*, Londres, Sage Publications, 1990, p. 91-95.

39. André Gunder Frank, *Le développement du sous-développement en Amérique latine*, Paris, François Maspero, 1969. Comme il l'écrit à la page 7 : « Le sous-développement en Amérique latine (et ailleurs) s'est développé en tant que produit de la structure coloniale du développement capitaliste mondial. Cette structure a complètement pénétré l'Amérique latine [...]. En conséquence, le développement du sous-développement se poursuivra en Amérique latine jusqu'à ce que ses peuples se libèrent de cette structure de la seule manière qui soit possible, par la victoire révolutionnaire violente sur leur propre bourgeoisie et sur l'impérialisme. »

40. Guillermo O'Donnell, *Modernization and Bureaucratic Authoritarianism : Studies in South American Politics*, Berkeley, University of California Press, 1979.

41. Samir Amin, *L'accumulation à l'échelle mondiale*, t. 1, Paris, Anthropos, 1970, p. 11.

42. A. Y. So, 1990, p. 135-137. Voir à titre illustratif Fernando Henrique Cardoso et Enzo Faletto, *Dépendance et développement en Amérique latine*, Paris, PUF, 1969.

43. S. Amin, « L'Afrique dans le système mondial en transformation », dans Hakim Ben Hammouda, avec la participation de S. Amin, *Afrique : pour un nouveau contrat de développement*, Paris, L'Harmattan, 1999, p. 44-45.

44. Immanuel Wallerstein, *Le système-monde du xvᵉ siècle à nos jours : Capitalisme et économie-monde 1450-1640*, t. 1, Paris, Flammarion, 1980 et I. Wallerstein, *Le système-monde du xvᵉ siècle à nos jours : le mercantilisme et la consolidation de l'économie-monde européenne*, Paris, Flammarion, 1984.

45. S. Amin, *L'échange inégal ou la loi de la valeur*, Paris, Anthropos, 1988.

46. Étienne Balibar et Immanuel Wallerstein, *Race, nation, classe: les identités ambiguës*, Paris, La Découverte, 1988.

47. S. Amin, « Le développement autonome dans la démocratie : une alternative pour l'Afrique et le Moyen-Orient », dans S. Amin *et al.*, *L'avenir du développement*, Paris, L'Harmattan, 1997, p. 49-68.

48. S. Amin, « L'économie politique de l'Afrique et la mondialisation », dans S. Amin *et al.*, *Et si l'Afrique refusait le marché ?*, Paris, L'Harmattan, 2001, p. 37-48.

49. *Ibid.*, p. 40-43.

50. S. Amin, 1999, p. 87.

51. Charles Ragin et Daniel Chirot, « The World-System of Immanuel Wallerstein : Sociology and Politics as History », dans T. Skocpol (dir.), *Vision and Method in Historical Sociology*, Cambridge, Cambridge University Press, 1984, p. 276-277.

52. Joel S. Migdal, « Studying the State », dans M. I. Lichbach et A. S. Zuckerman, 1997, p. 215.

53. S. Haggard, 1990.

54. *Ibid.*, p. 1.

55. *Ibid.*, p. 4.

56. J. S. Migdal, 1997, p. 215.

57. Bruno Palier et Robert Sykes, « Challenges and Change : Issues and Perspectives in the Analysis of Globalization and the European Welfare State », dans Robert Sykes, Bruno Palier et Pauline M. Prior (dir.), *Globalization and European Welfare States : Challenges and Change*, Basingstoke, Palgrave, 2001.

58. Karl Polanyi, *La grande transformation*, Paris, Gallimard, 1983.

59. Voir, par exemple, B. Palier, *Gouverner la Sécurité sociale. Les réformes du système français de protection sociale depuis 1945*, Paris, PUF, 2002.

60. Richard Simeon, George Hoberg et Keith Banting, « Globalization, Fragmentation, and the Social Contract », dans K. Banting, G. Hoberg et R. Simeon (dir.), *Degrees of Freedom : Canada and the United States in a Changing World*, Montréal, McGill-Queen's University Press, 1997, p. 390.

61. David Laitlin, « Comparative Politics : The State of the Subdiscipline », dans I. Katznelson et H. Milner (dir.), 2002, p. 653 et suivantes.

62. Peter A. Hall et David Soskice (dir.), *Varieties of Capitalism. The Institutional Foundations of Comparative Advantage*, New York, Oxford University Press, 2001, p. 1.

63. Herbert Kitschelt, Peter Lange, Gary Marks et John D. Stephens, « Convergence and Divergence in Advanced Capitalist Democracies », dans H. Kitschelt, P. Lange, G. Marks and J. D. Stephens (dir.), *Continuity and Change in Contemporary Capitalism*, Cambridge, Cambridge University Press, 1999, p. 444.

64. A. G. Frank, 1969, p. 7.

L'APPROCHE CULTURELLE

L'approche culturelle en politique comparée part de l'idée de base selon laquelle derrière les formes institutionnelles et politiques apparemment universelles, se trouvent en réalité des acceptions très variables selon les différentes sociétés et selon les identités des groupes qui les composent. Il est important de retenir qu'il existe deux aspects de la culture qui sont distincts mais liés, et qui relèvent de la politique comparée. D'abord, pour les comparatistes, la culture est un système de significations et de valeurs communes que les gens utilisent dans leurs activités quotidiennes, qu'elles soient politiques ou autres. Ensuite, la culture est utilisée par les comparatistes pour comprendre et analyser les identités politiques, c'est-à-dire comment les gens se définissent et comment ils réagissent dans une diversité de situations[1].

La signification de la démocratie, du développement, de l'État ou du bien public, la manière dont les individus comprennent ces phénomènes et s'y ajustent varient par exemple considérablement selon que l'on est au Burkina Faso, au Canada, au Japon ou en Russie. Pourquoi les mêmes structures bureaucratiques, strictement identiques, sont-elles efficaces ici et inefficaces là-bas? Quelles seront les conséquences à long terme sur l'État canadien de la pluralité des appartenances identitaires des Québécois puisque certains d'entre eux se définissent strictement comme des Québécois, que d'autres se sentent québécois et canadiens et que d'autres enfin affirment être simplement des Canadiens ? Est-ce que la stratégie de la Banque mondiale visant à promouvoir le capital social — à savoir les rapports de confiance au sein des communautés locales — peut permettre un développement dans les pays du Tiers-Monde où elle est appliquée ? Ce sont de telles problématiques qui émergent lorsque l'on choisit l'approche culturelle en politique comparée.

L'approche culturelle propose de recourir à des variables culturelles comme facteurs explicatifs prépondérants des phénomènes politiques et des différences qui les séparent. La démarche ainsi adoptée permet alors d'analyser le développement, l'émergence de l'État ou de la démocratie non pas sous l'angle de l'économie ou des institutions, mais sous celui de la culture propre au contexte étudié. Cette approche veut donc combler le vide créé par une prise en compte insuffisante, dans les autres approches, des valeurs particulières d'une société et de l'identité des groupes. Or ces valeurs influent sur la manière dont le politique est perçu, sur l'efficacité des institutions, sur les larges processus historiques ainsi que sur les intérêts des groupes et leurs revendications politiques.

La signification du terme culture n'est pas évidente. Même les anthropologues, qui sont à la base des travaux sur la culture, ne s'entendent pas sur sa définition. La définition sémiotique est sans doute la plus couramment admise. Elle assimile la culture à « un système de significations que les membres d'un groupe connaissent et utilisent dans leurs interactions[2] ». Cette définition met donc l'accent sur l'intersubjectivité ou, en d'autres termes, sur les codes facilitant les interactions dans une société sans que l'existence de ces codes n'implique un quelconque unanimisme. Cette définition sémiotique a été proposée notamment par l'anthropologue Clifford Geertz qui définit la culture, à la suite de Max Weber, comme une toile de significations[3].

L'on peut soutenir plus précisément que les comportements, les institutions et les structures sociales sont des phénomènes culturellement construits. Ils ne constituent pas en eux-mêmes la culture[4], mais prennent un sens particulier selon chaque contexte culturel. Il est connu que la culture est un ensemble cohérent de codes qui rend possible et limite à la fois ce que les gens qui la partagent peuvent faire ou non, ou même imaginer[5]. Ces aspects de la culture sont importants non seulement parce qu'ils fournissent des codes de signification à la plupart des membres d'une société, mais aussi parce qu'ils constituent pour les acteurs une

270 LA POLITIQUE COMPARÉE

base d'action politique et de reconnaissance de leurs revendications. La culture permet de créer un sentiment d'appartenance à partir de laquelle s'opère la distinction entre ceux qui font partie de la collectivité et ceux qui lui sont étrangers. De ce fait, les dimensions identitaires se retrouvent au cœur du fonctionnement des démocraties et de l'action politique en général.

Ces dimensions sont négligées par ceux qui se concentrent sur les fondements matériels et économiques de l'action (ce qui intéresse particulièrement les partisans de l'approche stratégique ou d'économie politique, par exemple) ou encore sur les processus historiques de grande ampleur (comme chez les tenants de l'approche historique). Il y a, de ce fait, une tendance grandissante en politique comparée à considérer que la culture est importante[6]. Mais cette prise en compte ne résout pas la question de savoir où et comment la culture devient un facteur explicatif. Dans ce chapitre, nous allons répondre à cette question et à celles qui suivent : D'où vient l'intérêt pour la culture et quelle est la place de l'approche culturelle en politique comparée ? Quels sont ses objets privilégiés ? Quels sont les mérites qui lui sont reconnus et les faiblesses qui lui sont reprochées ?

AUX SOURCES DE L'APPROCHE CULTURELLE

Comme la plupart des autres approches, l'approche culturelle a connu ses moments d'éclipse, puis de résurgence. Alors qu'elle a toujours occupé une place en politique comparée, l'intérêt qu'on lui a porté a toujours été limité en raison des soupçons que l'on nourrissait à son encontre. L'explication de cette réception tient à plusieurs facteurs, parmi lesquels la méfiance à l'égard du risque de dérive non scientifique de la recherche.

Un des défis que l'analyse culturelle n'a pas toujours réussi à relever concerne la clarification de la place des valeurs dans son explication du politique et la méthode d'observation de leur impact. Un autre danger concerne le risque d'ethnocentrisme. Pour éviter ces deux écueils, nombre de comparatistes ont préféré se baser sur les données manifestement plus concrètes et plus faciles à observer, tels les structures économiques, les niveaux d'industrialisation ou encore la description des constitutions et des institutions politiques. Cet abandon relatif des variables culturelles a constitué une perte pour la politique comparée parce que les approches citées plus haut ne permettaient pas de rendre compte de certains phénomènes qui, de ce fait, ont été laissés en friche. Par exemple, des phénomènes politiques nouveaux liés à la montée de nouvelles identités collectives sont apparus. C'est le cas des féministes, des gays et lesbiennes, des mouvements des peuples autochtones, mais aussi, un peu partout dans le monde, des mouvements religieux et ethniques politiquement actifs.

La méfiance envers la variable culturelle en politique comparée

Cette méfiance est tout aussi étonnante que celle à l'égard de l'histoire, compte tenu de la place que cette variable a occupée dans les travaux des pères fondateurs en général, et dans ceux d'Alexis de Tocqueville et de Max Weber en particulier. Tous les deux ont essayé d'adopter un angle de travail leur permettant de reconnaître l'impact de la culture sur les institutions et les processus politiques tout en évitant de tomber dans l'ethnocentrisme. Leurs travaux et leurs concepts comportent cependant des sources d'ethnocentrisme. Par exemple, le concept de « modernité » renvoie automatiquement à son opposé, la « tradition ». Des sociétés entières sont, par cette simple opposition, reléguées au statut « d'arriérées » parce qu'elles ne partagent pas les caractéristiques (culturelles occidentales) des sociétés « modernes ». L'idée que ces sociétés puissent être simplement « différentes » des sociétés occidentales était difficile à admettre pour beaucoup d'auteurs qui n'hésitent pas à établir une hiérarchie entre elles.

Néanmoins, les pères fondateurs nous ont légué un important héritage en termes d'analyses culturelles. L'intérêt pour la culture est évident dans l'ouvrage classique d'A. de Tocqueville, *De la démocratie en Amérique*. En cherchant ce qui fait la spécificité de la démocratie américaine (par rapport à la France, avec laquelle il la compare implicitement, mais constamment), il la trouve dans les mœurs puritaines, notamment dans deux éléments qui distinguent les Américains : « l'esprit de liberté et l'esprit de religion[7] ». D'une part, les fondateurs des États-Unis étaient « retenus dans les liens les plus étroits de certaines croyances religieuses » qui structurent totalement la vie de la société. D'autre part, loin d'être aristocratiques, les Américains ont « un goût naturel pour la liberté […] mais ils ont pour l'égalité une passion ardente, insatiable, éternelle, invincible[8] ». Pour

Tocqueville, c'est la combinaison de ces facteurs qui a donné naissance à un esprit public et à un penchant pour la démocratie dans ce pays.

Nous voyons dans cette analyse aussi bien la force que la faiblesse de l'analyse culturelle. Bien que ces vertus civiques occupent incontestablement une place importante dans la manière dont les Américains ont imaginé leur nouvelle démocratie, l'attribution de certains traits aux « Américains » en tant que peuple conduit à une perspective essentialiste et homogénéisante à laquelle les analyses culturalistes ont été toujours confrontées lorsqu'elles essayent de trouver un équilibre entre l'explication par les valeurs et le piège de la réification des groupes étudiés.

Dans la même logique, quoique sur d'autres thèmes, Max Weber a accordé une place importante à la manière dont la variable culturelle explique des configurations sociales spécifiques. L'un des travaux les plus connus de M. Weber à cet égard est son ouvrage *L'éthique protestante et l'esprit du capitalisme* dans lequel il établit une forte corrélation entre un culte religieux particulier, à savoir le protestantisme, et l'émergence de l'*esprit* capitaliste. Il s'agit en fait de « montrer comment certaines pratiques religieuses peuvent déterminer l'apparition d'une mentalité économique et par là même, constituer une cause fondamentale de changement social[9] ». Selon M. Weber, en effet :

> L'ascétisme protestant, agissant à l'intérieur du monde, s'opposa avec une grande efficacité à la jouissance spontanée des richesses et freina la consommation, notamment celle des objets de luxe. En revanche, il eut pour effet psychologique de débarrasser des inhibitions de l'éthique traditionaliste le désir d'acquérir. Il a rompu les chaînes [qui entravaient] pareille tendance à acquérir, non seulement en la légalisant, mais aussi […] en la considérant comme directement voulue par Dieu[10].

Ces grandes analyses culturelles classiques ont été discréditées en partie par l'émergence dans la science politique américaine d'une tradition analytique centrée sur la recherche des *caractères nationaux*. Dans les années 1940 et 1950, les chercheurs, influencés par la psychologie et par l'anthropologie, ont tenté de rendre compte des différences culturelles dans les institutions et les mœurs politiques. La perspective qu'ils adoptent met l'accent sur la recherche de la personnalité des peuples. Ses adeptes procèdent par une microanalyse, concentrant leurs explications sur des comportements et sur la transmission des valeurs culturelles par le biais des mécanismes de socialisation auxquels les individus sont soumis pendant la petite enfance. À partir de ces constats, les chercheurs prétendent déduire la personnalité de chaque peuple. Cette perspective a conduit ainsi à conclure qu'il existerait un individualisme propre aux Américains, un militarisme propre aux Japonais et un totalitarisme propre aux Russes. Ces analyses ont été largement critiquées, car elles postulent une homogénéité de chacune des sociétés, manquent de preuves permettant de soutenir leurs théories et sont incapables de rendre compte du changement politique ou des mutations affectant la vie politique dans les trois pays[11].

Des avatars de la méfiance envers la culture à la culture politique

Compte tenu des critiques adressées à cette perspective étudiant les caractères nationaux, il n'est pas étonnant que les comparatistes des années 1950 aient essayé d'éviter de reproduire les mêmes erreurs. Ils ont procédé de deux manières principales qui impliquent de fournir des données empiriques prouvant leurs analyses. La première perspective conduit à s'attacher aux microfondations des comportements politiques, alors que la seconde utilise les sondages d'opinion publique, nouvellement à la mode. La première perspective a conduit à la publication de deux livres qui ont été influents dans les années 1950 et 1960, en raison de l'attention qu'ils accordaient à l'analyse fouillée de la culture. L'ouvrage de Laurence Wylie, *Un village du Vaucluse*[12], restitue les événements d'une année dans la France rurale. Entre autres aspects, l'auteur insiste sur le choc entre le républicanisme du maître d'école d'une part, et les valeurs religieuses et autres des villageois d'autre part. Il voulait ainsi identifier les microfondations du clivage toujours persistant dans la société française entre les valeurs des laïcs et celles des catholiques[13]. Le second livre est celui d'Edward Banfield, intitulé *The Moral Basis of a Backward Society*[14]. Cet ouvrage procède plus que le premier à une analyse psychologique et porte sur une ville du sud de l'Italie. E. Banfield explique l'absence d'action collective de type social ou politique par ce qu'il a nommé le *familialisme amoral*, à savoir le principe, enseigné dès l'enfance, qu'il ne faut coopérer avec et ne faire confiance qu'aux membres de sa famille immédiate.

Ces deux ouvrages ont apporté une réponse à la critique selon laquelle l'approche basée sur le caractère national n'aurait pas réussi à rendre compte des microfondations des phénomènes culturels. Ils sont restés cependant minoritaires en termes de méthode de recherche. Par contre, l'ouvrage qui a véritablement influencé la science politique américaine est certainement celui de Gabriel Almond et Sydney Verba. Ces deux auteurs ont introduit le concept de « culture politique » dans le structuro-fonctionnalisme et dans la politique comparée.

Leur objectif était de mettre au jour les fondements culturels des différences entre les pays sur le plan des valeurs et de la stabilité démocratiques[15]. Ce faisant, ils ont attaqué de front les perspectives matérialistes recherchant les préalables économiques de la démocratie. Ils répondaient par ailleurs à ceux qui critiquaient l'essentialisme des approches culturelles, qu'ils disent incapables de prendre en compte l'hétérogénéité des sociétés étudiées.

G. Almond et S. Verba partent d'abord du postulat selon lequel l'on peut distinguer les diverses cultures politiques sur la base de la présence inégale d'un certain nombre d'attitudes politiques, l'attitude étant entendue comme une « propension intérieure à réagir d'une manière spécifique à une situation donnée[16] », donc une réaction « culturelle ». Sur la base de cette construction appuyée par des sondages d'opinion publique effectués dans cinq pays, les auteurs distinguent trois types de cultures politiques : la culture paroissiale, la culture de sujétion et la culture de participation. Nous reprenons les résumés qu'en propose J.-M. Denquin ci-dessous.

LES CULTURES POLITIQUES SELON
GABRIEL ALMOND ET SYDNEY VERBA

La *culture paroissiale* se définit par un intérêt quasi exclusif porté à la politique locale et dont le revers est un désintérêt à peu près complet envers le système politique national. Celui-ci est un épiphénomène plaqué sur des sous-cultures locales entre lesquelles n'existe guère de contact. Les individus n'ont pas d'attitude spécifique à l'égard du système national. Ils ne sont pas affectés par ses initiatives et n'éprouvent guère de sentiments à son endroit. Tout au plus savent-ils vaguement qu'il existe une capitale où vit un président, mais ce savoir distrait ne rencontre pas leurs préoccupations.

Dans la *culture de sujétion*, le pouvoir national est, à l'inverse, très présent. Les individus en connaissent les effets. Ils ont une attitude envers lui, mais celle-ci est essentiellement passive. On le vénère s'il se manifeste par des bienfaits, on se résigne si ses interventions sont dévastatrices. L'idée d'une action personnelle ou collective susceptible d'infléchir l'action du pouvoir est étrangère à ce genre de culture.

La *culture de participation* se définit au contraire par le fait que les citoyens sont actifs. Ils se sentent en mesure d'influencer le pouvoir et tiennent un tel comportement pour normal. Cette intervention des citoyens dans la vie publique se manifeste à travers des institutions (élections, partis, groupes de pression), mais elle ne se réduit pas à l'animation d'un cadre juridique : au-delà de celui-ci, elle procède d'un état d'esprit, d'une manière de penser et de vivre la politique[17].

À côté de ces catégories que l'on pourrait qualifier d'idéaux-types à la manière de Weber, il faut citer la *culture civique* qui constitue pour les auteurs un quatrième type et le fondement culturel de la démocratie. Il s'agit d'un type mixte, qui allie harmonieusement les trois, mais avec une dominante participative. Comme le disent G. Almond et S. Verba, lorsqu'elle est présente, la culture de participation ne remplace pas les deux autres types. Ceux-ci demeurent, mais perdent leur pertinence au regard de la démocratie[18]. À l'issue de leurs sondages, ils concluent que c'est la culture de participation qui est dominante en Grande-Bretagne et aux États-Unis, deux pays caractérisés par conséquent par une culture civique, alors que la culture de sujétion caractérise l'Italie et la République fédérale d'Allemagne. Au Mexique, c'est la culture paroissiale qui domine.

L'ouvrage a été critiqué pour de nombreuses raisons, surtout d'ordre méthodologique. On a dénoncé, par exemple, l'ethnocentrisme et le jugement de valeur des auteurs qui non seulement partent du postulat que la culture anglo-saxonne est supérieure et désirable, mais élaborent un questionnaire qui reflète avant tout leur propre système de valeurs. C'est ce questionnaire culturellement marqué qui est proposé aux Mexicains comme aux Britanniques et aux Américains, sans autres précautions[19]. D'autres auteurs, provenant d'une tradition qui voit la culture comme enracinée dans les institutions et les structures sociales, s'étonnent de voir cette enquête se prétendant culturelle reposer avant tout sur des attitudes *individuelles*. Ils sont étonnés par la non-prise en compte de l'histoire, des institutions et des interrelations qui influent sur l'opinion des individus[20]. Pourtant, cette étude a fondé une véritable école et qu'ils s'en réclament ou non, de nombreux travaux ont été inspirés par cette perspective.

En dépit de ces critiques, les analyses culturelles n'ont jamais disparu de la politique comparée et ce, des deux côtés de l'Atlantique. Cela est attribuable au fait que nombre de chercheurs adhèrent à l'idée que, bien que l'opérationnalisation de la culture soit délicate, « son abandon pur et simple aboutit à une mutilation grave de l'analyse[21] ». À la faveur de ce constat, certains auteurs ont commencé, dans les années 1980, à étudier un ensemble de thématiques comme la démocratie, le développement ou l'économie de marché en cherchant à en montrer les fondements culturels. Plusieurs de ces nouveaux travaux reprennent le concept de la culture politique afin d'évaluer les attitudes face à la démocratie. D'autres abordent la culture sous l'angle des symboles et des rituels pour analyser des phénomènes de pouvoir et de légitimation. D'autres encore s'interrogent sur les raisons du non-développement ou des conflits politiques, de sorte que de nombreux auteurs ont commencé à analyser le lien entre l'identité et le politique. Les types de facteurs culturels sur lesquels ils s'appuient varient considérablement[22]. Cet éclectisme peut être vu comme la preuve de la faiblesse de l'analyse culturelle, mais on peut aussi y voir le retour massif des comparatistes vers des variables culturelles en raison des lacunes constatées dans l'adoption des seules perspectives matérialistes, historiques et rationalistes.

OBJETS PRIVILÉGIÉS ET VARIANTES DE L'APPROCHE CULTURELLE

À l'instar de l'approche historique ou de l'approche institutionnelle, l'approche culturelle présente une pluralité de perspectives. Celles-ci diffèrent aussi bien du point de vue des objets analysés que de la manière dont la culture est opérationnalisée. Mais à l'inverse du néo-institutionnalisme par exemple, dont la subdivision en trois perspectives fait l'objet d'un relatif consensus en politique comparée, aucune typologie consensuelle n'existe en ce qui a trait à l'approche culturelle. Il est possible d'identifier cependant plusieurs perspectives générales qui, tout en restant dans la tradition des pères fondateurs, ont des problématiques ou des objets d'analyses relativement différents. Par ailleurs, il est important d'accorder une attention particulière à la perspective constructiviste en politique comparée car ses tenants accordent une place importante aux facteurs culturels, notamment aux identités et aux revendications des groupes.

Culture politique et capital social

Les analyses ayant pour objet les cultures, dans le sillage d'Almond et Verba, ont été nombreuses depuis 1965. Une des recherches les plus importantes est celle de Robert Putnam portant sur le capital social. Elle ne s'inscrit pas seulement dans cette tradition, mais s'inspire aussi des travaux d'Alexis de Tocqueville en ce sens qu'il cherche les fondements d'une démocratie solide. En effet, sa problématique centrale est assez classique dans les analyses culturelles : comment les traditions associatives et la culture civique affectent-elle les comportements politiques ? C'est sur cette même question que Tocqueville s'est penché pour conclure que les Américains ont un taux élevé de participation aux activités associatives, qui constituent selon lui des « écoles » importantes d'apprentissage de la démocratie.

Tout comme E. Banfield, R. Putnam s'intéressait au cas de l'Italie du Sud et aux formes d'actions collectives qui y prévalent. Il voulait rendre compte des différences entre les démocraties fonctionnelles locales du Nord de l'Italie et celles plus moroses du Sud, alors que les deux régions ont vu fonctionner les mêmes institutions de gouvernements régionaux créés dans le pays en 1970[23]. Pour R. Putnam, ces différences sont appréhendées à l'aide du concept de « capital social », qui « désigne les aspects de la vie collective qui rendent la communauté plus productive, soit la participation, la confiance et la réciprocité ». La démonstration de R. Putnam et de ses collègues est complexe, mais on peut la résumer ainsi : les institutions régionales identiques implantées en Italie fonctionnent différemment en raison du niveau différent de capital social dont dispose chaque région. Le capital social dépend lui-même de l'existence de traditions d'associations apolitiques qui remontent en premier lieu à la fin de la période médiévale, au moment où les associations de citoyens aboutirent à la création de cités-États dans le Nord, alors que le Sud était toujours gouverné par des monarchies. En second lieu, R. Putnam a observé qu'à la fin du XIXᵉ siècle, il y avait des niveaux élevés d'engagement et d'activités civiques dans le Nord, souvent dans les loisirs. Il y avait, par exemple, un nombre élevé de chorales ou d'équipes de football dans le

Nord et peu dans le Sud. Pour R. Putnam, les expériences acquises dans ces associations ont créé du capital social — notamment la confiance —, qui aide à rendre la démocratie fonctionnelle. En gros, les régions de l'Italie du Sud sont moins performantes et plus corrompues que celles du Nord en raison d'une richesse moindre en capital social.

CAPITAL SOCIAL ET PERFORMANCE DES INSTITUTIONS SELON ROBERT PUTNAM

« Ces gouvernements étaient théoriquement investis des mêmes pouvoirs, paraissaient essentiellement identiques et disposaient de ressources substantielles [...]. La recherche portait sur une question assez simple : comment ces institutions, génétiquement identiques, se sont-elles développées dans des milieux différents ? Pendant vingt ans, mes collègues et moi avons observé le rendement de ces gouvernements, analysant leurs budgets, leurs dispositions administratives et l'efficacité de leur gestion [...]. Nous avons constaté que certains de ces gouvernements étaient très efficaces et le demeurent alors que d'autres constituaient et constituent encore des échecs complets [...]. Pourquoi certains gouvernements sont-ils plus efficaces que d'autres ? Quelle est la clé de leur réussite ? [...]. Nous avions beaucoup d'idées, d'hypothèses, mais nous étions loin de nous douter qu'en fait, les meilleurs indicateurs du rendement des gouvernements sont... les chorales et les clubs de football, ainsi que les clubs "rotary", les cercles de lecteurs, les clubs de randonnée pédestre, etc. Autrement dit, certaines de ces collectivités jouissaient de réseaux d'activités communautaires élaborés [...]. Elles avaient un tissu de vie civile ; les liens entre voisins et la vitalité des organisations communautaires faisaient partie de leurs coutumes et de leurs traditions. Elles étaient également plus riches, plus avancées économiquement. Longtemps, nous avons cru que ces gouvernements avaient du succès parce que la richesse engendre l'engagement communautaire et fournit un terrain favorable aux chorales d'amateurs [...]. Toutefois, c'est exactement le contraire qui est vrai. Dans le cas de l'Italie du moins, ce n'était pas la richesse qui faisait pulluler les chorales, mais les chorales qui produisaient la richesse. Autrement dit, de deux régions également peu développées il y a cent ans, celle qui jouissait d'une tradition d'engagement collectif s'était enrichie davantage[24]. »

Robert Putnam a ensuite généralisé son argument du capital social aux États-Unis ainsi qu'à la problématique du développement des pays du Tiers-Monde. Il soutient ainsi que les faiblesses de la démocratie américaine et les échecs des tentatives de développement en Afrique et dans les pays du Sud résultent d'un faible niveau de capital social. Le titre révélateur de son ouvrage suivant, *Bowling Alone*[25], suffit à résumer l'argument. Les Américains ne jouent plus aux quilles dans des ligues comme ils le faisaient dans les années 1950. Ils ont ainsi moins d'occasions de construire du capital social, c'est-à-dire des relations de confiance. Une des conséquences de ce phénomène est le déclin de la participation politique.

Ce type d'analyse conduit à proposer aux décideurs des politiques à la manière de Tocqueville : promouvoir des réseaux de capital social, et le développement économique ainsi que la bonne gouvernance suivront. C'est exactement ce type de politiques que la Banque mondiale met en œuvre actuellement.

L'analyse de R. Putnam a suscité de nombreux débats et n'a pu éviter les critiques. Leonardo Morlino a montré les nombreuses réserves sur la construction des indicateurs, les découpages historiques, la non-concordance spatiale entre les régions actuelles et les régions du passé dont les « traditions » sont invoquées[26]. Sidney Tarrow a porté une critique convaincante selon laquelle le lien de causalité est inverse et qu'en fait, c'est l'action politique, incluant celle de l'État, qui permet d'expliquer les différences entre le Sud et le Nord de l'Italie[27]. Margaret Levi a montré que la mafia dispose d'un stock important de capital social et de réseaux basés sur des liens de confiance, mais que cela est loin de renforcer la démocratie[28].

Malgré ces critiques, cette approche mettant l'accent sur les fondements culturels de la robustesse ou de la faiblesse de la démocratie continue à faire effet. L'on continue à se concentrer sur les composantes de la culture politique — la participation et les attitudes — que G. Almond et S. Verba ont introduites dans les années 1960.

Culture, représentations et rituels

En commençant dans les années 1960 et en continuant encore aujourd'hui avec le concept de capital social qui fait de la confiance un pilier clé de la démocratie et de la bonne gouvernance, l'approche culturelle met l'accent sur les valeurs populaires. Ce faisant, elle se concentre sur la population prise comme un ensemble. Il existe cependant une autre tradition d'analyses culturelles en politique comparée. Dans *Les formes élémentaires de la vie religieuse*, Émile Durkheim propose de montrer comment les rituels lient les individus à la société et les uns aux autres. Depuis Durkheim, d'autres auteurs ont mis l'accent sur l'État, plus particulièrement sur les élites politiques et la dramaturgie politique. Les chercheurs s'inscrivant dans cette tradition s'intéressent à la place des symboles et des rituels dans la construction du politique et dans la production du sens. Il s'agit d'une perspective qui ne s'intéresse pas tant aux particularités culturelles qu'à proposer une lecture non institutionnelle et non conventionnelle de l'activité politique. Elle nous montre comment le politique, loin d'être du seul domaine des règles et des institutions formelles, est indissociable d'une activité de mise en scène et de théâtralisation.

L'anthropologue Clifford Geertz est de ceux qui ont contribué à lancer ce type de travaux inspirant les comparatistes en considérant que l'ensemble de l'activité politique peut être comparé à du théâtre. C. Geertz a étudié le cas de Bali au XIXᵉ siècle, qu'il a qualifié d'« État théâtral[29] », une forme tout à fait différente de l'État moderne. À Bali, en effet, les gouvernants se préoccupent peu d'exercer le pouvoir au sens où nous l'entendons, de réguler la vie des citoyens ou de préserver une quelconque intégrité territoriale, toutes choses qui sont au cœur de l'activité de l'État moderne (voir le chapitre 3). Par contre, ils investissent beaucoup de temps et d'intérêt dans les spectacles et les cérémonies au cours desquels les phénomènes culturellement valorisés, notamment les statuts sociaux, sont mis en scène. Selon C. Geertz, toute cette activité s'apparente à une pièce de théâtre dans laquelle les rois et les princes jouent le rôle d'imprésarios, les prêtres celui de metteurs en scène et les paysans celui de figurants et de spectateurs. Cette expérience a fait dire à C. Geertz que nous devons réviser notre conception de la politique et de l'État, en considérant les cérémonies et autres inaugurations non pas seulement comme des moyens permettant à l'État de poursuivre certains buts, mais comme des finalités intrinsèques[30]. On le voit, cette lecture culturelle est loin des analyses institutionnelles et juridiques, mais permet malgré tout de mener des analyses comparées de l'État et de l'activité politique.

C. Geertz est relayé par Murray Edelman, qui compare aussi le processus politique à un « spectacle » et montre comment le langage que les politiciens utilisent est étroitement lié aux situations qui ont du sens culturellement pour leur public[31].

LA CONSTRUCTION DU SPECTACLE POLITIQUE
SELON MURRAY EDELMAN

« Les individus placés dans des situations sociales identiques ayant tendance à user d'un langage similaire pour aborder les problèmes qu'ils affrontent, il n'est pas étonnant qu'un si grand nombre de discours politiques se caractérisent par leur prévisibilité : la banalité de leurs accents découle précisément de ce qu'ils visent à rassurer le locuteur et son public en leur faisant entendre que tout ce qui leur semble servir leurs intérêts est justifié. Les termes employés pour justifier la défense de ces intérêts sont en général hautement stéréotypés et prévisibles : on le constate chaque fois que des chefs d'État légitiment l'augmentation des budgets affectés à la défense nationale, que des chefs de la police appuient les restrictions apportées aux droits fondamentaux des suspects [...]. Les affirmations et assertions régulièrement échangées dans ces contextes forment une sorte de contrepoint obligatoire du spectacle politique [...]. Ils ont le même effet sur les facultés mentales que les sermons et réponses échangés dans les églises : ils plongent l'esprit dans une douce torpeur[32]. »

M. Edelman et ceux qui partagent cette perspective montrent comment, grâce à des symboles et des rituels culturellement congruents avec la société dans laquelle ils sont déployés, on parvient à légitimer la domination, à transformer en naturelles des situations construites au profit des dominants. On comprend ainsi beaucoup mieux comment le pouvoir et la domination fonctionnent et pourquoi les gens obéissent.

La lecture de *Pièces et règles du jeu politique* de M. Edelman peut nous amener à conclure que cette dramaturgie révèle une simple stratégie des hommes politiques en vue de manipuler des populations passives. Cependant, d'autres chercheurs nous rappellent que ces mécanismes ne reposent ni sur une totale légitimité du pouvoir ni sur la seule crainte de la répression des gouvernés. Comme le dit Maurice Godelier, pour que la domination fonctionne, il faut que les dominés participent à leur propre domination[33]. Le rapport de domination peut exister parce que, comme l'ont montré Georges Balandier et plus tard Philippe Braud, les symboles et les rituels invoqués renvoient à des phénomènes qui ont du sens pour les cibles et attisent leurs émotions[34].

Les anthropologues politiques comme Georges Balandier ont montré, dans ce sens, l'importance des « mythes fondateurs » dans les sociétés africaines et autochtones de l'Amérique du Nord[35]. Ils montrent aussi que les mythes en général ne sont pas seulement importants dans les sociétés dites « traditionnelles », mais bien dans toutes les sociétés. Les mythes et récits nationalistes sont les équivalents contemporains des mythes fondateurs des autochtones, par exemple. Ainsi, les fastes du pouvoir et la puissance de l'État déployés à l'occasion des fêtes nationales et autres, les manifestations à la gloire des leaders, les immenses monuments érigés dans les villes, contiennent tous un message destiné à produire une image narcissique du pouvoir. Mais comme « Narcisse est aussi l'autre nom du peuple » selon l'expression d'Étienne de la Boétie[36], il se produit une identification des gouvernés à ces symboles qui est d'autant plus forte que ces symboles ont un sens dans la société. Cette perspective a donc le mérite de mettre l'accent sur les fondements culturels du pouvoir et de la domination.

Une autre perspective permettant de comprendre les fondements culturels des relations de domination a été développée par ceux qui ont été influencés par les travaux d'Antonio Gramsci, un penseur marxiste italien des années 1920. Alors que les marxistes orthodoxes envisagent le renversement de la bourgeoisie au moyen de la révolution prolétarienne qui se solde par la prise de contrôle des moyens de production économique, Gramsci insiste sur la primauté du contrôle culturel[37]. La relecture du marxisme que cet auteur a proposée montre que, loin de reposer seulement sur l'exploitation économique, le pouvoir des classes dominantes passe aussi par un ensemble d'institutions ancrées dans la société civile comme l'école, les médias ou l'église par lesquels elles diffusent leur culture et s'imposent au reste de la société. Les classes dominantes parviennent ainsi à construire ce que A. Gramsci nomme une *hégémonie*. La conquête de l'hégémonie, donc des leviers culturels de la domination, est un préalable à toute tentative de prise et de conservation du pouvoir par le prolétariat.

Les auteurs influencés par l'anthropologie, par le marxisme ou par l'acception durkheimienne de l'importance des rituels se sont principalement intéressés, en plus du pouvoir, à l'État et au nationalisme. Ils ont abordé l'État comme le lieu où s'instaurent des rituels destinés à assurer sa pérennité ainsi qu'à resserrer les liens d'allégeance des citoyens. Les mythes nationalistes unissent les individus qui le partagent et les relient à l'État en leur donnant un sentiment d'identité. L'encadré suivant reflète la position de plusieurs auteurs clés sur le nationalisme.

REPRÉSENTATIONS DE LA NATION ET DE L'ÉTAT

Anthony D. Smith a écrit que « le mythe de la nation propre au nationalisme peut être considéré comme un récit dramatique particulièrement puissant et attrayant, qui lie le passé, le présent et l'avenir en se basant sur le caractère et le rôle de la communauté nationale[38] ».

Benedict Anderson, auteur du célèbre ouvrage *L'imaginaire national*[39], a montré que même les membres des communautés les plus réduites ne rencontrent jamais la plupart de leurs concitoyens ni même n'en entendent parler. Et pourtant, l'image de leur communion est vivace dans l'esprit de chacun. Cette communion est liée à l'État. Les nations rêvent d'être libres et la mesure de cette liberté est l'État indépendant.

Culture et changement politique

L'approche culturelle est beaucoup plus utilisée pour analyser les phénomènes de permanence comme le maintien de l'État ou du pouvoir que les processus de changement. Alors que Max Weber établissait une relation positive entre le protestantisme et l'émergence d'un esprit capitaliste, beaucoup de travaux contemporains utilisant la culture comme variable indépendante cherchent plutôt à montrer une relation négative entre développement et culture. Même lorsqu'ils s'intéressent au changement, ils analysent la culture plutôt comme un frein.

L'étude de la relation entre la culture et le développement a été au cœur des efforts qui ont conduit à la revitalisation des études culturelles dans les années 1980. Lawrence Harrison a été dès 1985 un des meneurs de ce mouvement avec un ouvrage qui cherchait à montrer, par le biais de l'étude de pays comme Haïti ou le Nicaragua, que le sous-développement a des origines culturelles. À un moment où les théoriciens néomarxistes expliquaient ce phénomène par la situation de dépendance de ces pays par rapport aux pays capitalistes développés, Harrison a tenté de montrer que c'est la culture qui constituait l'obstacle majeur au développement[40].

Cette étude a suscité de vives réactions d'opposition, mais a fini par inspirer d'autres études aussi bien sur l'Amérique latine que sur l'Afrique.

C'est ainsi qu'Axelle Kabou a écrit dans la même perspective qu'en Afrique le sous-développement résulte certes de la dépendance du continent, de son endettement et de l'inefficacité de l'aide, mais que les comportements des Africains traduisent aussi une absence de dispositions culturelles au développement. En simplifiant son analyse, on pourrait dire que selon A. Kabou, l'Afrique refuse le développement, car si cette idée est une obsession en Occident, elle ne constitue pas une valeur africaine[41].

Cette argumentation n'est pas très différente de celle développée par Samuel Huntington. Dans l'encadré qui suit, il propose d'expliquer pourquoi l'écart s'est creusé entre le Ghana et la Corée du Sud en matière de développement :

LE RÔLE DE LA CULTURE DANS LES DIFFÉRENCES EN MATIÈRE DE DÉVELOPPEMENT SELON SAMUEL HUNTINGTON

« Au début des années 1990, il m'est arrivé de lire des données économiques sur le Ghana et la Corée du Sud du début des années 1960 et j'ai été surpris de constater à quel point leurs économies respectives étaient alors similaires [...]. Trente ans plus tard, la Corée du Sud est devenue la quatorzième économie mondiale. Elle possède des firmes multinationales, un secteur d'exportation d'automobiles [...] et un revenu par habitant comparable à celui de la Grèce. Mieux encore, elle est sur la voie de la consolidation démocratique. Aucun changement de ce genre n'est survenu au Ghana, dont le PNB par habitant représente maintenant le quinzième de celui de la Corée du Sud. Comment cet écart extraordinaire en matière de développement peut-il s'expliquer ? Sans doute, plusieurs facteurs ont joué, mais il me semble que c'est dans la culture qu'il faut chercher l'essentiel de l'explication. Les Coréens valorisent l'épargne, l'investissement, le dur labeur, l'éducation, l'organisation et la discipline. Les Ghanéens ont des valeurs différentes. Bref, la culture compte[42]. »

Dans le même ouvrage et faisant le pari de la primauté de la variable culturelle, Mariano Grondona a proposé une classification des cultures inspirée de l'idéal-type et basée sur l'idée de système de valeurs. Ce système est fait de 20 facteurs qui sont considérés comme perçus différemment selon le type de culture. M. Grondona distingue deux types idéaux : les cultures comportant seulement des facteurs favorables et les cultures comportant seulement des facteurs résistant au développement. Chaque culture réelle (donc mixte) est ensuite comparée à chaque type pur sur la base des 20 facteurs pour savoir dans quelle mesure elle s'en approche ou s'en écarte. Cela permet de faire le contraste entre les cultures favorables au développement et celles qui y résistent[43]. Parmi ces facteurs, on peut citer notamment la religion, la confiance dans la créativité individuelle, la conception de la compétition et celle de la richesse, la valorisation du travail, la rationalité, la conception du temps, la croyance ou non dans un destin tout tracé…

L'étude de la relation entre la culture et la démocratisation est le second axe permettant d'intégrer la variable culturelle à l'étude du changement. Parmi les auteurs des travaux récents sur la démocratisation, Dankwart Rustow est un des premiers à l'avoir tenté en faisant de l'existence d'une identité nationale, un facteur essentiel à la réussite de la démocratisation[44]. Ce type d'analyse a ensuite donné lieu à la formulation d'hypothèses de recherches. Celles-ci évoquent essentiellement l'idée que certaines cultures seraient difficilement compatibles avec la démocratisation[45]. Il en est ainsi du monde islamique, des pays caractérisés par des clivages religieux ou ethniques ainsi que de ceux dans lesquels l'esprit communautaire l'emporte sur l'individualisme. Ces hypothèses ont été largement reprises dans les travaux comparatifs sur les obstacles à la démocratisation dans le monde arabo-musulman et en Afrique. C'est ce que fait Francis Akindès

---

LES OBSTACLES CULTURELS À LA DÉMOCRATISATION EN AFRIQUE SELON FRANCIS AKINDÈS

« Il apparaît de plus en plus clair que l'effondrement des partis uniques et l'organisation d'élections libres, même sous les yeux vigilants d'"observateurs étrangers", ne peuvent guère suffire à accoucher d'une démocratie. Il faut aussi une "culture" démocratique absente en Afrique subsaharienne [...]. La crise de la démocratisation doit être avant tout analysée comme les manifestations de la greffe difficile d'un emprunt culturel dans un contexte sociologique mal préparé à son accueil [...]. Cette idéologie de l'individualisme et le contrat social qu'il appelle semblent directement entrer en contradiction avec l'esprit communautaire africain où le droit se voudrait non pas le droit de l'homme — en tant qu'agrégat — mais le droit des communautés[46]. »

lorsqu'il contraste ce qu'il nomme l'esprit démocratique, reposant sur le « culte de l'individualisme » et la primauté du droit, et ce qu'il nomme la culture communautaire et hiérarchique africaine.

F. Akindès va plus loin encore en estimant que les cultures africaines sont intrinsèquement autoritaires. Selon cet auteur, il suffit d'observer les rapports inégalitaires entre les hommes et les femmes, entre les aînés et les cadets ainsi que la valorisation « d'un chef fort et riche, ne souffrant d'aucune contestation » pour s'en convaincre. D'autres auteurs abondent dans le même sens en insistant sur la difficulté d'instaurer la démocratie dans un contexte caractérisé par des divisions ethniques, une tendance à la corruption, l'absence de limitation du pouvoir. Dans ces conditions, vouloir démocratiser sans tenir compte des contextes culturels spécifiques serait faire preuve d'un impérialisme culturel qui aboutirait au mieux à mettre en place un système purement formel et déconnecté des valeurs dominantes dans la société[47].

Sur un autre thème, à savoir l'État, et sans aller aussi loin, les travaux de Bertrand Badie montrent aussi cette difficulté à introduire certaines innovations institutionnelles dans des cultures qui leur sont étrangères. L'introduction de l'État, invention occidentale, est restée artificielle dans les sociétés colonisées en Afrique et en Asie. Selon B. Badie, l'État apparaît comme « une pâle copie des systèmes politiques et sociaux européens les plus opposés, un corps étranger[48] ». Cet échec, Badie l'attribue à l'écart culturel entre le modèle et le contexte d'installation, dont on a voulu abandonner la culture.

Il ressort bien que, même lorsqu'ils abordent la question du changement, les tenants de l'approche culturelle s'investissent souvent dans la démonstration de la relation négative entre la culture et le changement. Cependant, nous avons vu plus haut chez Robert Putnam une utilisation différente de la variable culturelle, l'auteur considérant que le capital social peut permettre d'envisager le développement et la bonne gouvernance si on le construit dans un contexte.

Néanmoins, dans l'ensemble, l'étude de la relation entre la culture d'une part et le développement économique et la démocratie d'autre part fait l'objet de nombreuses réserves. En ce qui a trait à l'explication culturelle du développement, on pourrait facilement reprocher à S. Huntington de sous-estimer l'impact de la présence et des investissements américains, qui ont donné au développement en Corée une impulsion que le Ghana n'a pas connue. Quant à F. Akindès soutenant la thèse de l'incompatibilité culturelle de la démocratie en Afrique, on pourrait lui reprocher, d'une part, de postuler l'existence d'une culture africaine homogène, alors que l'Afrique est diversifiée et, d'autre part, de sous-estimer aussi bien la capacité d'adaptation de la culture que la capacité transformatrice des processus politiques. En bref, cette perspective pêche par la faiblesse de la prise en compte du caractère dynamique de la culture ainsi que de ses liens avec d'autres facteurs, comme les ressources naturelles et monétaires ou encore les institutions.

Le changement des valeurs culturelles

Cette critique ne s'adresse certainement pas à ceux qui étudient la culture non plus comme une variable explicative, mais comme une variable à expliquer. C'est cette ambition d'expliquer la culture qui préoccupe, par exemple Denis-Constant Martin, qui s'étonne de la vision fixiste que nombre d'auteurs en ont. Il constate que celle-ci est abordée, dans de nombreux travaux sur la démocratisation en Afrique et dans les anciens pays communistes, en termes de traditions ou de passé immémoriaux, alors qu'il faut plutôt insister de son point de vue sur les mécanismes d'innovation, sur la manière dont la culture est constamment réinterprétée et actualisée[49].

D. C. Martin a appliqué une telle démarche en vue de comprendre empiriquement la construction d'une culture politique au Kenya, qui connaissait alors une expérience singulière dite de socialisme africain sous la présidence de Julius Nyéréré. Il y montre, par exemple, la dialectique de la culture et de la politique, la première fournissant (à travers ce que Martin appelle le langage de la tradition) un pilier sur lequel le pouvoir s'appuie dans sa politique de transformations sociales, alors que par le biais de ces politiques « dans le milieu ainsi renouvelé, de nouvelles représentations, de nouveaux comportements, de nouvelles attentes apparaissent[50] ».

Dans la même perspective axée sur le changement, Ronald Inglehart a consacré l'essentiel de sa carrière à l'analyse culturelle. Au contraire des perspectives fixistes, il a cherché également à démontrer dans un premier ouvrage qu'il se produit, depuis la fin de Seconde Guerre mondiale environ, un changement des valeurs dans les populations occidentales.

Celles-ci seraient caractérisées de plus en plus par la prépondérance de valeurs postmatérialistes sur les valeurs matérialistes[51]. Conséquemment, on assiste à de nouvelles formes de conflits et à de nouveaux types d'engagement politique. Il a consacré de nombreux travaux à la question, soutenant dans un de ses ouvrages l'hypothèse que cette tendance correspond en fait à un véritable changement culturel affectant les sociétés industrielles avancées[52].

L'argument de l'auteur est bâti autour de deux éléments : la théorie des besoins d'Abraham Maslow et le concept de la socialisation, à la manière de Talcott Parsons. Selon A. Maslow, les individus ont cinq catégories de besoins. L'auteur les classe de manière hiérarchique dans une pyramide divisée en cinq étages, les deux premiers correspondant à des besoins matériels et les trois autres à des besoins postmatériels. Les individus chercheraient à satisfaire par ordre de priorité les besoins physiologiques et les besoins de sécurité. Une fois ceux-ci assurés, ils se tourneraient vers des besoins d'appartenance, des besoins d'estime et des besoins d'autoréalisation. R. Inglehart combine cette théorie avec la notion de la socialisation, ce « processus par lequel les valeurs sociales sont transmises et intériorisées par une population donnée[53] ». Ainsi armé, R. Inglehart soumet un questionnaire qui comportait au départ quatre items : deux questions permettant de vérifier l'attachement des enquêtés à des valeurs matérielles et deux autres permettant de vérifier leur attachement à des valeurs postmatérielles. Il constate au terme de son analyse que dans les sociétés industrielles avancées, les gens ont tendance à privilégier des besoins d'estime et d'autoréalisation qui sont d'ordre postmatériel. Les besoins d'ordre matériel deviennent moins prioritaires puisqu'ils sont satisfaits. C'est là aussi qu'intervient la notion de la socialisation. Inglehart constate que ce changement de valeurs n'est pas un phénomène d'âge, mais de générations. On ne devient pas postmatérialiste en vieillissant. Ce sont les nouvelles générations de l'après-guerre qui portent ces nouvelles valeurs, car elles ont été socialisées dans une période d'abondance. En matière politique, elles adoptent des formes nouvelles d'engagement politique et privilégient des causes non matérialistes, tels la préservation des phoques, le mariage des homosexuels ou la légalisation de la marijuana.

L'analyse de R. Inglehart soulève bien entendu des problèmes. Il identifie trois types de cultures : matérialiste, mixte et postmatérialiste. Elles correspondant *grosso modo* à des sociétés où les besoins matériels sont encore cruciaux, à des sociétés en transition et enfin à des sociétés d'abondance. Mais l'on peut se demander si ces sociétés sont aussi cohérentes. D'une part, toutes les sociétés sont en réalité mixtes en ce sens que les valeurs matérielles et postmatérielles coexistent. D'autre part, ainsi que le remarquent André-J. Bélanger et Vincent Lemieux, «on doit observer à la lecture des données fournies par l'auteur lui-même, que cette culture postmatérialiste tarde à s'imposer [...]. Dans l'ensemble, d'ailleurs, la tendance demeure encore très minoritaire. Liée aux aléas de l'économie, qui peut toujours la faire régresser, elle demeure encore fort incertaine[54]». Que dire des questions de sécurité, considérées par Inglehart comme matérialistes et en recul, alors que depuis les attentats du 11 septembre 2001 aux États-Unis, elles sont plus que jamais redevenues prioritaires? Malgré tout, l'étude a aussi des mérites, le premier étant d'aborder la culture sous l'angle de la transformation et de nous sortir de la conception fixiste d'auteurs comme Gabriel Almond et Sydney Verba et même de Robert Putnam qui trouve l'explication du présent italien dans l'histoire médiévale des cités-États.

Culture et interprétation : représentations et actions

Au sein des approches culturelles, un intérêt grandissant s'est manifesté pour l'étude du rôle des idées. C'est sur ce thème que l'approche culturelle en général et l'institutionnalisme sociologique en particulier sont entrés dans le débat. Leurs adeptes insistent sur l'impact des significations que les gens ont des phénomènes sur les institutions étatiques et sociales. Dans l'analyse des politiques publiques, toutes les perspectives axées sur l'idée d'apprentissage social, sur l'étude des réseaux (voir chapitre 6) et sur les changements de paradigmes dans la manière dont on aborde les problèmes (économiques ou politiques) reflètent l'idée qu'avant de pouvoir agir, les acteurs doivent avoir une représentation — au moins pour eux-mêmes — de leur situation.

Dans cette perspective, Bruno Palier rend compte en détail de la manière dont les idées développées d'abord dans des organisations internationales comme l'Organisation pour la coopération et le développement économique (OCDE) à propos des faiblesses des politiques macroéconomiques keynésiennes ont conduit à un changement de paradigme qui a influencé ensuite les gouvernements nationaux et les autres organisations comme l'Union européenne[55]. Dans la même perspective, le concept de référentiel développé par Bruno Jobert et Pierre Muller montre l'importance des idées pour les choix et les résultats politiques.

L'IMPORTANCE DU RÉFÉRENTIEL SELON BRUNO JOBERT ET PIERRE MULLER

Dans ces citations, Bruno Jobert et Pierre Muller expliquent pourquoi la notion du référentiel est importante et à quoi elle sert : « Aucune politique n'est purement "technique" ou "neutre", aucune ne relève d'un pur rapport de domination. En réalité, toute politique combine à la fois une dimension relevant de la régulation (intégration du système) et une dimension relevant de la légitimation (intégration sociale). Et c'est là que la notion de "référentiel" prend toute son importance. Le référentiel d'une politique est la représentation que l'on se fait du secteur concerné ainsi que de sa place et de son rôle dans la société[56]. »

« Le référentiel d'une politique publique, entendu comme représentation des rapports global/sectoriel, a donc pour effet de structurer le champ d'une politique. Il en détermine l'extension géographique ou sociale, et hiérarchise ses objectifs[57]. »

Par exemple : « On ne peut pas comprendre la politique scolaire de la IIIe République sans faire référence à l'idée que l'on se faisait à l'époque [...] de la place et du rôle de l'éducation dans la société française : diffuser l'idéal républicain, socialiser les masses rurales au nouveau régime en les soustrayant à l'influence des élites rurales conservatrices[58]. »

Plusieurs chercheurs se sont également intéressés au rôle des aspects culturels dans les mouvements sociaux. C'est ainsi qu'a été élaboré l'important concept de *représentation* (*framing*), à savoir la manière par laquelle les revendications sont investies de sens, articulées aux injustices sociales et aux combats des mouvements. Avant que les revendications soient faites par les mouvements, ceux-ci doivent d'abord les définir et les clarifier. Ainsi, les féministes doivent représenter leurs revendications en termes d'inégalité ou de domination masculine avant de pouvoir demander un accès au travail ou des changements dans la structure familiale. Les gays et les lesbiennes doivent au préalable redéfinir leur orientation sexuelle pour sortir de la conception selon laquelle elle constitue une perversion et la présenter comme normale, et ce avant de pouvoir demander l'égalité juridique dans des domaines comme le mariage ou la lutte contre la discrimination.

Par ailleurs, l'idée que les représentations identitaires sont importantes a gagné sa place en politique comparée. Elle est le produit de la rencontre entre la théorie politique normative intéressée par la démocratie et les travaux des comparatistes sur la représentation des minorités nationales dans des États multiethniques[59]. Une importante littérature a été produite depuis une trentaine d'années sur les revendications de groupes — nationalistes, ethniques, de genre ou de classe — dans les démocraties. Les analyses partent de plus en plus de l'idée que les identités individuelles sont socialement construites et ne relèvent pas d'une essence. Elles examinent alors le processus et les conséquences de cette construction. Une bonne partie de ces travaux mettent l'accent sur le rôle de l'État, des institutions politiques et des mouvements dans la construction des identités.

C'est ainsi que la littérature sur la construction sociale de l'identité européenne insiste sur la stratégie identitaire de l'Union européenne. La commission européenne a entrepris sciemment de promouvoir l'idée de citoyenneté européenne. Pour ce faire, elle a développé des symboles et des politiques en vue d'encourager l'émergence d'un sentiment d'appartenance à l'Union. C'est ainsi que se comprennent le passeport commun, l'hymne européen, l'inscription de la citoyenneté européenne dans des traités, les programmes comme Erasmus encourageant les échanges entre jeunes Européens en vue de faire disparaître les hostilités entre communautés nationales[60].

Dans ce sens, les travaux de Deborah Yashar sur les peuples autochtones en Amérique latine examinent les processus de construction identitaire et leurs liens avec la construction nationale et la démocratisation[61]. Elle démontre que les institutions démocratiques, nouvellement consolidées, ne produisent pas toujours les résultats attendus. Au contraire, les populations autochtones d'Amérique latine ont déclenché des débats politiques et obtenu des réformes constitutionnelles au nom de leurs droits collectifs, de l'autonomie territoriale ou de la reconnaissance des différences ethniques. Il en résulte une faiblesse des institutions étatiques, une acception problématique de la démocratie et une persistance des problèmes de coexistence intercommunautaire dans cette région. Les revendications faites au nom des droits culturels ne sont pas plus faciles à satisfaire par les nouvelles institutions démocratiques que ne le sont les revendications nationalistes, linguistiques ou ethniques faites dans les vieilles démocraties.

APPORTS ET LIMITES DE L'APPROCHE CULTURELLE

Comme les approches précédentes, l'approche culturelle vise à combler des vides. Il est vrai que la prise en compte de l'approche culturelle nécessite une grande prudence de la part des comparatistes en raison des risques de dérive. Mais le refus de recourir à des variables culturelles appauvrit beaucoup l'analyse. Il faut donc être attentif à ses faiblesses, mais reconnaître aussi qu'elle a des apports en politique comparée.

Les vertus de l'approche culturelle

Les apports de l'approche culturelle en politique comparée sont, sur un point au moins, comparables à ceux de l'approche historique : elle nous fait prendre conscience de l'importance des différences ou des particularités des contextes culturels. Ces spécificités expliquent dans bien des cas pourquoi les lois ou les institutions ont des résultats différents quand on les fait fonctionner dans des contextes différents. En effet, même si l'on admet l'importance de disposer de catégories générales parce qu'elles fondent les comparaisons et nous mettent à l'abri du piège de la spécificité, l'on sait aussi que le politique n'est jamais désincarné. Par exemple, même si les personnes situées dans des contextes différents et parlant des langues différentes partagent un nombre élevé de codes leur permettant de communiquer, cette intersubjectivité a des limites à l'inverse. Plus elles sont culturellement éloignées, moins elles sont susceptibles d'accorder la même signification aux phénomènes. Plus elles sont culturellement proches, plus les personnes se comprennent et attribuent la même signification aux gestes et aux phénomènes. En fait, peu d'actions humaines sont cohérentes lorsqu'on les extrait de leur contexte culturel[62]. Dès lors, les tenants de l'approche culturelle nous font prendre conscience des dérives auxquelles peut conduire une conception trop universaliste du politique et de nombreux autres phénomènes.

Les limites de l'approche culturelle

Malgré ses apports, l'approche culturelle fait l'objet de nombreuses réserves, en partie parce que, dans ses versions extrêmes, elle donne l'impression de dévaloriser les sociétés du Sud constamment comparées à celles du Nord sur la base de critères propres à ces dernières. Nombre d'autres critiques sont formulées à l'encontre de l'approche culturelle dont on peut se demander si elle ne pose pas en politique comparée autant de problèmes qu'elle en résout.

Prendre la culture comme variable de l'analyse entraîne de nombreuses contraintes et la création de paradoxes. Étudier une culture spécifique permet d'accéder à une connaissance individualisante profonde, mais pose le problème de la singularité, qui contredit l'ambition comparative valorisant les généralisations. Mais comparer les cultures requiert la connaissance de celle des autres, ce qui est autrement plus difficile que de postuler une rationalité universelle comme le font certains tenants de l'approche stratégique.

Par ailleurs, comparer au moyen de la culture est une entreprise problématique car les adeptes de l'approche ne s'entendent pas sur le poids explicatif qu'il faut lui assigner. Pour certains, elle est une variable indépendante à part entière. C'est ce parti qui est pris dans l'ouvrage *Culture Matters*. La plupart des auteurs y utilisent la culture comme la variable principale expliquant le développement et le non-développement. Pour d'autres, à l'inverse, le rôle de la culture doit être « revu à la baisse ». C'est le cas de B. Badie et G. Hermet, qui insistent sur

> la difficulté à ériger la culture en variable explicative, puisque le propre du culturel est d'être en situation d'interaction, en même temps producteur et produit de l'action sociale. Le risque qu'encourt le comparatiste est d'oublier cette dualité ou, du moins, d'être tenté de l'éluder en faisant de la variable culturelle l'explication de l'écart constaté entre deux types de constructions du politique[63].

En somme, ils mettent en garde contre la tentation à laquelle nombre des auteurs étudiés plus haut, tels que Huntington, Harrison ou Akindès, ont cédé : passer trop rapidement d'une utilisation de la variable culturelle à des fins interprétatives de la culture, c'est-à-dire pour comprendre le sens attribué au politique selon les contextes, à une utilisation causale, c'est-à-dire pour faire la genèse des phénomènes[64].

Si l'on revient sur la relation entre la culture et le développement ou la démocratie, l'on voit concrètement les difficultés et réserves que l'analyse culturelle soulève. D'abord, on constate d'un point de vue empirique la difficulté à expliquer pourquoi certains pays se développent ou se démocratisent, alors qu'ils disposent d'une culture supposée non congruente. C'est le cas de l'Inde pour la démocratie : alors que l'organisation sociale basée sur les castes et de profondes inégalités devait rendre le pays réfractaire à la démocratie, le pays connaît un système qui fonctionne relativement bien et surtout sans interruption depuis sa création en 1947. Par ailleurs, s'il est incontestable que l'idée du développement est occidentale, il est tout autant incontestable que non seulement en Occident, certains (les pays calvinistes) l'ont plus inventé que d'autres (les pays luthériens et catholiques), mais aussi que d'autres en dehors de l'Occident l'ont intégré en dépit des différences culturelles. Le Japon est un exemple classique de ce phénomène qui est utilisé par les culturalistes, mais que l'on pourrait retourner contre eux. Par exemple, pour soutenir l'argument selon lequel « la culture fait presque toute la différence », David Landes montre comment, au début de l'ère Meiji en 1867, les Japonais se sont lancés dans une ambitieuse politique de modernisation après avoir pris conscience de l'avance européenne et de la nécessité de combler le fossé qui les sépare[65]. Il attribue le succès à la culture japonaise, où se déploie une version locale de l'éthique que Weber attribuait au protestantisme : discipline, ascétisme, sens de la responsabilité collective… L'explication est séduisante et même convaincante, d'autant que, confrontés au même écart technologique, d'autres pays ont eu une réaction différente de celle du Japon. Mais on pourrait se demander si l'explication ne réside pas dans une pluralité d'autres facteurs comme l'éducation, le leadership, le type de rapports entretenus avec l'extérieur. On pourrait même, tout aussi valablement, interpréter différemment le sens de la relation et considérer ce processus comme la preuve que la culture est dynamique et change constamment.

C'est là une autre limite de l'approche culturelle. Ses tenants tombent trop souvent dans le piège du culturalisme réducteur et stéréotypé, renouant avec les acceptions dépassées de la culture en termes « d'hérédité sociale[66] » immuable, qui condamnerait les sociétés à perpétuer des institutions et des comportements immémoriaux. Enfin, autre problème dans cette période de sophistication et de quantification de l'analyse, la culture se prête beaucoup moins à la mesure, d'où la difficulté de la vérification qui affaiblit l'analyse culturelle[67]. À la décharge de l'approche culturelle, on peut cependant relever qu'elle est jeune, qu'elle est en plein développement et qu'elle s'affinera peut-être au fil des débats.

NOTES

1. Marc Howard Ross, « Culture and Identity in Comparative Political Analysis », dans Mark I. Lichbach et Alan S. Zuckerman, *Comparative Politics : Rationality, Culture, and Structure*, Cambridge, Cambridge University Press, 1997, p. 42.
2. Définition proposée par Mary Black, citée par Bertrand Badie, *Culture et politique*, Paris, Economica, 1986, p. 15.
3. Clifford Geertz, *The Interpretation of Cultures*, New York, Basic Book, 1973.
4. M. H. Ross, 1997, p. 45.
5. Amy Gutmann, « Identity and Democracy : A Synthetic Perspective », dans Ira Katznelson et Helen Milner (dir.), *Political Science : State of the Discipline*, New York, Norton/Washington, American Political Science Association, 2002, p. 547-558.
6. M. I. Lichbach et A. S. Zuckerman font de l'approche culturelle une des trois grandes approches en politique comparée, avec l'approche du choix rationnel et l'approche structurelle (ou de configuration historique).
7. Alexis de Tocqueville, *De la Démocratie en Amérique*, t. 1, Paris, Gallimard, 1961, p. 90.
8. A. de Tocqueville, *De la Démocratie en Amérique*, t. 2, Paris, Gallimard, 1961, p. 141.
9. Michel Dubois, *Les fondateurs de la pensée sociologique*, Paris, Ellipses, 1993, p. 143.
10. Max Weber, *L'éthique protestante et l'esprit du capitalisme*, cité par M. Dubois, 1993, p. 148.
11. M. H. Ross, 1997, p. 54
12. Laurence Wylie, *Un village du Vaucluse*, Paris, Gallimard, 1968. Ce village se trouve dans le Luberon. L'ouvrage a été publié pour la première fois en anglais en 1957 ; une troisième édition a été faite en 1974.
13. Cette analyse de L. Wylie a été incorporée par Stanley Hoffmann dans son célèbre ouvrage, *À la recherche de la France*, Paris, Seuil, 1963.
14. Edward Banfield, *The Moral Basis of a Backward Society*, New York, Free Press, 1967.
15. Gabriel Almond et Sydney Verba, *The Civic Culture : Political Attitudes and Democracy in Fives Nations*, Princeton, Princeton University Press, 1963.
16. Jean-Marie Denquin, *Science politique*, Paris, PUF, 1996, p. 201.
17. *Ibid.*, p. 203.
18. G. Almond et S. Verba, « The Civic Culture and Democratic Stability », dans G. Almond et S. Verba, 1963, p. 473-505.
19. Guy Hermet, *Sociologie de la construction démocratique*, Paris, Economica, 1986, p. 86.
20. Bertrand Badie, *Culture et politique*, Paris, Economica, 1983, p. 46-47.
21. B. Badie et G. Hermet, *La politique comparée*, Paris, Armand Colin, 2001, p. 35.
22. Voir M. H. Ross, 1997, qui offre une vue d'ensemble de ces facteurs.
23. Robert Putnam, Robert Leonardi, Raffaella Y. Nanetti, *Making Democracy Work : Civic Traditions in Modern Italy*, Princeton, Princeton University Press, 1993.

24. R. D. Putnam, « Le déclin du capital social aux États-Unis », *Lien social et Politiques – RIAC*, 1999, p. 13-14.

25. R. D. Putnam, *Bowling Alone: The Collapse and Revival of American Community*, New York, Simon & Schuster, 2000.

26. Leonardo Morlino, « Italy Civic Divide », *Journal of Democracy*, vol. 6, 1995, p. 173-177.

27. Sidney Tarrow, « Making Social Science Work Across Space and Time: A Critical Reflection on Robert Putnam's Making Democracy Work », *American Political Science Review*, vol. 90, nº 2, 1996, p. 389-397.

28. Margaret Levi, « Social and Unsocial Capital: A Review Essay of Robert Putnam's Making Democracy Work », *Politics and Society*, vol. 24, nº 1, 1996, p. 45-55.

29. Clifford Geertz, *Negara: The Theater State in Nineteenth Century Bali*, Princeton, Princeton University Press, 1980.

30. Joel S. Migdal, « Studying the State », dans M. I. Lichbach et A. S. Zuckerman, 1997, p. 212-213.

31. Murray Edelman, *Pièces et règles du jeu politique*, Paris, Seuil, 1991.

32. M. Edelman, 1991, p. 207-208.

33. Maurice Godelier, *L'idéel et le matériel: pensées, économies, sociétés*, Paris, Fayard, 1984, p. 24-25.

34. Georges Balandier, *Le pouvoir sur scènes*, Paris, Éditions Balland, 1992; Philippe Braud, *L'émotion en politique: problèmes d'analyse*, Paris, Presses de Science Po, 1996.

35. G. Balandier, *Anthropologie politique*, Paris, PUF, 1969, p. 122 et 96.

36. Étienne de la Boétie, *Discours de la servitude volontaire*, Paris, Garnier-Flammarion, 1983.

37. Antonio Gramsci, *Les cahiers de prison*, Paris, Gallimard, 1978.

38. Anthony D. Smith, « The Myth of the Modern Nation and the Myths of Nations », *Ethnic and Racial Studies*, vol. 11, nº 1, 1988, p. 2.

39. Benedict Anderson, *L'imaginaire national: réflexions sur l'origine et l'essor du nationalisme*, Paris, La Découverte, 1996.

40. Lawrence Harrison, *Underdevelopment Is a State of Mind*, Madison, Madison Books, 2000.

41. Axelle Kabou, *Et si l'Afrique refusait le développement?*, Paris, L'Harmattan, 1991.

42. Samuel P. Huntington, « Culture Counts », dans Lawrence Harrison et Samuel P. Huntington (dir.), *Culture Matters: How Values Shape Human Progress*, New York, Basic Books, 2000, p. XIIV.

43. Mariano Grondona, « A Cultural Typology of Economic Development », dans L. Harrison et S. P. Huntington (dir.), 2000, p. 44-55.

44. Dankwart Rustow, « Transition to Democracy: Toward a Dynamic Model », *Comparative Politics*, vol. 2, nº 3, 1970, p. 337-363.

45. David Beetham, « Conditions for Democratic Consolidation », *Review of African Political Economy*, 1994, p. 157-172.

46. Francis Akindès, *Les mirages de la démocratisation en Afrique subsaharienne francophone*, Paris, Karthala, 1996, p. 163-169.

47. Voir Sophia Mappa, « L'injonction démocratique dans les politiques européennes de développement », dans S. Mappa, (dir.), *Développer par la démocratie? Injonctions*

occidentales et exigences planétaires, Paris, Karthala, 1995, p. 121-178. Voir aussi Patrick Chabal et Jean-Pascal Daloz, *L'Afrique est partie : du désordre comme instrument politique*, Paris, Economica, 1999.

48. Bertrand Badie et Pierre Birnbaum, *Sociologie de l'État*, Paris, Grasset, 1982, p. 162-163. Voir aussi B. Badie, *Les deux États : Pouvoir et société en Occident et en terre d'Islam*, Paris, Fayard, 1985.

49. Denis Constant Martin, *La découverte des cultures politiques : esquisse d'une approche comparatiste à partir des expériences africaines*, Paris, FNSP, 1992, p. 7 et 17.

50. D. Constant Martin, *Tanzanie : l'invention d'une culture politique*, Presses de la FNSP et Karthala, 1988, p. 276 et p. 290

51. Ronald Inglehart, *The Silent Revolution : Changing Values and Political Styles Among Western Publics*, Princeton, Princeton University Press, 1977.

52. R. Inglehart, *Culture Shift in Advanced Industrial Societies*, Princeton, Princeton University Press, 1990.

53. *Ibid.*, p. 94.

54. *Ibid.*, p. 87.

55. Bruno Palier, « Gouverner le changement des politiques de protection sociale », dans Pierre Favre et Yves Schemeil (dir.), *Être gouverné. Mélanges offerts en l'honneur de Jean Leca*, Paris, Presses de Sciences Po, 2003, p. 163-179.

56. Bruno Jobert et Pierre Muller, *L'État en action : politiques publiques et corporatismes*, Paris, PUF, 1987, p. 63.

57. *Ibid.*, p. 70.

58. *Ibid.*, p. 64.

59. A. Gutmann, dans I. Katznelson et H. Milner (dir.), 2002, p. 542 ; Will Kymlicka, *La citoyenneté multiculturelle : une théorie libérale du droit des minorités*, Paris/Montréal, La Découverte/Boréal, 2001 ; Will Kymlicka et Sylvie Mesure, *Les identités culturelles*, Paris, PUF, 2000 ; Will Kymlicka et Magda Opalski (dir.), *Can Liberal Pluralism Be Exported : Western Political Theory and Ethnic Relations in Eastern Europe*, Oxford/New York, Oxford University Press, 2001.

60. Antje Wiener, *European Citizenship Practice : Building Institutions of a non-State*, Boulder, Westview Press, 1998 ; Isabelle Petit, *De la volonté de créer une identité eurocommunautaire : une étude du discours et des interventions de la commission européenne dans l'éducation (1955-1995)*, Thèse de PhD, Département de science politique, Université de Montréal, 2002.

61. Deborah Yashar, « Democracy, Indigenous Movements, and the Postliberal Challenge in Latin America », *World Politics*, vol. 52, n° 1, 1999, p. 76-104.

62. M. H. Ross, 1997, p. 49.

63. B. Badie et G. Hermet, 2001, p. 33.

64. *Ibid.*, p. 36.

65. David Landes, « Culture Makes Almost All the Difference », dans L. Harrison et S. P. Huntington (dir.), 2000, p. 2-13.

66. B. Badie, 1983, p. 12.

67. B. Badie et G. Hermet, 2001, p. 34.

L'APPROCHE STRATÉGIQUE

L'approche stratégique connaît une grande popularité dans la science politique nord-américaine en général et en politique comparée en particulier depuis les années 1970. Son développement a été parallèle à celui du behaviorisme et des approches historique, économique et culturelle. Au début, il y avait peu de points communs entre les différentes perspectives stratégiques. Au cours de ces dernières années cependant, une convergence s'est opérée sous la forme de l'institutionnalisme du choix rationnel, l'une des perspectives du néo-institutionnalisme étudiée au chapitre 6.

L'approche stratégique découle d'un mouvement de *retour à l'acteur* en réaction contre les approches structurelles dominantes pendant plusieurs décennies chez les structuro-fonctionnalistes et les tenants des approches historique, économique et culturelle. Dans celles-ci, en effet, il y a toujours une réticence à considérer que les acteurs sont capables de choisir des stratégies et d'agir. L'idée dominante est plutôt celle d'acteurs écrasés par le poids des « structures » économiques, culturelles ou par les déterminants historiques. Pierre Birnbaum et Jean Leca montrent que « sur le marché de l'explication, et c'est peut-être le plus nouveau, l'individualisme méthodologique est sorti de la science économique où il régnait largement pour jeter de solides têtes de pont dans les places fortes sociologiques et anthropologiques où le fonctionnalisme et le structuralisme paraissaient inexpugnables[1]... »

Toutefois, pour les comparatistes, comme ce chapitre le montre, faire de l'approche stratégique une approche véritablement utile à la comparaison requiert l'adoption d'une acception souple de la rationalité ainsi que l'injection d'une dose d'institutionnalisme. Cette exigence est similaire à celle qui a vu les tenants des approches structurelles faire une place à l'acteur et aux choix dans leur conception jusque-là presque entièrement holiste.

À l'inverse de ces approches qui abordent les phénomènes à un niveau systémique pour intégrer ensuite l'acteur, l'approche stratégique commence par le niveau individuel, plus précisément avec l'individualisme méthodologique, voire le postulat de la rationalité de l'acteur, pour ensuite tendre vers une version de l'institutionnalisme. L'introduction d'une dose d'institutionnalisme est nécessaire pour que l'approche stratégique soit véritablement comparative. En effet, parce qu'il suppose une universalité des comportements, le seul postulat de la rationalité est de peu d'aide en matière de comparaison.

DE L'INDIVIDUALISME MÉTHODOLOGIQUE AU CHOIX RATIONNEL

Lorsqu'on s'aventure dans la galaxie stratégique, on est frappé par la diversité des perspectives et des appellations entre lesquelles on navigue le plus souvent sans tenir compte des nuances qui les distinguent. On rencontre ainsi dans la littérature des termes comme individualisme méthodologique, stratégie, interactionnisme stratégique, choix rationnel et ainsi de suite. Cependant, derrière tous ces concepts, se trouve un invariant commun : l'idée que pour comprendre les phénomènes sociaux, il faut prendre les acteurs et leurs actions comme variables explicatives. L'approche stratégique se positionne donc surtout contre une tradition explicative holiste, privilégiant les effets du système plus que les actions et les choix de l'individu[2]. La similarité laisse cependant assez rapidement la place à des divergences sur la question de savoir ce que sont et ce que font les acteurs individuels.

L'individualisme méthodologique et les principes de base de l'approche stratégique

L'individualisme méthodologique est une base commune pour les perspectives de l'approche stratégique. Pour comprendre ce que signifie le concept d'individualisme méthodologique, il est utile de le distinguer, comme le font P. Birnbaum et J. Leca, des autres formes d'individualisme comme l'individualisme romantique, l'individualisme juridique, l'individualisme éthique et l'individualisme sociologique. Il est surtout crucial de le distinguer des conceptions politiques de l'individualisme qui sont répandues en Europe et qui rendent compte des changements de comportement et des relations dans la société[3]. Ce sens est celui donné par ceux qui pensent que les relations sociales et le lien social qui unissent les classes et les autres groupes sociaux (qui organisent leurs comportements sociaux et politiques et qui, de ce fait, structurent la vie politique) sont en train de s'évanouir au profit de formes d'expression et de comportement plus individuelles. Aussi intéressante qu'elle soit, cette conception est totalement différente de celle de l'individualisme méthodologique, qui est avant tout une position épistémologique[4]. En effet, l'individualisme

---

L'INDIVIDUALISME MÉTHODOLOGIQUE

Pierre Birnbaum et Jean Leca[5] présentent ainsi l'individualisme méthodologique : Il s'agit d'une « problématique et une manière de concevoir des réponses à des questions de recherche [...], un attribut du chercheur et non un attribut de l'objet : il ne caractérise pas le processus étudié, mais la méthode de son étude ». L'individualisme méthodologique cherche ainsi « à expliquer des phénomènes collectifs "macroscopiques" à partir de comportements et de stratégies individuels ("microscopiques") ».

Pour sa part, Raymond Boudon[6] le définit de la manière suivante : « [L]e principe de l'individualisme méthodologique énonce que, pour expliquer un phénomène social quelconque — que celui-ci relève de la démographie, de la science politique, de la sociologie ou de toute autre science sociale particulière —, il est indispensable de reconstruire les motivations des individus concernés par le phénomène en question, et d'appréhender ce phénomène comme le résultat de l'agrégation des comportements individuels dictés par ces motivations. »

méthodologique diffère des autres individualismes parce qu'ici, l'individualisme fait office d'outil d'explication.

Dans l'important ouvrage dont est extraite la première citation de l'encadré ci-haut, plusieurs auteurs parviennent ainsi à un consensus sur deux points de rupture avec les approches structurelles[7] :

- Adopter une démarche individualiste suppose «le refus du despotisme des structures» et de toute «conception hyper-socialisée» de l'individu qui font de ce dernier un simple agent qui est «porteur» de normes sociales.
- Une telle posture implique également «le refus du comportement prescrit», conception qui amène à faire des acteurs de simples porteurs de comportements socialement inscrits en eux et n'ayant «d'autre liberté que celle de réaliser un destin fixé d'avance[8]».

On peut donc considérer que pour l'essentiel, ce qui fait l'identité de la démarche individualiste se résume ainsi : l'explication microscopique des phénomènes macroscopiques, la concentration sur les motivations individuelles, l'émergence d'un effet global par agrégation des comportements individuels. Toutefois, ainsi que le note R. Boudon, bien que l'individualisme méthodologique cherche toujours à mettre en évidence les raisons individuelles des phénomènes collectifs, il faut savoir que ses adeptes s'intéressent au comportement individuel, mais admettent que ce comportement «est lui-même fonction d'un ensemble de données qui, elles, ne sont pas microscopiques, mais macroscopiques, c'est-à-dire définies au niveau du système[9]». En effet, pour Raymond Boudon, «la méthodologie individualiste n'implique aucune vision atomiste des sociétés. Elle n'interdit pas et exige même que les individus soient considérés comme insérés dans un contexte social[10]». Dans cette même perspective, nombre d'institutionnalistes classés au chapitre 6 parmi les institutionnalistes des choix rationnels ont réussi à travailler à partir des postulats de l'individualisme méthodologique pour produire leurs analyses.

Pour parvenir à produire des travaux prenant en compte les contextes sociaux et les institutions, comme R. Boudon le suggère, tout en restant dans l'approche stratégique, il est cependant nécessaire d'introduire le concept de rationalité aux prémisses de l'individualisme méthodologique. Ce faisant, nous rentrons dans l'approche du choix rationnel. Ses tenants postulent en effet que les individus qui agissent sont fondamentalement

rationnels[11]. Ce postulat est emprunté essentiellement à la microécono-
mie, qui l'utilise pour expliquer le comportement des individus face aux
tendances des marchés, notamment la loi de l'offre et de la demande.

LES TROIS OPTIONS DU CONSOMMATEUR SELON ALBERT HIRSCHMAN

Albert Hirschman[12] a eu une influence importante dans les sciences sociales après avoir développé l'idée que dans une situation de changement
contextuel, trois types d'options se présentent aux individus engagés
dans ce contexte. Ceux-ci peuvent choisir entre la « défection », la « prise
de parole » ou la « loyauté » (*exit, voice, loyalty*).

Hirschman voulait comprendre les choix dont disposaient les clients
d'une entreprise lorsque les performances de celle-ci se détériorent. Cette
situation engendre en effet de la déception chez les consommateurs. La
défection (se tourner vers une autre entreprise) et la prise de parole
(manifester son mécontentement) sont alors, pour A. Hirschman, deux
types de réaction du consommateur face à cette déception, mais la
loyauté (rester attaché à l'entreprise en dépit de la déception) en est un
troisième.

Ce postulat de la rationalité découle aussi de la sociologie compréhen-
sive de Max Weber. Ses travaux sur la rationalité de l'action des acteurs[13],
notamment le concept « d'action rationnelle en finalité », concerne un
individu « qui oriente son activité d'après les fins, moyens et conséquences subsidiaires et qui confronte en même temps rationnellement les
moyens et la fin, la fin et les conséquences subsidiaires et enfin les diverses
fins possibles entre elles[14] ».

La théorie du choix rationnel : la rationalité des acteurs comme postulat de base

Le postulat de la rationalité est à la base de la théorie du choix rationnel
qui constitue une variante de l'approche stratégique[15]. Néanmoins, ce
concept est l'un des plus contestés dans les sciences sociales. L'encadré
qui suit donne la présentation qu'en propose Ernest Gellner.

LA NOTION DE RATIONALITÉ SELON E. GELLNER

« La notion de comportement rationnel a de nombreuses acceptions. La plus importante, la plus aisément intelligible aussi, est celle de *Zweckrationalität*. Une conduite est rationnelle si elle permet d'atteindre un but spécifique donné avec une efficacité optimale (ou dans une présentation alternative : si à la lumière des informations accessibles à l'agent celui-ci a de bonnes raisons de croire en cette efficacité). La rationalité instrumentale implique (ou a pour corollaire) qu'il faut utiliser efficacement l'information pertinente. Qui veut la fin doit vouloir les moyens ; l'information qui permet de choisir le moyen le plus efficace est elle-même un moyen, peut-être le plus important. Ainsi, la *Zweckrationalität* ne requiert pas simplement que l'agent choisisse le moyen optimal, mais aussi que ses croyances, qui commandent le choix des autres moyens, soient aussi en quelque sorte optimales, pour un ensemble défini de données disponibles[16]. »

Ceux qui utilisent l'approche stratégique ont dû réfléchir sérieusement à la signification à accorder à la notion de rationalité qu'ils veulent opérationnaliser. Par exemple, tout en s'inscrivant clairement dans une approche stratégique interactionniste, Michel Crozier et Erhard Friedberg mettent dos à dos les approches structurelles et les approches basées sur la rationalité totale[17]. Ils préviennent ainsi contre « ces raisonnements [qui] en isolant les acteurs, conduisent à imputer à ceux-ci une liberté et une rationalité illimitées, à les traiter en fait comme des acteurs souverains et rationnels négociant librement entre eux les conditions de leur coopération[18] ». Ils optent plutôt pour une approche en termes de rationalité limitée, suivant en cela une ligne tracée plus tôt par James March et Herbert Simon[19]. Ils postulent donc que :

> [L]'être humain est incapable d'optimiser. Sa liberté et son information sont trop limitées pour qu'il y parvienne. Dans un contexte de rationalité limitée, il décide de façon séquentielle et choisit pour chaque problème qu'il doit résoudre la première solution qui correspond pour lui à un seuil minimal de satisfaction […] tous les acteurs n'ont qu'une liberté restreinte et ne sont capables corrélativement que d'une rationalité limitée[20].

Jon Elster et Ernest Gellner rejoignent M. Crozier et E. Friedberg sur la critique de la rationalité simpliste. Pour J. Elster, le danger principal est de considérer la rationalité comme donnée *a priori* et sans contradiction. Il montre en effet plusieurs configurations :

- L'action peut ne pas être unique mais mixte, car les acteurs peuvent ne pas avoir de préférence entre deux options égales.
- Le comportement peut ne pas être rationnel si l'acteur est incapable de bien comparer les différentes options disponibles. C'est le cas de l'acheteur face à un produit et à une imitation parfaite de ce produit.
- La rationalité est mise aussi à mal en raison de situations d'incertitude qui influent sur les croyances et qui brouillent la perception claire des résultats espérés de l'action[21]. C'est le dilemme, par exemple, de l'usager qui ne sait pas s'il faut faire le plein de carburant le même jour ou attendre le lendemain sans savoir si les prix vont monter, baisser ou stagner.

Sur ce point, J. Elster et E. Gellner se rejoignent[22]. Ce dernier propose une critique virulente du postulat du choix rationnel.

CRITIQUE DU POSTULAT DE LA RATIONALITÉ
PAR E. GELLNER

Selon Gellner, « une bonne part de notre vie est consacrée, non pas tant à poursuivre des buts (comme le suggéreraient les sciences sociales inspirées par le modèle fins-moyens) qu'à éviter les gaffes [...]. Mais si nous sommes, comme cela me semble le cas, du genre à éviter les gaffes, plutôt que du genre animal rationnel, si nous nous frayons précautionneusement la voie au milieu d'une variété de jeux auxquels nous ne sommes qu'en partie accoutumés, alors notre condition se distingue nettement de celle que la rationalité instrumentale suggère[23]. » Il conclut alors que « dans la plus grande partie de leur vie, les hommes ne maximisent rien du tout, ni ne cherchent à atteindre un but concrètement identifiable, mais tiennent tout simplement à être intégrés, ou à demeurer dans une pièce qui se déroule. Le rôle est sa propre récompense mais non un moyen pour parvenir à une situation donnée comme fin[24] ».

Ces critiques relatives aux limites de la rationalité individuelle et de la complexité de la rationalité ont été reconnues par certaines versions récentes de la théorie du choix rationnel, de sorte que « se développe ainsi une attitude beaucoup plus pragmatique qui, pour les tenants de l'approche du choix rationnel, veut dire complexifier quelque peu leurs modèles de façon à les rendre plus réalistes »[25]. C'est ce qu'a fait Margaret Levi dans un travail sur l'utilisation de cette théorie du choix rationnel en politique comparée[26]. Selon elle, « la théorie du choix rationnel n'est pas confinée au postulat de l'acteur maximiseur qui caractérise les sciences économiques. La théorie du choix rationnel ne requiert même pas le postulat d'individus mus par leurs seuls intérêts ». Au contraire, elle décrit une version plus souple du postulat de la rationalité qui est plus utile en politique comparée. Elle préfère considérer la rationalité à partir de l'idée que les individus agissent en conformité avec leurs préférences.

S'il est difficile d'avoir une compréhension complète de cette notion de préférences, la plupart des auteurs raisonnant en termes de rationalité préfèrent la déduire en attribuant *a priori* certains intérêts à une catégorie d'acteurs. Par exemple, si les acteurs sont des consommateurs ou des vendeurs, M. Levi considère raisonnable de postuler qu'ils cherchent à maximiser leur revenu. S'ils sont des paysans, il est plus raisonnable de postuler qu'ils cherchent à maximiser leur sécurité alimentaire. De même, il est raisonnable d'assumer que les hommes politiques tentent de maximiser leur pouvoir et leur longévité au pouvoir.

LES ORIGINES DE LA THÉORIE DU CHOIX RATIONNEL

Les origines de la théorie du choix rationnel sont repérées différemment selon les auteurs. James B. Rule la fait remonter à Thomas Hobbes et à sa vision dite « impitoyablement égoïste des motivations humaines[27] ». Donald Green et Ian Shapiro estiment que si l'étude interdisciplinaire du politique et de l'économique remonte au XVIIIe siècle, la théorie du choix rationnel moderne est une création des années 1950[28] grâce notamment à la publication de deux textes fondateurs. Le premier est l'ouvrage classique de Kenneth Arrow, *Social Choice and Individual Values,* publié en 1951. Il y développe l'argument, connu sous le nom de « paradoxe d'Arrow », selon lequel l'action collective ne produit pas nécessairement un bien collectif[29]. À partir de ce postulat, il a développé une critique de la démocratie considérée comme le pouvoir de la majorité[30]. Le second ouvrage fondateur est celui d'Anthony Downs, *Economic Theory of Democracy*, publié en 1957, qui a ouvert la voie à plusieurs générations de travaux sur le vote et les comportements politiques. Anthony Downs a utilisé un modèle tiré des théories sur l'emplacement spatial des firmes dans le but de montrer que les élites rationnelles des partis politiques vont choisir de converger vers les positions médianes en vue de maximiser leurs chances de succès électoraux. Ce travail a donné naissance à toute une tradition de modèles spatiaux du vote.

Moins d'une décennie plus tard, Mancur Olson a publié *La logique de l'action collective* (1965)[31]. Tout en restant dans le cadre de la théorie du choix rationnel, il est néanmoins un des premiers à montrer les difficultés

---

MANCUR OLSON : L'ACTION COLLECTIVE ET LE « PASSAGER CLANDESTIN » (*FREE RIDER*)

Dans son célèbre ouvrage, Mancur Olson contribue à l'émergence du choix rationnel tout en mettant au jour un paradoxe, à savoir que les intérêts individuels ne produisent pas de façon automatique une action collective. Les individus rationnels peuvent avoir un grand intérêt dans un bien collectif, comme l'amélioration des droits des travailleurs ou de ceux des minorités. Toutefois, selon M. Olson, ils seraient peu enclins à militer dans un mouvement social — une organisation syndicale ou une organisation des droits civiques — parce que le résultat final de l'action collective est un bien collectif. Cela signifie qu'une fois le résultat acquis, les mêmes droits syndicaux et les mêmes droits civiques seront accordés à tout le monde. Chacun des acteurs a en fait intérêt à se comporter en passager clandestin (*free rider*). M. Olson soutient que les mouvements sociaux doivent donner des incitations sélectives attribuées seulement à leurs membres.

Cet argument a été critiqué par les comparatistes sur plusieurs plans. D'une part, il est difficile d'identifier des différences dans les incitatifs capables de rendre compte des variations entre pays. C'est le cas, par exemple, du taux de syndicalisation dans différents pays, qui va de moins de 20 % des travailleurs aux États-Unis à plus de 70 % en Suède. D'autre part, M. Olson a essayé d'expliquer pourquoi les actions collectives *ne se produisent pas*, précisément au moment, à savoir les années 1960, où les États-Unis connaissaient un vaste mouvement en faveur des droits civiques, des manifestations estudiantines récurrentes, un nouveau mouvement féministe et le mouvement contre la guerre du Viêtnam[32]. De nombreux autres pays ont connu ce type de mouvements, comme Mai 68 en France et le Printemps de Prague en Tchécoslovaquie, pour ne mentionner que ces deux exemples.

à mobiliser les individus en vue de soutenir une action poursuivant des buts collectifs.

LES MODÈLES DE LA THÉORIE DU CHOIX RATIONNEL

L'approche stratégique, au sens de démarche considérant les acteurs et leurs actions comme les variables explicatives principales, est dominée par la théorie du choix rationnel. Celle-ci a fait une incursion spectaculaire en science politique en s'intéressant notamment au comportement électoral mais également à l'action collective, à l'État moderne comme à ses formes traditionnelles.

Les modèles de la théorie du choix rationnel les plus adaptés à la politique comparée sont les modèles empiriques[33]. Ils postulent l'existence d'individus rationnels, qui élaborent des stratégies pour atteindre leurs buts dans un contexte caractérisé par des contraintes. Ils postulent également qu'avant de prendre des décisions, les individus essayent d'anticiper les décisions que prendront les autres acteurs. L'épistémologie est ici celle de l'individualisme méthodologique, mais l'accent n'est pas mis sur les choix individuels eux-mêmes. Au contraire, l'accent est mis sur les conséquences de l'agrégation de choix collectifs. En d'autres termes, ici, la théorie du choix rationnel tente de mettre au jour des stratégies prenant place au sein des macroprocessus.

Sous le vocable « théorie du choix rationnel » se trouve, on le voit, une variété de perspectives traitant de sujets tout aussi variés[34]. Ces perspectives divergent sur plusieurs points, notamment la nature et le contenu des buts que les acteurs poursuivent, ainsi que sur la question de l'information que les acteurs sont censés posséder. En général, la littérature retient ainsi que le comportement rationnel mobilise trois éléments principaux :

- une conscience claire de la hiérarchie entre les options disponibles et du but à atteindre ;
- la compétence en termes de possession de l'information pertinente pour choisir les moyens d'atteindre le but poursuivi ;
- la capacité à mobiliser les moyens permettant d'atteindre ces fins de la manière la plus efficace.

Margaret Levi ajoute par ailleurs qu'en dépit de la convergence de plusieurs perspectives analytiques vers une forme ou l'autre d'analyses institutionnelles, « une ligne de démarcation perdure néanmoins. Les rationalistes sont presque toujours prêts à sacrifier la nuance au profit de la généralisation et les détails au profit de la logique ; un raccourci que la plupart des autres comparatistes refuseraient de prendre[35] ».

Cette approche basée sur la rationalité repose donc sur la notion d'action intentionnelle d'un acteur compétent qui, porteur d'un objectif et averti des options disponibles, est capable de préférer délibérément l'action qui lui permet d'atteindre son objectif de manière optimale[36]. Toutefois, les individus font leurs choix non seulement dans des contextes d'informations limitées, mais aussi de contrainte, comme nous le mentionnons plus haut. Leurs choix sont limités par ces contraintes alors que les acteurs auxquels ils font face peuvent avoir de plus grandes variétés de choix ou même obtenir leur option préférée parce qu'ils font face à moins de contraintes.

Une des sources de contraintes est traditionnellement d'ordre matériel et renvoie à la rareté des ressources. Par exemple, c'est l'absence de moyens militaires conséquents qui amène certains mouvements d'opposition à opter pour la guérilla plutôt que pour une guerre conventionnelle. D'autres contraintes sont de nature institutionnelle. En tant qu'ensemble de règles et sources de sanctions, les institutions structurent l'action et affectent les choix opérés par les individus. Ainsi, selon que le chef de l'État dans un pays agit au sein d'un régime parlementaire ou présidentiel (voir chapitre 3), il aura la possibilité de dissoudre le parlement dans le premier cas, mais pas dans le second.

La manière dont l'absence d'informations et la structuration des choix par les règles rendent difficile l'atteinte des solutions optimales est mise en évidence dans le fameux « dilemme du prisonnier ». Le dilemme met en présence deux personnes (A et B), qui sont arrêtées parce qu'elles sont soupçonnées d'avoir commis un crime. Le dilemme provient du fait que la règle appliquée par les policiers consiste à les interroger séparément. De ce fait, A et B ne peuvent pas se concerter pour coordonner leurs réponses. La police n'ayant pas de preuve formelle, elle est prête à donner une réduction de peine à l'accusé qui avoue et donc incrimine aussi son complice.

Le problème se présente ainsi[37] :

Prisonnier A	Prisonnier B	
	Avoue	Se tait
Avoue	10 ans pour chacun	2 ans pour A, 10 ans pour B
Se tait	10 ans pour A, 2 ans pour B	Liberté pour les deux

Dans ce jeu, l'option optimale consiste en ce que les deux se taisent puisque, ce faisant, ils recouvrent la liberté, mais celle-ci ne peut être obtenue qu'à un coût élevé. En effet, si l'autre prisonnier parle, il aura une peine légère, alors que celui qui n'aura pas parlé aura une peine sévère. En l'absence d'informations sur le comportement du complice, il n'y a pas de solution optimale possible et les prisonniers peuvent choisir la pire des options. Ce type de situations montre aux tenants du choix rationnel que non seulement les institutions définissent les paramètres de l'action (la règle de l'interrogatoire séparé), mais aussi que les résultats de l'action sont fonction du niveau d'informations et de confiance entre les acteurs engagés dans une action.

LES STRATÉGIES ET MODÈLES DU CHOIX RATIONNEL EN POLITIQUE COMPARÉE

Les incursions de la théorie des choix rationnels en politique comparée sont aussi fulgurantes que mitigées. C'est ce qui explique que dans leur manuel, Mark I. Lichbach et Alan S. Zuckerman en font une des trois approches qui se disputent la prépondérance en politique comparée.

Dans la littérature, l'on remarque deux types d'analyses. Tout d'abord, ceux qui prétendent fournir une étude comparative, mais ne le font pas parce qu'ils sont confrontés aux problèmes identifiés par D. Green et I. Shapiro. Dans une critique d'une grande sévérité, ceux-ci estiment que la faiblesse de la théorie réside dans l'aspiration de ses tenants à produire une théorie universelle. Cette ambition les amène à mettre l'accent sur des formulations théoriques, et à négliger la possibilité de leur application empirique. Selon eux, la plupart des schémas proposés par ces théoriciens n'ont pas été testés empiriquement et leurs hypothèses sont formulées d'une manière qui les rend intrinsèquement résistantes à l'expérimentation[38]. Aussi peut-on être déçu en parcourant l'ouvrage *Nested Games, Rational Choice in Comparative Politics*, de George Tsebelis[39]. De même, lorsque Michael Hechter, Debra Friedman et Satoshi Kanazawa titrent leur article « The Attainment of Global Order in Heterogeneous Societies », on s'attend à une comparaison transnationale. Mais tel n'est pas le cas[40]. Aucun n'aborde vraiment la question de la comparaison malgré des titres explicites. Les auteurs mettent l'accent sur les principes et dimensions universels qu'ils observent. Par conséquent, l'identification des différences et des ressemblances est reléguée au second rang dans l'analyse. En fait, ils ont tendance, comme nous l'avons vu plus haut, à préférer l'élégance de la démonstration à la connaissance empirique de l'objet étudié.

Il y a cependant un deuxième type d'analyses qui utilise l'approche du choix rationnel en politique comparée. Ces analyses continuent à se concentrer sur des objets classiques de la politique comparée. L'encadré suivant donne une liste thématique de certains travaux majeurs qui ont utilisé l'approche du choix rationnel en politique comparée ces dernières années.

QUELQUES EXEMPLES DE TRAVAUX UTILISANT L'APPROCHE DU CHOIX RATIONNEL EN POLITIQUE COMPARÉE

- Sur L'État et les impôts : *Of Rule and Revenue* de Margaret Levi, 1996.
- Sur la coopération au sein du gouvernement et dans la vie sociale : *Governing the Commons : The Evolution of Institutions for Collective Action* d'Elinor Ostrom, 1990.
- Sur le commerce international : *Commerce and Coalitions : How Trade Affects Domestic Political Alignments* de Ronald Rogowski, 1989.
- Sur le nationalisme et la violence : *Language Repertoires and State Construction in Africa* de David Laitin, 1992.
- Sur les transitions démocratiques : *Democracy and the Market : Political and Economic Reforms in Eastern Europe and Latin America* de Adam Przeworski, 1991.
- Sur l'étude de la paysannerie : *The Rational Peasant* de Samuel Popkin, 1971.

La variété des objets d'analyse, des aires régionales couvertes et des institutions analysées montre que les ambitions des tenants du choix rationnel en politique comparée peuvent être vastes. Dans tous ces travaux, les chercheurs ont essayé de mieux comprendre un objet politique important ou les liens entre les phénomènes politiques, sociaux et économiques.

Une bonne partie des travaux utilise la version souple du choix rationnel qui suppose que les individus agissent en conformité avec leurs préférences et sont influencés par les contextes institutionnels. Pour tenter de comprendre certains processus historiques ou économiques, les auteurs de ces travaux utilisent la notion d'intérêt et la capacité des individus à élaborer des stratégies. L'encadré qui suit montre un exemple de démonstration des fondements stratégiques du développement économique. Mais c'est aussi un exemple d'approche rationnelle convergeant vers une forme d'institutionnalisme puisque les acteurs sont certes au fondement des institutions, mais que celles-ci affectent ultérieurement leur comportement.

LA RATIONALITÉ ET LES FONDEMENTS POLITIQUES DU DÉVELOPPEMENT ÉCONOMIQUE DANS L'ITALIE MÉDIÉVALE

Au Moyen Âge, les cités-États italiennes étaient en compétition sur le plan du commerce, des routes commerciales et de la richesse. Initialement, les marchands de Gênes supplantaient leurs rivaux de Pise, mais leur ville était pourtant léthargique. À Gênes, deux clans rivaux de puissance égale dépensaient leur énergie à se combattre. Ils savaient que la lutte minait leur bien-être économique, mais ne pouvaient pas arrêter le conflit. Ils furent capables cependant de s'entendre pour introduire une nouvelle institution appelée le *Podesta*. Celui-ci était un étranger appelé à remplir la fonction de maire et les clans lui fournissaient des ressources. Il devait, en cas de conflit, utiliser ces ressources pour défendre le clan qui avait été agressé. Avner Greif décrit la nouvelle structure incitative qui apparut une fois que les clans eurent introduit ce système qui les forçait désormais à coopérer[41]. La certitude que toute agression serait repoussée par le clan attaqué et par le *Podesta* enlevait toute incitation au conflit. A. Grief soutient de ce fait que les deux clans apprirent ainsi à coopérer et que c'est là que résident les fondations politiques de leur succès économique. Cela permit à Gênes de surpasser sa rivale Pise.

On le voit, l'application de l'approche du choix rationnel s'éloigne quelque peu du postulat de la rationalité et de l'information parfaites pour introduire une dose d'institutionnalisme. Alors que les institutions ont longtemps été perçues comme des contraintes dans cette approche, les analyses considèrent maintenant les institutions de plus en plus comme des mécanismes permettant de réduire les coûts de l'information et de servir de cadres à l'action. Le coût et l'inaccessibilité d'une information parfaite sur le comportement d'un autre acteur et le fait que celui-ci peut changer d'avis ont longtemps été mis en exergue. L'appel de M. Crozier et E. Friedberg à opter pour une approche basée sur une rationalité limitée est une idée très répandue à présent[42]. Par exemple, M. Levi considère l'impôt sur le revenu comme une institution. L'institution informe le contribuable potentiel de la nature et de la possibilité des punitions encourues en cas d'évasion fiscale. Elle les informe aussi que les autres contribuables sont sujets aux mêmes sanctions éventuelles[43]. Ainsi, telle que les tenants de l'approche stratégique la considèrent, l'institution est autant une ressource en vue de résoudre les dilemmes de l'action collective qu'une contrainte.

Certains de ceux qui utilisent les postulats de la rationalité pour comprendre des processus historiques complexes, c'est-à-dire les changements à travers le temps plus que les évènements ponctuels, ont développé une technique appelée *analytic narratives* (narrations structurées ou récits structurés) qui les rapproche des approches historiques et institutionnelles décrites précédemment[44].

LES GOUVERNEMENTS, LES SYNDICATS ET LES BANQUES CENTRALES : APPRENDRE LE NÉOCORPORATISME

En tentant de comprendre l'émergence et le déclin de la coordination entre acteurs sur le plan macroéconomique en Europe occidentale, Fritz Scharpf[45] décrit les manœuvres de positionnement entre les gouvernements, les syndicats et les banques centrales. Il nous propose un récit montrant comment les tentatives de solutions sont mises en œuvre de manière séquentielle et d'une façon non anticipée. En effet, les acteurs et leurs préférences demeurant relativement constants dans le temps — les banques cherchent la stabilité des prix et les syndicats celle des salaires, par exemple — et les choix stratégiques étant souples, les acteurs peuvent apprendre au fil du processus. Les acteurs commencent le jeu avec une stratégie choisie sur la base d'informations incomplètes. Réagissant ensuite à des résultats conditionnés par le contexte et les stratégies exposées par leurs adversaires, ils ajustent leur choix, produisant des résultats non prévus initialement.

> F. Scharpf a examiné ce type de jeu séquentiel ayant conduit à l'institution d'un néocorporatisme stable qui régit les politiques macroéconomiques dans certains pays, comme l'Allemagne, depuis des décennies. Afin de comprendre cette importante institution (ainsi que d'autres), il soutient une méthode qui consiste à reconstruire les *séquences* de choix délibérés, opérés dans un contexte particulier d'opportunités, de contraintes et d'incitations. Les détails empiriques sont importants non seulement pour l'argumentation, mais aussi pour comprendre comment les acteurs parviennent au résultat équilibré final.

Dans ces analyses, avant d'entrer dans les explications et le développement d'hypothèses, les chercheurs doivent se munir d'une connaissance détaillée des cas, y compris les acteurs clés, leurs stratégies, mais aussi les contraintes technologiques, sociales, politiques et économiques. En procédant ainsi, ils parviennent à accumuler les données empiriques qu'ils étaient accusés d'ignorer par le passé[46].

Comme on peut le voir, une tendance à la convergence, que nous avons déjà identifiée à la fin du chapitre 6, s'opère. En devenant plus souple, en prenant en compte les critiques sur sa méthode et sur ses excès, en acceptant d'insérer les individus et leurs actions dans leurs contextes faits d'institutions et de règles, l'approche stratégique, notamment la théorie du choix rationnel, établit des liens jusqu'à récemment rompus avec les autres approches en politique comparée.

NOTES

1. Pierre Birnbaum et Jean Leca, *Sur l'individualisme*, Paris, Presses de la FNSP, 1986, p. 14-15.
2. *Ibid.*, p. 15.
3. Voir, par exemple, Pascal Perrineau (dir.), *L'engagement politique : déclin ou mutation ?*, Paris, Presses de la FNSP, 1994, Introduction, ch. 1.
4. Voir Raymond Boudon, *L'inégalité des chances*, Paris, Armand Colin, 1973 ; *Effets pervers et ordre social*, Paris, PUF, 1979.
5. P. Birnbaum et J. Leca, 1986, p. 13-14.
6. R. Boudon, dans P. Birnbaum et J. Leca, 1986, p. 46.
7. P. Birnbaum et J. Leca, 1986, p. 22.
8. Ces deux constats annoncent une rupture avec la tradition d'analyse structurelle libérale comme avec le marxisme.

9. Raymond Boudon, « Individualisme et holisme dans les sciences sociales », dans P. Birnbaum et J. Leca, 1986, p. 47.

10. *Ibid.*, p. 50.

11. *Ibid.*, p. 50.

12. Albert Hirschman, *Face au déclin des entreprises et des institutions*, Paris, Les Éditions ouvrières, 1977 ; voir aussi A. Hirschman, *Bonheur privé, action publique*, Paris, Fayard, 1982.

13. Les trois autres types d'actions identifiées par Weber sont l'action traditionnelle, l'action affective, l'action rationnelle en valeur. Voir Max Weber, *Économie et société*, t. 1, Paris, Plon, 1971, p. 57.

14. *Ibid.*, p. 57.

15. Raymond Boudon, « Théorie du Choix rationnel ou individualisme méthodologique ? » dans « La théorie du choix rationnel contre les sciences sociales ? Bilan des débats contemporains », *Sociologie et sociétés*, vol. 34, n° 1, 2002, p. 9.

16. Ernest Gellner, « L'animal qui évite les gaffes ou un faisceau d'hypothèses », dans P. Birnbaum et J. Leca, 1986, p. 27.

17. Michel Crozier et Erhard Friedberg, *L'acteur et le système : les contraintes de l'action collective*, Paris, Éditions du Seuil, 1977, p. 39.

18. *Ibid.*, p. 45.

19. James C. March et Herbert A. Simon, *Organizations*, New York, Wiley, 1958.

20. M. Crozier et E. Friedberg, 1977, p. 46.

21. Jon Elster, *Rational Choice*, Washington Square, New York University Press, 1986, p. 17-20.

22. E. Gellner, dans P. Birnbaum et J. Leca, 1986, p. 38.

23. *Ibid.*, p. 32-33.

24. *Ibid.*, p. 33.

25. Axel Van Den Berg et André Blais, « Présentation », dans « La théorie du choix rationnel contre les sciences sociales ? Bilan des débats contemporains », *Sociologie et sociétés*, vol. 34, n° 1, 2002, p. 7.

26. Margaret Levi, « A Model, a Method, and a Map : Rational Choice in Comparative and Historical Analysis », dans M. I. Lichbach et A. S. Zuckerman, *Comparative Politics : Rationality, Culture, and Structure*, Cambridge, Cambridge University Press, 1997, p. 24.

27. James B. Rule, « Les leçons du choix rationnel », dans « La théorie du choix rationnel contre les sciences sociales ? Bilan des débats contemporains », *Sociologie et sociétés*, vol. 34, n° 1, 2002, p. 52-53.

28. Donald P. Green et Ian Shapiro, *Pathologies of Rational Choice Theory : A Critique of Applications in Political Science*, New Haven/Londres, Yale University Press, 1994, p. 1. Voir aussi D. P. Green et I. Shapiro, « Choix rationnel et politique : pourquoi en savons-nous toujours aussi peu ? », *Revue française de science politique*, vol. 45, n° 1, février 1995, p. 96-130.

29. Kenneth J. Arrow, *Social Choice and Individual Values*, New Haven, Yale University Press, 1951 ; Anthony Downs, *An Economic Theory of Democracy*, New York, Harper et Row, 1957.

30. Cité dans M. Levi, dans M. I. Lichbach et A. S. Zuckerman, 1997, p. 22.

31. Mancur Olson, *La logique de l'action collective*, Paris, PUF, 1977 (première parution en 1965).

32. Cette remarque est faite également par Doug McAdam, Sidney Tarrow et Charles Tilly, « Toward an Integrated Perspective on Social Movements and Revolutions », dans M. I. Lichbach et A. S. Zuckerman, 1997, p. 160-161.

33. M. Levi, dans M. I. Lichbach et A. S. Zuckerman, 1997, p. 23 et suivantes.

34. Michael Laver, *Private Desires, Political Action: An Invitation to the Politics of Rational Choice*, Londres, Sage Publications, 1997, p. 4.

35. M. Levi, dans M. I. Lichbach et A. S. Zuckerman, 1997, p. 21.

36. Voir l'exposé détaillé de J. Elster sur la structure de la démonstration de cette théorie, dans J. Elster, 1986, p. 12 et suivantes.

37. Voir la schématisation de Derek Parfit, « Prudence, Morality and the Prisoner's Dilemma », dans J. Elster, 1986, p. 34-35.

38. D. P. Green et I. Shapiro, février 1995, p. 98-99.

39. Publié par University of California Press, 1990.

40. Michael Hechter, Debra Friedman et Satoshi Kanazawa, « The Attainment of Global Order in Heterogenous Societies », dans James Samuel Coleman et Thomas J. Fararo (dir.), *Rational Choice Theory: Advocacy and Critique*, Newbury Park, Sage Publications, 1992, p. 80.

41. Avner Greif, « Self-Reinforcing Political Systems and Economic Growth: Late Medieval Genoa », dans Robert H. Bates *et al.* (dir.), *Analytical Narratives*, Princeton, Princeton University Press, 1998.

42. Voir par exemple David Marsden, « Pour un individualisme à composante sociale et à rationalité limitée », dans « La théorie du choix rationnel contre les sciences sociales? Bilan des débats contemporains », *Sociologie et sociétés*, vol. 34, n° 1, 2002, p. 113-116.

43. M. Levi, *Of Rule and Revenue*, Berkeley, University of California Press, 1988.

44. Les auteurs suivants donnent des exemples de cette perspective ayant pour base les *Analytic narratives*: Robert H. Bates, Avner Greif, Margaret Levi, Jean-Laurent Rosenthal et Barry Weingast (dir.), *Analytical Narratives*, Princeton, Princeton University Press, 1998 et Fritz Scharpf, *Games Real Actors Could Play*, New York, Westview, 1997.

45. F. Scharpf, « A Game-Theoretic Interpretation of Inflation and Unemployment in Western Europe », *Journal of Public Policy*, vol. 7, 1987, p. 227-257.

46. Voir la critique de D. P. Green et I. Shapiro dans leur ouvrage de 1994 ainsi que dans leur article de 1995 aux pages 98 et 99.

CONCLUSION

Le projet principal de cet ouvrage étant de montrer les fondements, les enjeux et les approches théoriques en politique comparée, nous nous sommes efforcés de donner une orientation pédagogique à nos propos en les structurant à partir de quatre objectifs spécifiques.

En premier lieu, nous avons voulu qu'apparaisse de manière transversale l'histoire de la politique comparée et qu'on puisse comprendre son développement en tant que champ de la science politique à partir des travaux des précurseurs et des pères fondateurs dont l'héritage est encore bien vivace. Nous avons également montré comment, sur la base de ces travaux, des auteurs ont contribué à la constitution de la politique comparée contemporaine comme champ à part entière, notamment depuis les années 1950 et ce, tant en Amérique du Nord qu'en Europe. À ce propos, nous avons vu qu'une certaine convergence est aujourd'hui clairement observable des deux côtés de l'Atlantique et au Sud comme au Nord.

Le développement n'est cependant pas équilibré. L'Amérique du Nord, et plus spécialement les États-Unis, continue de dominer la production en politique comparée, grâce à ses ressources scientifiques plus importantes. Et de même que dans les années 1960, les politologues latino-américains et africains avaient entrepris des efforts pour proposer une alternative au modèle américain dominant, de même aujourd'hui, les politologues des autres pays et des autres continents doivent travailler pour s'assurer que leurs préoccupations, leurs perspectives et leurs voix ne soient pas éclipsées par l'hégémonie américaine. Dire cela n'est pas une critique de la science politique américaine, mais un plaidoyer pour une diversité analytique porteuse de progrès scientifiques.

En deuxième lieu, nous avons tenté d'identifier les conditions d'une recherche comparative réussie et nous avons insisté sur l'importance du travail de construction de la comparaison. Il ressort de cet ouvrage que l'identification des critères de comparaison s'avère toujours cruciale. Nous avons proposé par ailleurs une vue synthétique des principaux types de comparaison. Il n'y a pas de stratégie meilleure que les autres car chacune d'elles constitue un outil susceptible de fournir un type de connaissance spécifique. Par conséquent, les comparatistes qui s'engagent dans une recherche doivent adopter la stratégie la mieux adaptée à l'objet qu'ils étudient et aux objectifs qu'ils poursuivent. Les bons comparatistes ne se laissent pas entraîner dans l'adoption d'une stratégie de recherche juste parce que celle-ci est à la mode ou est populaire auprès de certains groupes de recherche. Au contraire, ils adoptent les stratégies qui s'appliquent à leur problématique.

Le troisième objectif de cet ouvrage renvoie à l'exposé des principaux objets de la politique comparée. Sur ce plan, nous avons adopté une typologie classique en regroupant ceux-ci en trois grandes catégories : les institutions politiques, les forces et les comportements politiques et enfin les processus de transformation politique. Au-delà de la simple présentation, l'étude de ces objets permet de saisir l'évolution des grands enjeux qui ont intéressé les comparatistes. Par exemple, l'État demeure certes un enjeu central, tout comme la démocratie et le développement, mais les enjeux de la politique comparée sont changeants et certaines thématiques comme l'étude de l'État providence et celle de la démocratisation, lancées il y a une trentaine d'années, sont devenues quasiment plus importantes en politique comparée depuis dix ans environ, aussi bien en raison du nombre de comparatistes qu'elles mobilisent qu'en raison des progrès théoriques et conceptuels qu'elles ont permis d'accomplir dans le champ.

Cette idée de progrès théorique et conceptuel nous amène au quatrième et dernier objectif de cet ouvrage, à savoir la présentation des différentes approches théoriques en politique comparée et la manière dont elles s'articulent les unes aux autres. Dans la mesure où, loin de se contenter de décrire les phénomènes ou de dresser des typologies, la politique comparée est un mode de questionnement de l'ensemble des phénomènes politiques, il est particulièrement important de se pencher sur sa vocation explicative et sur les approches théoriques dont elle dispose pour permettre cette explication. Il est apparu à ce niveau que même s'ils se reconnaissent dans l'appellation commune de comparatistes, les auteurs qui travaillent en politique comparée ont des visions du monde assez différentes.

Plutôt que de nous aligner sur les classifications bien connues, mais peut-être un peu trop générales, nous avons jugé plus utile de distinguer des approches sur la base des principaux types de variables privilégiées par les chercheurs pour expliquer les similitudes et les différences entre les pays ou entre les processus politiques. Cela nous a conduit à proposer cinq approches : l'approche institutionnelle, l'approche historique, l'approche culturelle, l'approche économique et l'approche stratégique.

Pendant longtemps, et parce que les approches émergent souvent en réaction contre celles qui existent avant elles, le dialogue entre leurs adeptes a été assez réduit. Mais progressivement, toutes les approches ont peu à peu assoupli leurs positions pour tenir compte des critiques et pour produire des explications plus complètes. Cela a conduit à un débat d'abord implicite, puis de plus en plus évident, notamment avec l'émergence du néo-institutionnalisme qui est maintenant l'approche dominante en politique comparée.

La tendance actuelle est à la convergence, sinon vers le néo-institutionnalisme, du moins vers une introduction des variables institutionnelles là où elles étaient auparavant plutôt négligées, à savoir dans les approches culturelle, économique et stratégique. Cette centralité reconquise dans les années 1990 par l'approche institutionnelle renouvelée est une des grandes tendances de la politique comparée aujourd'hui. S'il y a convergence, c'est d'abord parce que le néo-institutionnalisme a été dès le départ un creuset en tant que résultat d'efforts menés par des auteurs provenant d'horizons disciplinaires variés, comme nous l'avons vu au chapitre 6. La convergence s'explique aussi par le fait qu'actuellement, deux des thématiques les plus novatrices en matière de concepts, de modèles et de progrès théoriques, à savoir l'étude de la démocratisation et celle des politiques sociales, notamment l'État providence, sont largement dominées par le néo-institutionnalisme. Les approches de la politique comparée visant précisément à faire progresser notre connaissance empirique mais aussi théorique, la convergence observée suit ainsi la tendance normale d'un champ en constante recomposition.

TABLE DES MATIÈRES